Stephan Krüger
Der deutsche Kapitalismus 1950–2023

Stephan Krüger ist Unternehmensberater für Belegschaften und ihre Repräsentanten. Er beschäftigt sich seit Mitte der 1970er-Jahre mit der Nutzbarmachung der amtlichen Statistik zur Analyse der wirtschaftlichen Entwicklung auf marxistischer Grundlage. Zuletzt erschienen von ihm im VSA: Verlag in der Reihe »Kritik der Politischen Ökonomie und Kapitalismusanalyse« der Band 6: »Weltmarkt und Weltwirtschaft. Internationale Arbeitsteilung, Entwicklung und Unterentwicklung, Hegemonialverhältnisse und zukünftiger Epochenwechsel« (2021) und der Band 7: »Epochen ökonomischer Gesellschaftsformationen. Eckpunkte und Entwicklungslinien der Weltgeschichte« (2023).

Stephan Krüger

Der deutschen Kapitalismus 1950–2023

Inflation, Beschäftigung, Umverteilung, Profitraten, Finanzkrisen, Weltmarkt

VSA: Verlag Hamburg

www.vsa-verlag.de

Druck- und Buchbindearbeiten: CPI books GmbH, Leck
ISBN 978-3-96488-189-2

Inhalt

Vorwort

Mit dem vorliegenden Buch werden zwei Ziele verfolgt. Zum einen ist es eine Aktualisierung und Erweiterung des im Jahr 2015 erschienenen Textes, zum anderen soll mit der empirisch-statistischen Erfassung der Entwicklung des deutschen Kapitalismus eine Einführung in eine marxistisch geleitete Analyse vorgelegt werden. Sie steht in der Tradition der seinerzeit im Jahr 1975 unternommenen ersten »Wertrechnung«, in der die Konten der Volkswirtschaftlichen Gesamtrechnung umgeformt und umgerechnet worden sind, um die bestimmenden Variablen für die Akkumulation des bundesdeutschen Kapitals in der Nachkriegszeit zu identifizieren und ihre Wirkung für die sozialen und politischen Verhältnisse und deren Entwicklung zu ermitteln.

Die Ergebnisse der Analyse lassen sich im Hinblick auf eine Periodisierung der BRD-Nachkriegsentwicklung verdichten. Die historisch zweite Betriebsweise des gesellschaftlichen Produktions- und Reproduktionsprozesses, der sog. Fordismus, entwickelte sich in der Bundesrepublik wie in den anderen kapitalistischen Metropolen in den 1950er-, 1960er- und der ersten Hälfte der 1970er-Jahre im Zusammenspiel mit einer beschleunigten Akkumulation des gesellschaftlichen Gesamtkapitals – nur für Japan gilt ein späterer Beginn und ein zwei Zyklen späteres Ende. Nach dem Zweiten Weltkrieg ermöglichte diese beschleunigte Kapitalakkumulation zusammen mit den gegenüber der ersten Phase der kapitalistischen Industrialisierung weiter entwickelten Verhältnissen von Geld und Währung (Bretton-Woods-Währungssystem) sowie politisch determinierter Einkommensumverteilung (Sozialstaat) eine bis dato nicht gekannte gesellschaftliche Prosperität (Wirtschaftswunder, Trente glorieuse, miracolo economico etc.). Wie die historisch erste Periode beschleunigter Kapitalakkumulation, die sich mit der Etablierung der Betriebsweise der »Großen Industrie« in Deutschland in der zweiten Hälfte des 19. Jahrhunderts verallgemeinerte und in der Zwischenkriegszeit noch einmal eine Verlängerung erfuhr, durch das Aufbrechen ihrer inneren Widersprüche beendet wurde, so gilt dies auch für die Nachkriegsprosperität. Mitte der 1970er-Jahre vollzog sich in der bundesdeutschen Volkswirtschaft der Übergang in eine strukturelle Überakkumulation von Kapital, dieses Mal nicht abrupt wie in und durch die Weltwirtschaftskrise 1929–32 mit anschließender Depression und Übergang in eine erneute Katastrophe eines Weltkriegs, sondern als bis in die Gegenwart anhaltender Prozess, dessen Charakteristika stark durch wirtschaftspolitische Interventionen geprägt wurden und werden. Zeitliche Ausdehnung und Rhythmus der Konjunkturzyklen sowie der Charakter der zyklischen Krisen haben sich gegenüber der Prosperitätsperiode verändert, und die verschiedenen Versuche der Wirtschaftspolitik, der Überakkumulationsfalle zu entrinnen, hatten schließlich zur Ausbildung eines Finanzmarktkapitalismus geführt. Dessen interne Dynamiken eskalierten in der zweiten Großen Krise der kapitalistischen Produktionsweise 2007/08 als internationale Finanzmarktkrise sowie 2009 als umfassende Weltwirtschaftskrise. Nur eine von den Zentralbanken mit ihrer ultralockeren Geldpolitik (Quantitative Easing) flankierte progressive Verschuldung im Weltmaßstab konnte den Zusammenbruch des internationalen Finanzsystems verhindern und im nachfolgenden XI. Nachkriegszyklus (2010–2020) die andauernden Krisenprozesse managen. Der Abschwung dieses Zyklus 2019/20 wurde durch den Ausbruch der Covid-19-Pandemie verschärft und zwang nicht nur die Zentralbanken, sondern auch die Regierungen wiederum zu sehr weitgehenden finanzpolitischen Eingriffen in die Kapitalakkumulation und individuelle Konsumtion der Privathaushalte, wodurch die bis dato vorherrschende wirtschaftspolitische Ideologie des Neoliberalismus praktisch beerdigt wurde.

Was allerdings nicht beerdigt werden konnte, ist die nach wie vor anhaltende Überakkumulationssituation nicht nur in den angestammten Metropolen des Weltmarkts, sondern mittlerweile auch in den am weitesten entwickelten kapitalistischen Schwellenländern. Denn obwohl sich seit einiger Zeit Konturen einer neuen (dritten) Betriebsweise des gesellschaftlichen Reproduktionsprozesses unter den Überschriften Digitalisierung und Dekarbonisierung der produktiven und individuellen Konsumtion mit der Etablierung von Internet-Plattformen als internationalen Marktplätzen abzeichnen, sind ihre sozioökonomischen und politischen Bedingungen bislang in keinem Land als umfassender »Gesellschaftsmechanismus« (Marx) in hinreichendem Umfang realisiert worden. Im Gegenteil gestaltet sich im weltwirtschaftlichen Rahmen die Etablierung einer internationalen, der neuen Betriebsweise entsprechenden kooperativen Konstellation zwischen den Industrie-, Schwellen- und Entwicklungsländern des globalen Südens im Übergang aus der niedergehenden US-amerikanischen Hegemonie wiederum als Rückkehr von Kriegen. Sie haben mit dem Russland-Ukraine-Krieg mittlerweile die Schwelle von Regionalkonflikten überschritten und es gibt Kräfte, die auch um den Preis eines Dritten Weltkriegs diesen noch aus dem Niedergang und der Auflösung der Sowjetunion herrührenden und namentlich von den USA im Vorfeld systematisch angeheizten Konflikt militärisch entscheiden wollen. Wenn die Ablösung des alten Weltmarkt-Hegemonen USA durch eine neue internationale Wirtschaftsordnung und Geopolitik nicht wieder in einer dieses Mal den Planeten und die gesamte Menschheit gefährdenden Katastrophe enden soll, muss das seit dem Niedergang des Fordismus bestehende Interregnum bis zur Verallgemeinerung dieser neuen Betriebsweise und einer ihr entsprechenden internationalen Ordnung klug und besonnen, jenseits von doppelbödigen »Wertestandards« bellizistischer Lautsprecher, politisch gemanagt werden.

Eine neue internationale Ordnung der Weltwirtschaft und Geopolitik, welche die Attribute und Funktionen des Weltmarkt-Hegemonen und -Demiurgen in neuen bzw. weiterentwickelten internationalen Institutionen und Formaten vergemeinschaftet (sozialisiert), markiert Ziel und zugleich Bedingung für einen nachhaltigen Frieden. Sie setzt letztlich die Überwindung der Dominanz kapitalistischer Produktionsverhältnisse in einer hinreichenden Anzahl von Ländern voraus. Die politische Ausbalancierung des gegenwärtigen Interregnums hat dabei zur Bedingung, dass ein Patt zwischen dem kapitalistischen Westen und seinen Satelliten einerseits und der Volksrepublik China (plus verbündeten/unterstützenden Staaten des globalen Südens) andererseits aufrechterhalten werden muss, welches den USA bei der Durchsetzung ihres nach wie vor bestehenden Anspruchs auf Weltherrschaft zu ihren Bedingungen wirksame Zügel anlegt. Die Stärkung und Unterstützung der sozialistischen Volksrepublik gegenüber dem US-Imperialismus und seinem aggressiven Gebaren ist als erster Schritt eine wesentliche und unabdingbare Voraussetzung dafür.

Berlin, im Februar 2024

1. Theoretischer Zugang

1.1 Wertrechnung als Analyse auf Basis der Marxschen Theorie

Makroökonomische Statistik – ein faktisch eigenständiges ökonomisches Paradigma

Die politisch-ökonomische Betrachtung von Wirtschaft, Gesellschaft und Staat der Bundesrepublik Deutschland in der Nachkriegszeit bis in die Gegenwart stellt die Analyse des Akkumulationsprozesses des BRD-Kapitals in den Mittelpunkt. Seine Gesetzmäßigkeiten und seine historisch-konkreten Verläufe bestimmen sowohl die Klassenstruktur der Bevölkerung und ihre sozialen Verhältnisse als auch die wirtschaftlichen Grundlagen der zivilgesellschaften und staatlichen Überbauten samt deren politische Rückwirkungen auf die Ökonomie. Dieser Gesamtreproduktionsprozess ist eingebettet in die Verhältnisse der kapitalistischen Weltwirtschaft und ihren Weltmarkt und steht in der Entwicklung nach dem Zweiten Weltkrieg darüber hinaus in einer historischen Kontinuität zur Kapitalakkumulation im 19. und der ersten Hälfte des 20. Jahrhunderts (Vorkriegs- und Zwischenkriegszeit).

Die nachfolgende Darstellung fußt auf den Kategorien der Marxschen Kritik der politischen Ökonomie mit ihrer Dechiffrierung der Wirkung des Wertgesetzes sowohl in dem direkten marktvermittelten Zusammenhang der ökonomischen Akteure als auch seinen vielfach politisch vermittelten indirekten Auswirkungen und Konsequenzen. Mit einer solchen »Wertrechnung« werden nicht nur die von der bürgerlichen Statistik und Wirtschaftstheorie bereitgestellten Daten und getroffenen Aussagen kritisch oder alternativ interpretiert, sondern die tatsächlichen ökonomischen Formbestimmungen der kapitalistischen Produktionsweise in ihrer quantitativen Bestimmtheit empirisch-statistisch fixiert. Der Anspruch ist dabei, zu präziseren Einschätzungen, Bewertungen und Schlussfolgerungen im Rahmen eines der bürgerlichen Theorie und Politik überlegenen Paradigmas zu gelangen.[1] Insofern steht der vorliegende Text in der Tra-

[1] Bekanntlich sind die theoretischen Axiome und Unterstellungen der bürgerlichen Nationalökonomie sowohl hinsichtlich ihres qualitativ-theoretischen Gehalts als auch ihrer quantitativen Aussagen alles andere als überzeugend – sie korrespondieren jedoch in vielfältiger Weise mit dem Alltagsbewusstsein der bürgerlichen Subjekte, wie es sich als ideelle Reproduktion der oberflächlichen Verhältnisse des gesellschaftlichen Gesamtreproduktionsprozesses ergibt. Allerdings reicht dieses Alltagsbewusstsein hin für die Möglichkeit eines individuellen erfolgreichen praktisch-wirtschaftlichen Agierens der Akteure, nicht jedoch für makroökonomische Analysen und Einordnungen.

dition seiner Vorläufer, deren Analysegegenstände erweitert und deren Daten fortgeschrieben bzw. aktualisiert wurden.[2]

Das theoretisch-paradigmatische Fundament der »Wertrechnung« findet sich in ausführlicher Form in meinen Bänden zur »Kapitalismusanalyse und Kritik der politischen Ökonomie«.[3] Die Fortschreibung des dort präsentierten empirisch-statistischen Materials bis in die Gegenwart sowie die Darstellung der wichtigsten Ergebnisse der Analyse der Nachkriegsentwicklung der Bundesrepublik Deutschland in der mittlerweile auch im wissenschaftlichen Diskurs nicht unüblichen Präsentationsform sollen zusammengefasst, popularisiert und damit für ein breiteres Publikum aufbereitet werden; dies bedingt den Verzicht auf weitläufige theoretisch-wissenschaftliche Ableitungen.

Was macht die Marxsche Kritik der politischen Ökonomie, korrekt verstanden, zu dem überlegenen Paradigma der Analyse des kapitalistischen Gesamtprozesses? Die Antwort lautet: Ihre Kategorien und die durch sie ausgedrückten ökonomischen und sozialen Zusammenhänge ergeben sich durch den ideellen Nachvollzug der Bewegung des Werts als Kapitals und legen die Wirklichkeit ohne jede Zutat eines theoretischen Räsonnements offen. Diese ideelle Reproduktion realer Prozesse ermöglicht zudem, dass die fundamentalen ökonomischen Funktionszusammenhänge gegenüber ihren äußeren Erscheinungsformen, die ebenso viele Mystifikationen und Verkehrungen der Ersteren enthalten können, entschlüsselt werden.[4] Im Unterschied zu den verschiedenen theoretischen

[2] Vgl. Projekt Klassenanalyse 1976 und 1977, Sozialistische Studiengruppen 1980, Joachim Bischoff u.a. 182, Sozialistische Studiengruppen 1983 sowie Stephan Krüger 1998, 2007 und 2015.

[3] Vgl. Krüger 2010, 2012a und 2012b, 2016, 2017, 2021 und 2023, außerdem Krüger 2019 und 2020.

[4] Programmatisch für das korrekte Verständnis des Marxschen Hauptwerks inkl. Vorarbeiten (vgl. Marx, Das Kapital, Bd. I, II und III; in: MEW 23, 24 und 25 sowie die in der II. Abteilung der Marx-Engels-Gesamtausgabe publizierten Vorarbeiten von 1857/58, 1858–63 sowie die nachfolgenden Manuskripte zum II. und III. Band des »Kapital« in MEGA II., Bd. 1–15) ist folgende zusammenfassende Aussage, in der Marx sowohl seinen Forschungsprozess als auch dessen Ergebnis in der fertigen Darstellung beschreibt: *»Allerdings muß sich die Darstellungsweise formell von der Forschungsweise unterscheiden. Die Forschung hat den Stoff sich im Detail anzueignen, seine verschiednen Entwicklungsformen zu analysieren und deren innres Band aufzuspüren. Erst nachdem diese Arbeit vollbracht, kann die* wirkliche Bewegung *entsprechend dargestellt werden.* Gelingt dies und spiegelt sich das Leben des Stoffs ideell wider, so mag es aussehn, als habe man es mit einer Konstruktion a priori zu tun.« (MEW 23: 27; Hervorh. S.K.) Diese Sätze seien allen jenen Marxisten ins Stammbuch geschrieben, die zwischen der theoretischen Darstellung der Kategorien und ihren erscheinenden Formen eine qualitative Differenz und nicht nur durch empirische Besonderheiten und politische Zufälligkeiten hervorgebrachte Unterschiede sehen. Genau dadurch sitzen sie dem falschen Schein einer »Konstruktion a priori« auf und

Paradigmen der politischen Ökonomie und Nationalökonomie kommt die volkswirtschaftliche Statistik – dies sind die verschiedenen Systeme der Volkswirtschaftlichen Gesamtrechnungen[5] – qua Aufgabenstellung und Profession zu jener Registrierung der *wirklichen Bewegung* des Werts und Kapitals, die Marx theoretisch beschrieben hatte. Dies beinhaltet verschiedene Konsequenzen:

Erstens: Es gibt einen direkten Zugang von den von der Statistik notierten Preisgrößen zu den Wertkategorien der Kritik der politischen Ökonomie. Jegliches Lamentieren über eine vermeintlich systematische Trennung, die aus der in der marxistischen Diskussion problematisierten Wert-(Produktions-)Preis-Beziehung entspringt und einen Rückschluss von Marktpreisen auf Wertgrößen verhindern würde, verrät ein fundamental falsches Verständnis von Wert und Wertgesetz. Der Tatbestand, dass die Wertbestimmung durch gesellschaftlich notwendige Arbeitszeit sich notwendigerweise in sachlich-gegenständlicher Form, d.h. in Ware, Geld und Preisen darstellen muss, wird negiert. Umgekehrt gilt: Nur durch Rückschluss über die Preise – Marktpreise, Produktionspreise, Wertpreise – können quantitativ bestimmte Arbeitszeiten als die in letzter Instanz und nur in gesamtwirtschaftlicher Dimension bestimmenden Größen ermittelt werden.

Zweitens: Die makroökonomische Statistik muss in ihrer Zusammenfassung der ökonomischen Transaktionen der Volkswirtschaft zu einem Gesamtbild notwendigerweise eine theoretische Sicht auf den gesamtwirtschaftlichen Kreislauf unterlegen, die durch empirisch-statistische Imperative der Wirklichkeit verpflichtet ist und nicht eine bloß theoretische Systematisierung der an der Oberfläche erscheinenden Verhältnisse und Kategorien mitsamt ihren Mystifikationen und Verkehrungen betreibt. Dadurch bricht die volkswirtschaftliche Statistik faktisch mit verschiedenen Dogmen der traditionellen bürgerlichen Nationalökonomie.

Dies betrifft zunächst die Bestimmung des Ausgangspunktes der jährlichen Wertbildung, den gesamtwirtschaftlichen Produktionswert, der in verschiede-

---

verkehren die Marxschen Kategorien zu idealistischen Fantasiegebilden, die man dann auch konsequent in den Theoriewettstreit mit anderen – bürgerlichen – Theorien einbringen kann.

[5] Neben den jährlichen Veröffentlichungen des Statistischen Bundesamtes und der Europäischen Kommission (vgl. Statistisches Bundesamt, Volkswirtschaftliche Gesamtrechnungen [VGR], versch. Jgg. sowie Europäisches System der Volkswirtschaftlichen Gesamtrechnungen [ESVG], versch. Jgg.) gehören zur makroökonomischen Statistik die Gesamtwirtschaftliche Vermögens- und Finanzierungsrechnung vom Statistischen Bundesamt und der Deutschen Bundesbank sowie die Zahlungsbilanzstatistik, schließlich die bankstatistischen Gesamtrechnungen mit ihren Angaben über Kreditverhältnisse und Geldzirkulation. In diese gesamtwirtschaftlichen Rechnungswerke gehen die Daten verschiedener Primärstatistiken verschiedener Institutionen ein.

ne Bestandteile – Brutto- und Nettowertschöpfung, Nationaleinkommen sowie Unternehmens- und Vermögenseinkommen als Residualgröße der Entstehungsrechnung – zerlegt wird. Anstatt also die Wertschöpfung aus der Addition der Beiträge der verschiedenen Produktionsfaktoren zu ermitteln, wie es die Nationalökonomie nach David Ricardo mit ihrer Absage an die sog. »objektive Werttheorie« durchgängig praktiziert (sog. Produktionsfaktorentheorie), wird die Zerfällung oder Zerlegung einer einheitlichen Größe der Logik der VGR unterlegt. Diese, so müsste ergänzt werden, besitzt auch eine einheitliche Quelle, die lebendige Arbeit, die allein als Wertschöpferin fungiert.

Ein weiteres Beispiel für den faktischen Bruch mit traditionell-bürgerlichen Dogmen ist der Nachweis der Umsätze der gesamten Produktionsmittel, Investitions- und Vorleistungsgüter als sachliche Elemente des fixen und zirkulierenden konstanten Kapitals, für den gesamtwirtschaftlichen Wert- und Stoffersatz im Kontensystem der VGR – dies im Gegensatz zu der seit Adam Smith üblichen Manier, die Vorleistungen als im Endprodukt untergegangenen intermediären Verbrauch als Doppelzählung aus dem gesamtwirtschaftlichen Bruttoprodukt zu entfernen und den Wert des volkswirtschaftlichen Gesamtprodukts als Bruttoinlandsprodukt in Einkommen – sowie aus dem Einkommen bestrittene (Netto-) Investitionen – aufzulösen.[6]

Schließlich wird in der makroökonomischen Statistik auch eine faktische Unterscheidung zwischen produktiv-wertschöpfenden Wirtschaftssektoren und unproduktiven, abgeleiteten Bereichen getroffen, die allerdings nicht theoretisch begründet und operational stimmig durchgeführt wird. Die – aus Gründen eines nicht theoretisch, sondern pragmatisch unterlegten Begriffes von »Produktion« – im VGR-Kontensystem integrierten fiktiven Transaktionen können wiederum aufgelöst werden und ergeben sodann eine systematisch stringente Unterscheidung zwischen Produktion, Verteilung, Umverteilung und Verwendung des gesellschaftlichen Reichtums.[7]

Im Ergebnis charakterisiert sich die makroökonomische Statistik faktisch – allerdings auch nur faktisch, weil die theoretisch-paradigmatische Fundierung fehlt oder unzureichend ist – als ein eigenständiges theoretisches Paradigma jenseits und im Gegensatz zu einigen der bestgeglaubten Dogmen der bürgerlichen Nationalökonomie. Dementsprechend sind die Systeme der VGR der korrekte

---

[6] Dass es sich hierbei nicht nur um eine subjektive Fehlleistung von A. Smith handelte, die von Generationen von Ökonomen nach ihm begriffslos nachgeplappert worden ist, sondern um eine objektive, gleichwohl mystifizierte Gedankenform, hat Marx bei seiner Analyse der Zirkulation und Reproduktion des gesellschaftlichen Gesamtkapitals (vgl. MEW 24: 351ff.) gezeigt; vgl. dazu auch Krüger 2010: 230ff.

[7] Vgl. dazu das Schaubild von Abbildung 4.1 als alternative Darstellung zum Kontensystem der VGR.

Ausgangspunkt für die Dechiffrierung der Wertkategorien aus der vorliegenden Anordnung des empirisch-statistischen Materials.[8]

Zyklenübergreifende Entwicklungstrends als beschleunigte Kapitalakkumulation auf Basis historisch distinkter gesellschaftlicher Betriebsweisen

Für das richtige Verständnis des kapitalistischen Akkumulationsprozesses ist des Weiteren die Unterscheidung zwischen seinen zyklischen Bewegungen und seinen längerfristigen Entwicklungstendenzen zentral; beide unterliegen den Gesetzmäßigkeiten der kapitalistischen Akkumulation.[9] Die durch das fixe Gesamtkapital bestimmte materielle Basis der laufenden Reproduktion verkörpert sowohl einen gesamtwirtschaftlichen Entwicklungsstand der Produktivkräfte der Arbeit – »embodied technical progress« als Spezifikum industrieller Produktion – als auch eine jeweilige Verteilung des Gesamtkapitals auf die verschiedenen Produktionssphären; beides markiert eine wert- und stofflich bestimmte Basis für die wertbestimmte Preisbildung. In der Bewegung der Marktpreise wird durch die Rückwirkung der Marktpreisoszillationen die jeweilige Justierung der (Markt-) Produktionspreise der Produkte der verschiedenen Produktionssphären im Zusammenspiel von zyklischer Umschlagsbewegung des fixen Originalkapitals und innerzyklischen Akkumulationsprozessen vollzogen. Produktionspreise und, in gesamtwirtschaftlicher Dimension, Wertgrößen ergeben sich im Zusammenspiel der Wechselwirkung von unterliegenden Wertstrukturen und kontemporären Marktpreisbewegungen.[10]

Ihrerseits bilden aufeinander folgende Zyklen ein Kontinuum längerfristiger Entwicklungstendenzen der Kapitalakkumulation. Ein solches Kontinuum beruht qualitativ auf jeweiligen distinkten Betriebsweisen des gesellschaftlichen

[8] In unserer ersten Arbeit zur Analyse des Gesamtreproduktionsprozesses der BRD (vgl. Projekt Klassenanalyse 1976) haben wir das vorliegende Kontensystem der VGR in Gänze durch mehrere Umformungsschritte systematisch transformiert und schrittweise fiktive Buchungen eliminiert, Konten von nicht-produktiven Wirtschaftssektoren (Staat, Private Haushalte) umgestellt und Differenzierungen zwischen mehrwertschöpfender produktiver Arbeit und Zirkulationstätigkeiten im als produzierend verbliebenen Unternehmenssektor durchgeführt. Auf Basis dieser Arbeit war es nachfolgend möglich, mit vereinfachten Umrechnungen die relevanten Größen – Mehrwertrate, Profitrate etc. – zu ermitteln.

[9] Zum korrekten Verhältnis zwischen Zyklus und Trend vgl. ausführlich Krüger 2010: 59ff., und passim, Krüger 2019: 13ff. und passim sowie Krüger 2021: 18ff. und passim.

[10] Die Wechselbeziehung zwischen Angebotspreisen und nachfragebestimmten Preisen ist als Beziehung ungleicher Kräfte, d.h. als Beziehung zwischen produktionsbestimmter Basis und rückwirkenden Marktkräften, aufzufassen. In dieser Ungleichheit zwischen Produktion und Markt, in der die Produktionsverhältnisse die Grundlage für die die Nachfrage bestimmenden Distributionsverhältnisse ausmachen, erweist sich die durch das Wertgesetz beherrschte Preisbewegung. Vgl. dazu ausführlich: Krüger 2010: 242ff.

Reproduktionsprozesses sowie internationalen Akkumulationsregimes mit einer Nation als »Demiurg des bürgerlichen Kosmos« (Marx) an der Spitze. Die Kategorie der »Betriebsweise des gesellschaftlichen (Re-) Produktionsprozesses« geht auf Marx zurück, der damit einen gesamten »*Gesellschaftsmechanismus*« (MEW 23: 526) gefasst haben wollte, welcher »*auch einer bewußten und planmäßigen Rückwirkung der Gesellschaft auf die naturwüchsige Gestalt ihres Produktionsprozesses bedarf.*« (MEW 23: 504) Dieser »Gesellschaftsmechanismus« beschreibt also einen allgemeinen Zusammenhang, der vom unmittelbaren Produktionsprozess und den Organisationsformen des Kapitals ausgeht, über die Gliederung des gesellschaftlichen Arbeitskörpers und der Sozialstruktur der Gesellschaft reicht und die (wirtschafts- und arbeits-) politischen Rückwirkungen aus den Überbauten einbezieht. Mit der Kategorie der gesellschaftlichen Betriebsweise wird damit eine bestimmte historische Ausprägung von Produktivkräften und kapitalistischen Produktionsverhältnissen in den dominierenden Produktionszweigen erfasst; sie schließt in der Realität als untergeordnete Momente Zwischenformen nicht-kapitalistischer Bereiche – anfangs vorbürgerliche Produktionsverhältnisse, später zivilgesellschaftliche und öffentliche Vergesellschaftungsformen – ein und zeigt die Determination der kulturell-politischen Überbauten durch die historisch bestimmte Ausprägung der ökonomisch-kapitalistischen Basis sowie die Rückwirkungen der Ersteren.[11]

Seit Marx' Zeiten hat es nach der ersten Betriebsweise der großen Industrie, in der es um die Verallgemeinerung industrieller Produktionsmethoden, ihrer Infrastrukturen (Transport- und Kommunikationssystem), ihrer arbeitspolitischen Gesetzgebungen (Zehnstundenbill, Schutzgesetze für bestimmte Arbeitskräftegruppen etc.) sowie die Ausgestaltung ihrer internationalen Arbeitsteilung (rohstoffproduzierende Länder als Kolonien und industrielle Werkstätten) ging, mit dem »Fordismus« und seiner internationalen Verallgemeinerung nach dem Zweiten Weltkrieg unter der Führung der USA eine weitere historisch distinkte gesellschaftliche Betriebsweise gegeben. Mit der Umgestaltung der gesellschaftlichen Arbeitsteilung durch die Entwicklung von digitalen Netzwerken bis hin zur Plattformökonomie sowie durch Ersetzung der fossilen durch

---

[11] Marx beschreibt die Entwicklung der historisch ersten Betriebsweise der Großen Industrie am Beispiel Englands in den Unterabschnitten 5 bis 8 des 13. Kapitels des I. Bandes des »Kapital«, die zumeist und zu Unrecht als bloße Illustrationen abgetan werden. In der englischen Ausgabe des I. Bandes des »Kapital« ist in Bezug auf diese Betriebsweise sowohl etwas unspezifisch von *»mode of production«* (MEGA II, 9: 394) als auch genauer von *»industrial methods«* (ibid.: 413) die Rede. In der französischen Ausgabe werden mit *»modes sociaux d'exploitation«* (MEGA II, 7: 410) die gesellschaftlichen Rahmenbedingungen der technischen und organisatorischen Strukturen des Produktionsprozesses betont.

erneuerbare Energien für die produktive und individuelle Konsumtion (Dekarbonisierung) deuten sich nach einem postfordistischen Interregnum mittlerweile Umrisse einer neuen dritten industriellen Betriebsweise an. Es zeigt sich so eine Historisierung der kapitalistischen Gesellschaftsformation, die umfassender ist als die gängigen Stadientheorien des Kapitalismus als Konkurrenz-, Monopol- und staatsmonopolistischer Kapitalismus (SMK), die zumeist mit unterschiedlichen Basisinnovationen begründeten Theorien Langer Wellen oder Zyklen oder die Akkumulationsregimes auf Basis der Regulationstheorie.[12] Sofern im Rahmen der SMK-Theorien Schlussfolgerungen im Hinblick auf qualitative Veränderungen des allokationsstiftenden Profitratenausgleichs gezogen werden – Monopol- versus nicht-monopolistische Profitraten und Monopole als qualitativ neues Produktionsverhältnis und nicht nur als zeitweilige Modifika-

---

[12] Jüngst hat sich Jörg Goldberg noch einmal grundsätzlich mit der Frage des historischen Formwandels der kapitalistischen Produktionsweise und dem Zusammenhang zwischen der »inneren Natur des Kapitals« und den äußeren Formen ihrer Durchsetzung durch das Agieren der Einzelkapitalisten in der Konkurrenz beschäftigt und hervorgehoben, dass die *»Gesetze der Produktionsweise … konkret in ihrem jeweiligen historischen bzw. regionalen Milieu (wirken), das durch den Kapitalismus im Zuge seiner Expansion und Durchdringung neuer Felder und Regionen ständig verändert wird.«* (Goldberg 2021: 16). Er zeigt dabei Defizite der Theorien Langer Wellen bzw. Zyklen, der Regulationstheorie, der Theorie sozialer Strukturen der Akkumulation (Gorden et al.) sowie der Theorie des staatsmonopolistischen Kapitalismus auf (vgl. ibid.: 53ff.), überbewertet aber den Einfluss der politisch-institutionellen Sphäre, die als *»relativ unabhängig«* (ibid.: 67) von den ökonomischen Gesetzmäßigkeiten des kapitalistischen Akkumulationsprozesses betrachtet wird. Zwar gelingt mit der Betonung sich historisch ändernder institutioneller, ökonomischer, sozialer und politischer Rahmenbedingungen für das Wirken des Wertgesetzes – Letzteres schließt das Gesetz des tendenziellen Falles der Profitrate als das *»in jeder Beziehung wichtigste Gesetz der modernen Ökonomie«* (MEW 42: 641) ein – eine Absetzung und Kritik beliebiger Unterstellungen oder gewaltsamer Verallgemeinerungen der oben genannten Paradigmen. Jedoch wird mit der Fokussierung auf Konzentrations- und Zentralisationsprozesse von Kapital und den sich dadurch vollziehenden Veränderungen der *»Konkurrenzverhältnisse«* (Goldberg 2021: 17) der Inhalt verschiedener »Betriebsweisen« nur unzulänglich erfasst. Dadurch wird die Kategorie des Monopols und der monopolistischen Konkurrenz als kennzeichnendes historisches Charakteristikum in den Vordergrund gerückt und im Anschluss an Lenin für die Wende vom 19. zum 20. Jahrhundert datiert. Wenn Goldberg korrekterweise hervorhebt, dass *»Monopole im Kapitalismus weder absolut noch dauerhaft (sind)«* (ibid.: 19), stellt sich allerdings von selbst die Frage, ob Veränderungen in den Konkurrenzverhältnissen tatsächlich schon die differentia specifica historisch unterschiedlicher Entwicklungsepochen des Kapitalismus darstellen; dies gilt ebenso sehr für die Rolle des in die Ökonomie intervenierenden Staates und für die Kennzeichnung einer weiteren historischen Phase als staatsmonopolistischem Kapitalismus. Folgerichtig kommt Goldberg dann auch zu einer anderen als der von uns vorgenommenen Periodisierung der kapitalistischen Entwicklung mit sog. Großen Krisen in den Jahren 1847, 1873, 1929/32 und 1973/75.

tion im Rahmen der Ausgleichung zum Durchschnittsprofit –, verraten sie nur ein Unverständnis hinsichtlich der Modi Operandi des Prozesses zur Herstellung einer allgemeinen oder Durchschnittsprofitrate.

Die Charakterisierung eines zyklenübergeifenden Kontinuums sozioökonomischer Entwicklung als distinkte gesellschaftliche Betriebsweise schließt noch eine weitere, ebenfalls weitgehend unverstandene, quantitative Bestimmtheit ein. Es geht um die Bestimmung der beschleunigten Akkumulation des gesellschaftlichen Gesamtkapitals, die nicht nur allgemein als Periode hoher Investitionen, sondern als quantitativ bestimmte Bewegungsform des immanenten Widerspruchs der Mehrwertproduktion hinsichtlich der widersprüchlichen Auswirkungen industrieller Produktivkraftsteigerung auf die Rate und Masse des Mehrwerts zu fassen ist: Für ein Kapital gegebener Größe bedeutet die Anwendung produktiverer Maschinerie den nicht nur virtuellen, sondern tatsächlichen Ersatz von lebendiger produktiv-wertschöpfender durch vergegenständlichte Arbeit; oberflächlich erscheint dies als arbeitssparender technischer Fortschritt (mit Kapitalmehraufwand) und stellt tatsächlich auch gesamtwirtschaftlich und langfristig den allgemeinen Fall auf Basis industrieller Produktion dar.[13] Eine gleichzeitige Steigerung der Mehrwertrate pro Arbeitstag durch

[13] Um dies zu erkennen und gleichzeitig Ausnahmen von dieser Regel einzugrenzen, ist es entscheidend, Ursache und Folgen von Produktivkraftentwicklung auseinander zu halten: (Haupt-) Ursache ist bei industrieller Produktion eine Übernahme von Funktionen der lebendigen Arbeit durch die Maschinerie (Automatisierung), d.h. eine veränderte technische Zusammensetzung des Kapitals oder, betriebswirtschaftlich gesprochen, ein verändertes Faktoreinsatzverhältnis zwischen Produktionsmitteln und (lebendiger) Arbeit. Folge dieses veränderten Faktoreinsatzverhältnisses ist eine Wertänderung der Produkte des betreffenden Produktionsprozesses in Richtung eines verringerten Werts oder Preises des einzelnen Stücks, d.h. absolute Verminderung der Bestandteile des übertragenen Werts des fixen sowie zirkulierenden konstanten Kapitals sowie des durch die lebendige Arbeit geschaffenen Neuwerts – konstante Verhältnisse auf der Geldseite und keine qualitative Veränderung (Substitution) des Arbeitsgegenstandes außer seiner intensiveren Ausnutzung unterstellt. Erst wenn diese unter den neuen Produktivitätsbedingungen hergestellten Waren als Produktions- oder Lebensmittel die stofflichen Bestandteile von Kapitalvorschüssen bilden – bei Produktionsmitteln direkt, bei Lebensmitteln indirekt über die Wertgröße der Arbeitskraft (mit größeren Spielräumen) – führen sie zu einer Veränderung der Faktorpreise in einem neuen Produktionsprozess. Entscheidend ist es somit, jede Faktorpreisvariation auf vorgängige Veränderungen des (stofflichen) Faktoreinsatzverhältnisses zurückzuführen oder, gleichbedeutend damit, an der Wertbestimmtheit der (Einzel-)Preise festzuhalten: Sukzession vs. Simultanität von Faktoreinsatz- und Faktorpreisveränderung bei jeweiliger Verteilung beider auf verschiedene Produktionsprozesse als Ursache und Folgewirkung. Damit sind auch die Ausnahmen dieses allgemeinen Falls industrieller Produktivitätssteigerung einzugrenzen. Hauptsächlich treten sie mit Veränderungen der stofflichen Grundlagen durch Werkstoffsubstitutionen, z.B. Energieträger oder (sonstige) Basisprodukte der extraktiven Industrie (oder

produktivitätsinduzierte Verbilligung der Lebensmittel und des Werts der Arbeitskraft,[14] daher Verwandlung von ehemals notwendiger in Surplusarbeitszeit, kann, je höher die Mehrwertrate bereits getrieben worden ist, die absolute Abnahme der von einem Kapital gegebener Größe gleichzeitig ins Werk gesetzten produktiven Arbeitstage immer weniger im Hinblick auf die resultierende Mehrwertmasse kompensieren. Nur ein gleichzeitiges Wachstum des angewandten Kapitals durch Akkumulation – dies ist die quantitativ bestimmte Beschleunigung der Kapitalakkumulation – schafft in überzyklischer Dimension diesem widersprüchlichen Verhältnis von industrieller Produktivkraftentwicklung und Verwertung durch eine absolut zunehmende Mehrwert- bzw. Profitmasse eine »ruhige« Bewegungsform. Sie wird durch das zwieschlächtige Gesetz vom tendenziellen Fall der Durchschnittsprofitrate bei absoluter Steigerung der Profitmasse gesamtwirtschaftlich zum Ausdruck gebracht.[15]

Es liegt des Weiteren in den bestimmenden Variablen dieser beschleunigten Kapitalakkumulation begründet, dass die ruhige Bewegungsform des Widerspruchs zwischen Produktivkraftentwicklung und Verwertung nicht ad infinitum fortgehen kann, sondern ab einer jeweiligen Anzahl durchlaufener industrieller Zyklen in eine Überakkumulation von Kapital übergeht, die nicht nur eine zyklische Phase, sondern eine Zyklen übergreifende strukturelle Konstellation prägt. Die produktive Neuanlage von Kapital erbringt tendenziell keine

---

Agrikultur) ein, die neue Wertverhältnisse in den (binnenwirtschaftlichen) Reproduktionsprozess hereinbringen, z.B. durch Importpreise und/oder Preise gänzlich neuer Werkstoffe. Gegenüber diesen das zirkulierende konstante Kapital oder die sog. Vorprodukte betreffenden Fälle sind Verschiebungen der relativen Werte industriell produzierter Waren, z.B. zwischen Produktions- und Lebensmitteln, nachgeordnet und unterliegen langfristig der Tendenz, die Produktivitätssteigerung durch die Konkurrenz zwischen den Einzelkapitalen auf die verschiedenen Produktionssphären ausgleichend zu verteilen.

[14] Mit dem historisch-moralischen Element in der Wertbestimmung der Arbeitskraft sowie – gewissermaßen vorgelagert – einer nachhaltigen Veränderung des Kräfteverhältnisses zwischen Lohnarbeit und Kapital am Arbeitsmarkt und in der Gesellschaft wird die langfristige Entwicklung der allgemeinen Mehrwertrate zu einer in bestimmten Grenzen kontingenten Größe, wie z.B. anhand der Entwicklung in der Bundesrepublik in den 1950er- und 1960er-Jahren zu sehen ist.

[15] Dabei handelt es sich bei den genannten ökonomischen Variablen – Rate und Masse des Mehrwerts pro (produktivem) Arbeitstag, Akkumulationsrate und Entwicklung der Anzahl gleichzeitiger Arbeitstage, die das Gesamtkapital in Bewegung setzt – nur um den inneren Kern der die beschleunigte Akkumulation bestimmenden Größen. Neben den bereits genannten Einflüssen sozialer und politischer Kräfteverhältnisse im Hinblick auf den Wert der Arbeitskraft und die Mehrwertrate sind insbesondere noch die sich aus der jeweiligen Stellung des Nationalkapitals auf dem Weltmarkt ergebenden Einflüsse auf die binnenwirtschaftliche Wertbildung und die nationale Profitrate zu berücksichtigen. Auch sie lassen sich noch im Rahmen der allgemeinen Darstellung eingrenzen (vgl. Krüger 2021: 201ff.).

wachsende Verwertung des Gesamtkapitals in Form einer absolut zunehmenden Profitmasse mehr, sondern setzt bereits fungierendes Kapital durch Entwertung und/oder Brachlegung außer Kurs. Die Akkumulation verläuft nicht mehr dynamisch oder beschleunigt, sondern das Wachstum des produktiven Kerns der Ökonomie ist strukturell gehemmt und es kommt zu einer »säkularen Stagnation« der Gesamtökonomie. Eingeordnet in diese widersprüchliche Entwicklungstendenz einer beschleunigten Akkumulation des Kapitals ist die zunächst latente, mit der Überakkumulation manifest werdende Verselbstständigung der Geldkapitalakkumulation. Selbstredend ist auch diese strukturelle Überakkumulation von Kapital durch die jeweiligen ökonomischen, sozialen und politischen Rahmenbedingungen spezifisch historisch geprägt.[16] Erst eine Umwälzung der gesellschaftlichen Betriebsweise und die Etablierung neuer sozioökonomischer und politischer Rahmenbedingungen könn(t)en sodann einen Umschwung bewirken. In diesem Sinne gehören Betriebsweise und beschleunigte Kapitalakkumulation zusammen; Erstere markiert die wesentlichen Rahmenbedingungen für die Letztere und wird zugleich durch sie spezifisch ausgeformt.

Nationalkapital und Weltmarkt

Trotz aller namentlich in den letzten Jahrzehnten ausgeprägten Globalisierungstendenzen der kapitalistischen Produktionsweise, die nicht nur die Internationalisierung auf den Finanzmärkten vorangebracht haben, sondern auch zum Aufbau internationaler Wertschöpfungsketten innerhalb transnationaler Konzerne sowie einem internationalen Geflecht von Lieferstrukturen geführt haben, besteht die kapitalistische Weltwirtschaft nach wie vor aus Nationalkapitalen. Der Wert- und Stoffersatz innerhalb des Zirkulationsprozesses des gesellschaftlichen Gesamtkapitals wird zwar jeweils durch Außenwirtschaftstransaktionen wertmäßig und stofflich in größerem oder kleinerem Umfang modifiziert, doch wird er in Flächenländern mit eigenständig reproduktionsfähigen Ökonomien

[16] In der ersten Hälfte des 20. Jahrhunderts wurde das Interregnum der Überakkumulation durch die Weltwirtschaftskrise Ende der 1920er-/Anfang der 1930er-Jahre und die nachfolgende depressive Entwicklung mit dem amerikanischen New Deal und namentlich dem deutschen Faschismus samt der anschließenden Katastrophe des Zweiten Weltkriegs geprägt. Die postfordistische Epoche nach der Weltwirtschaftskrise zur Mitte der 1970er-Jahre erlebte verschiedene politisch ins Werk gesetzte Ausbruchsversuche aus der Überakkumulationssituation mit einer sich steigernden Krisenkaskade, die fast zum Zusammenbruch des internationalen Finanzsystems in der Finanzmarkt- und Weltwirtschaftskrise 2007–09 geführt hätte. Nur durch eine zentralbankbegleitete kumulative Verschuldung in internationaler Dimension konnte diese Überakkumulation bislang gemanagt werden. Die sich andeutende neue Betriebsweise von Digitalisierung und Dekarbonisierung führt nicht nur an die Grenze des Kapitalismus, sondern – zumindest an sich im Hinblick auf die vollständige Ausschöpfung ihrer Potenziale – über diese hinaus; vgl. dazu Krüger 2021.

durch den Ausgleichungsprozess der individuellen und Sphärenprofitraten der Einzelkapitale zu einer nationalen Durchschnittsprofitrate – samt den Interaktionen mit Zinsraten und sonstigen ökonomischen Variablen des Finanzsektors – geregelt und beherrscht.

Die Volkswirtschaft als nationale Ökonomie verweist auf die historischen Entstehungsbedingungen der kapitalistischen Produktionsweise, in denen sich ein nationales System von Arbeitsarten und Bedürfnissen samt national bestimmten Überbauverhältnissen herausgebildet hatte: angefangen bei der Sprache der Bevölkerung, kulturellen Besonderheiten bis hin zur Konstitution der politischen Form der Gemeinwesen als Nationalstaat und schließlich dessen Rückwirkung auf die Ökonomie mit einer nationalen Währung und nationaler Ausprägung der Institutionen und der jeweiligen Wirtschaftspolitik. Nationalökonomie, Nationalkapital und Nationalarbeit sind daher zunächst genuin ökonomische Kategorien, die als solche fortwährend reproduziert (und verändert) werden, keineswegs (nur) Ergebnis einer – ggf. nur zeitweiligen[17] – Rückwirkung politischer Gegebenheiten auf eine an und für sich internationale Ökonomie.

Innerhalb der Zusammenfassung nationaler Reproduktions- und Akkumulationsprozesse auf dem Weltmarkt bildet sich eine Stufenleiter produktiver Nationalarbeiten heraus, die zugleich Basis einer politischen Über- und Unterordnung zwischen verschiedenen Ländern ist. An der Spitze dieser Stufenleiter steht der Hegemon des Weltmarkts, der durch seine Dominanz im internationalen Handel und Kapitalverkehr das internationale Akkumulationsregime mit Ausgestaltung der Handels- und Finanzordnung wesentlich prägt und damit als Demiurg des bürgerlichen Kosmos auch geopolitisch Herrschaft ausübt. Als Repräsentant der jeweils fortgeschrittensten gesellschaftlichen Betriebsweise wird der Hegemon des Weltmarkts und Demiurg von Weltwirtschaft und Weltpolitik zum Anstoßgeber und Propagandisten einer beschleunigten Kapitalakkumulation, der historische Entwicklungsphasen der kapitalistischen Gesellschaftsformation samt deren internationaler Arbeitsteilung zwischen entwickelten und unentwickelten Ländern entscheidend prägt.

Es gibt kein Weltkapital und keine Weltprofitrate, sondern nur weltmarktbestimmte Modifikationen der nationalen Reproduktionsprozesse und ihrer nationalen Durchschnittsprofitraten. Kommt es zu einer tendenziellen Angleichung der nationalen Profitraten verschiedener Länder infolge einer ungleichen na-

---

[17] Auch die Europäische Union und selbst ihr Kernbereich, die Euro-Zone, als weitgehend supranationale Integration von verschiedenen Ländern, bilden (noch) kein europäisches Gesamtkapital, sondern ein spezifisches Hybridprodukt aus einem integrierten Finanzmarkt mit einer einheitlichen Währung einerseits und den nach wie vor national verfassten reproduktiven Gesamtkapitalen mit ihren nationalen Profitraten (und primär national bestimmten Kapitalzinssätzen); vgl. dazu auch Kapitel 10.

tionalen Entwicklung in der langen Frist durch Auf- bzw. Abstiege, insbesondere zu einem allmählichen Abstieg und Verfall der Hegemonie- und Demiurgenfunktionen der führenden Nation innerhalb einer mittel- bis längerfristigen Periode der Kapitalakkumulation, sind diese Entwicklungen durch andere, sehr viel weitläufigere Vermittlungsglieder bestimmt und greifen modifizierend in den nationalen Ausgleichungsprozess der individuellen und Sphärenprofitraten zur Durchschnittsprofitrate ein.[18]

Dementsprechend macht es nicht nur weiterhin Sinn, den nationalen Gesamtreproduktionsprozess eines Landes empirisch-statistisch darzustellen und zu analysieren, sondern dies ist auch die einzig theoretisch ausgewiesene Art und Weise des Herangehens an eine solche Aufgabe.

Aufbau der nachstehenden Darstellung

Wir beginnen die Darstellung mit den Verhältnissen von Marktpreisen und zyklischen Bewegungen an der Oberfläche des gesellschaftlichen Gesamtreproduktionsprozesses und arbeiten uns dann schrittweise zu seinen inneren Strukturen, d.h. den Verhältnissen produktiv-wertschöpfender Arbeit mit Mehrwertrate und Exploitationsgrad der Arbeit im unmittelbaren Produktionsprozess vor. Auf diesem Weg erschließen sich sowohl die Verhältnisse des reproduktiven Wirtschaftssektors (vulgo: Realsphäre) als auch diejenigen des finanziellen Sektors unter Einschluss des fiktiven Kapitals und der Börsen mit besonderer Betrachtung der Verwertungsbedingungen der deutschen Banken und Versicherungsunternehmen und des Immobilienkapitals.

Als hochentwickelte kapitalistische Ökonomie beinhaltet die BRD-Wirtschaft mit ihrer fordistischen Betriebsweise und Entwicklungsphase neben dem erwerbswirtschaftlich-kapitalistischen Kern auch einen öffentlichen (und privaten) Wirtschaftssektor, der nicht unmittelbar der Wirkungsweise des Wertgesetzes unterliegt, sondern politischen Einflüssen zugänglich ist. Er spielt weniger in der Produktion als vielmehr in den Verteilungsverhältnissen durch mannigfache Umverteilungen von Einkommen eine wichtige Rolle und beeinflusst die Einkommens-, Konsum- und Lebenssituation sowohl der arbeitenden Klassen als auch der Privathaushalte insgesamt. Trotz vieler unter den Überschriften von Effizienzsteigerungen und Einsparungen vorgenommenen Eingriffen in die ökonomischen Grundlagen der bundesdeutschen Überbauverhältnisse in den zurückliegenden Jahrzehnten, ist die fundamentale Umverteilungsfunktion der öffentlichen Haushalte von Sozialversicherungen und Staatsapparat erhalten geblieben. Für die Klasse der produktiven Lohnarbeiter offenbart sich dieser Tatbestand anhand der Differenz zwischen der Mehrwertrate für den

[18] Vgl. dazu ausführlich Krüger 2021: 102ff.

aktiven Teil der Klasse und der niedrigeren gesamtwirtschaftlichen Surplusrate nach allen Umverteilungen, welche auch die ehemaligen produktiven Arbeiter als Rentner einschließen.

Die Weltmarktexistenz des BRD-Kapitals und seine Einbettung in die Euro-Zone (sowie den Staatenbund der Europäischen Union) – mit besonderer Berücksichtigung der Geldpolitik der Europäischen Zentralbank (EZB) und ihrer Einflussnahme auf Zinsen, Geldzirkulation und Warenpreise – folgt der Analyse der Binnenwirtschaft. Die Entwicklung der Warenpreise am aktuellen Rand, d.h. in den in den Wertrechnungsdaten im engeren Sinne nicht erfassten Jahren 2022 und 2023 (Januar–Juli/August), erzwang mit einem drastischen Anstieg der Inflation, die sich im Ergebnis der Wirtschaftssanktionen der Europäischen Union im Zusammenhang mit dem Russland-Ukraine-Krieg drastisch verschärft hatte, eine Wende in der Geldpolitik der EZB vom bis dato verfolgten Quantitative Easing zur quantitativen Straffung (Quantitative Tightening). Durch Krieg, Inflation, Realeinkommensverluste und den geldpolitischen Kurswechsel kommen die vorher teilweise verdeckten wirtschaftlichen Probleme wieder ans Tageslicht – dies wird mit der zusammenfassenden Einordnung der BRD-Nachkriegsentwicklung abschließend skizziert.

1.2 Funktionelle ökonomische Zusammenhänge (vereinfachte Darstellung)

Produktion und Nachfrage (gesamtwirtschaftlicher Kreislauf)

Die inländische Gesamtproduktion ist – nach Abzug der auf ausländischen Märkten abgesetzten Waren (Exporte von Gütern und Dienstleistungen) und unter Einschluss der aus dem Ausland bezogenen Waren (Importe von Gütern und Dienstleistungen) – Basis der Inlandsverfügbarkeit als binnenwirtschaftliche Gesamtnachfrage. Diese Gesamtnachfrage zerfällt in die Nachfrage nach Produktionsmitteln (produktive Konsumtion) und Konsumtionsmitteln (individuelle Konsumtion). Bei der ersteren ist zwischen Investitions- und Vorleistungsnachfrage, bei der letzteren zwischen privater und öffentlicher Konsumnachfrage zu unterscheiden.

Abbildung 1.1: Produktion und Nachfrage

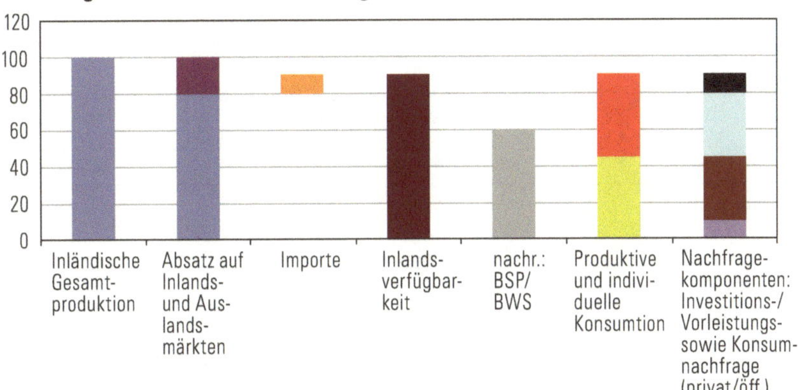

- Im Unterschied zur gängigen Kategorie Bruttoinlandsprodukt (BIP) bzw. Bruttowertschöpfung (BWS), die fälschlich als »Gesamtwert aller Güter und Dienstleistungen einer Periode« (= Gesamtnachfrage) bezeichnet wird, ist die gesamtwirtschaftliche Nachfrage inklusive der Vorleistungsnachfragen des Unternehmenssektors zu messen.
- Werttheoretisch ist zwischen dem Gesamtwert einer Periode (Produktenwert) und dem innerhalb der Periode neugeschaffenen Wert (Wertprodukt) zu unterscheiden; der Wert der Produktionsmittel, die innerhalb der Periode vernutzt werden, existiert bereits aus den/der Vorperiode(n) und wird nur auf das diesjährige Produkt übertragen. (Neu-) Wertschöpfung und Gesamtnachfrage sind also systematisch verschiedene Größen.
- Endnachfrage ist funktionell und binnenwirtschaftlich nur die Nachfrage für individuelle Konsumtion, d.h. für privaten und öffentlichen Konsum.

Wirtschaftssektoren und ökonomische Funktionen

Der Reproduktionsprozess des reproduktiven Kapitals (inkl. nichtkapitalistischer Warenproduktion und -zirkulation) beinhaltet die Produktion und Zirkulation des gesamtwirtschaftlichen Produkts (W' = W+Δw). Aus der Produktion und Zirkulation von W' entspringt die primäre Einkommensverteilung von Profit und Arbeitslohn. Die primären Einkommen Profit und Arbeitslohn bilden das Nationaleinkommen; dieses ist Grundlage sowohl der marktbestimmten Einkommensumverteilung durch verschiedene Arten von Vermögenseinkommen (inkl. Grundrente) sowie der politisch vermittelten Einkommensumverteilung über die öffentlichen Haushalte (Sozialversicherungen und Gebietskörperschaften) durch Steuererhebung und Ausgaben für Staatsbeschäftigte (abgeleiteter Arbeitslohn) sowie Realtransfers (öffentliche Dienste) und Geldtransfers.

Abbildung 1.2: Sektorale Zuordnung von Funktionen

Produktion und Zirkulation	Reproduktionsprozess reproduktives Gesamtkapital – industrielles Kapital – kommerzielles Kapital (Handel/übrige Zirkulationsdienstleistungen außer Banken/Versicherungen) – Reproduktionsprozess nichtkapitalistischer Warenproduktion und -zirkulation
Finanzwesen	Zirkulation zinstragendes und fiktives Kapital – Banken, Börsen, Versicherungen, sonstige Finanzdienstleister, Immobilienkapital
Primäre Einkommensverteilung	Profiteinkommen – Industrieller (Brutto-) Profit – Kommerzieller (Brutto-) Profit – Selbstständigeneinkommen nichtkapitalistischer Unternehmer Lohneinkommen – Arbeitslohn produktiver Lohnarbeiter des Kapitals – Arbeitslohn kommerzieller Lohnarbeiter des Kapital – Arbeitslohn der Lohnarbeiter in nichtkapitalistischen Unternehmen
Marktbestimmte Einkommensverteilung	Vermögenseinkommen (Bestandteil des Bruttoprofits) – Zinsen (inkl. Geldhandlungs-, Bank-, Assekuranzprofit) – Dividenden – Pachten/Grundrente
Politisch bestimmte Einkommensverteilung	Steuererhebung Realtransfers (öffentliche Dienste) Geldtransfers (an Unternehmen und Privathaushalte)

Produktion, Verteilung und Umverteilung

Die jährliche Wertschöpfung (Wertprodukt) wird (re-) produktiv verwendet für die Erweiterung des Reproduktionsprozesses (Akkumulation) sowie zur Bestreitung der Zirkulationskosten (sachlich sowie Lohn). Die Primäreinkommen der Lohnarbeiter des Kapitals sowie die Profite der Unternehmen (vor Steuern) bilden den Ausgangspunkt der marktbestimmten und politisch regulierten Umverteilung. Das Nettoeinkommen der Privathaushalte setzt sich aus (primären und abgeleiteten) (Netto-) Löhnen der beim Kapital sowie beim Staat Beschäftigten, den Vermögenseinkommen und Nettoprofiten (entnommene Gewinne, Ausschüttungen) sowie den bezogenen (monetären) Transfers zusammen. Es wird konsumtiv verausgabt oder gespart.

Abbildung 1.3: Produktion, Verteilung und Umverteilung

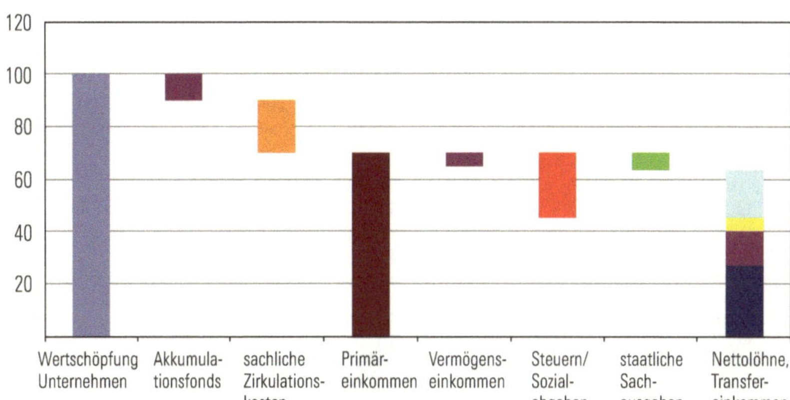

- Das vorstehende Schema ist stark vereinfacht und berücksichtigt die über öffentliche Institutionen (Staat/Sozialversicherungen) vermittelte Umverteilung nur per Saldo und nicht in der Verschlingung der Transaktionen, die zu einer Vervielfältigung von Marktprozessen und daher zu einer Vergrößerung von Nachfrageaggregaten führen.[19]
- Waren (Güter und Dienstleistungen) aus öffentlichen Betrieben, die regulär an den Märkten zu Kostenpreisen verkauft werden, sind kein Bestandteil des gesamtwirtschaftlichen Warenprodukts W' aus dem privatkapitalistischen Sektor, sondern bilden nur einen Bestandteil des gesellschaftlichen Bruttoprodukts, welches damit vom Produktenwert abweicht.

[19] Zum Überblick über die marktbestimmte und öffentlich vermittelte Umverteilung vgl. Schemata und Tabellen in Krüger 2017 sowie das Schaubild 4.1 zu Beginn von Kapitel 4.

Abbildung 1.4: Wertschöpfung und Einkommensverteilung/-umverteilung

Gesellschaftliches Bruttoprodukt (Übertragener Wert der Produktionsmittel + Neuwertschöpfung)	Produktenwert des reproduktiven Gesamtkapitals + Umsatz nichtkapitalistischer Warenproduktion + Warenumsätze aus öffentlichem Sektor
Produktive Konsumtion	Vorleistungen Bruttoinvestitionen
Nationaleinkommen	Summe der primären Einkommen Profit und Arbeitslohn
Verteilung des Nationaleinkommens	Vermögenseinkommen Steuern Sozialabgaben Nettoeinkommen Kapitalisten/Unternehmer Netto-Lohn Lohnarbeiter privatkapitalistisch-reproduktiver Sektor
Öffentliche Haushalte (Ausgabenseite)	Lohn Staatsbeschäftigte Sachkosten öffentliche Dienste (inkl. sog. öffentliche Investitionen) Geleistete Zinsen Geleistete Geldtransfers
Privathaushalte a) Einnahmen	Nettoeinkommen Kapitalisten/Unternehmer Netto-Lohn Lohnarbeiter privatkapitalistisch-reproduktiver Sektor Netto-Lohn Staatsbeschäftigte Geldtransfers von öffentlichen Haushalten Vermögenseinkommen (und -übertragungen)
b) Einkommensverwendung	Privater Konsum Ersparnis

1.3 Nomenklatur und Darstellungsform

Begrifflichkeiten

Produktenwert PW	übertragener Wert des konstanten Kapitals C plus Wertprodukt WP
Übertragener Wert C	übertragener Wert des fixen Kapitals dcfix plus übertragener Wert des zirkulierenden konstanten Kapitals czirk
Wertprodukt WP	variables Kapital V plus Mehrwert M
Ccfix	vorgeschossenes fixes Kapital
Cczirk	vorgeschossenes zirkulierendes konstantes Kapital
Cv	vorgeschossenes variables Kapital
PC	produktiver Kapitalvorschuss Ccfix + Cczirk + Cv

wz: [Ccfix + Cczirk] / Cv	Wertzusammensetzung des produktiven Kapitalvorschusses
dcfix / Ccfix	Umschlagszahl des fixen Kapitals
uz: czirk / Cczirk	Umschlagszahl des zirkulierenden (konstanten) Kapitals
Zirkulationskosten zk	sachliche Aufwendungen und (Brutto-)Entgelte der kommerziellen Lohnarbeiter
M ./. zk	Bruttoprofit: Mehrwert abzgl. Zirkulationskosten
ZC	Zirkulationskapital aus Waren- und Geldkapital
Gesamtkapital CC	PC + ZC
CC'	Gesamtkapitalvorschuss inkl. Vorschusswert für Zirkulationskosten: CC + zk
Kostpreis K	C + V + Zirkulationskosten
K / CC'	Durchschnittsumschlag des vorgeschossenen Gesamtkapitals
Nettoprofit	Bruttoprofit P ./. Kostensteuern der Unternehmen
Zinsen Z	per Saldo vom industriellen und kommerziellen Kapital zu zahlende Zinsen und Nettopachten u.ä.
z'	Zinsquote als Anteil Z am Nettoprofit
Unternehmergewinn UG	Nettoprofit ./. Zinsen
I, brutto	Bruttoinvestitionen: Erweiterungsfonds für fixes Kapital
I, netto	Nettoinvestitionen: Akkumulationsfonds für fixes Kapital
Akkumulationsrate g'	I, netto / PC
Akkumulationsquote a'	I, netto / Nettoprofit
Mehrwertrate m'	Mehrwert M / Variables Kapital V
Profitrate p'	Bruttoprofit P / Gesamtkapitalvorschuss C' (oder auch Nettoprofit / Gesamtkapitalvorschuss C')
Formel p'	[M ./. zk] / [PC + ZC + zk] = m' . uz . 1 / [wz + 1] . [PC / CC'] . [1 ./. zk / M]

Die vorstehende Formel für die allgemeine Profitrate des Gesamtkapitals weist ihre Entwicklung nach folgenden Einflussfaktoren nach:

- Mehrwertrate m'
- Umschlagszahl des zirkulierenden Kapitals uz
- Wertzusammensetzung des produktiven Kapitalvorschusses wz
- Anteil des produktiven Kapitals PC am Gesamtkapitalvorschuss CC'
- Anteil der Zirkulationskosten zk am Mehrwert

Darstellungsform
Wie bereits erwähnt, steht nachfolgend die Präsentation der empirischen Daten, die aus den gesamtwirtschaftlichen Rechnungswerken gewonnen worden sind, im Mittelpunkt und nicht eine systematisch-theoretische Ableitung des Zusammenhangs der ökonomischen Variablen. Damit soll der Charakter des Textes als Einführungstext unterstrichen werden.

Im Folgenden werden weitestgehend die statistisch-quantitativ ermittelten Daten als Zeitreihen in jeweiligen Abbildungen dargestellt. Die auf jeweils einer Seite dargestellten Abbildungen werden umrahmt durch Headlines, in denen die Hauptaussagen zusammengefasst werden sowie jeweilige Erläuterungen unter einzelnen Spiegelstrichen, in denen entweder Einzeltatbestände oder methodisch-inhaltliche Berechnungsweisen behandelt werden.

Die nicht aus den vorliegenden offiziellen Rechenwerken direkt entnommenen Daten werden im Datenanhang dokumentiert.

1.4 Kategoriale Brüche, Gebietsabgrenzungen und Währungsgrößen in den Zeitreihen

Die längerfristige Entwicklung in der vorliegend erfassten Nachkriegszeit ab 1950 beinhaltet für die Bundesrepublik wechselnde Gebietsstände und Währungen sowie nicht zuletzt auch veränderte statistische Konventionen und Kategorien, die bei der Interpretation der Daten in Rechnung gestellt werden müssen.

Neben den Gebietssprüngen – ab 1960 inkl. Saarland/West-Berlin, ab 1991 Gesamtdeutschland inkl. Ex-DDR – ergeben sich verschiedene kategoriale Brüche in den langen Zeitreihen:

Erstens: 1968 mit dem Übergang von der Allphasen-Umsatzsteuer zum bis heute gängigen Vorsteuerabzug erfolgt ein Bruch bei dem Ausweis der Einkommen aus Unternehmertätigkeit und Vermögen.

Zweitens: Ein erneuter Bruch ergibt sich 1994 mit dem Übergang zum Europäischen System der Volkswirtschaftlichen Gesamtrechnungen (ESVG).

- Er berührt den veränderten Sektorausweis der Unternehmen mit den ihnen zuzuordnenden Transaktionen: anstelle der Zusammenfassung aller reproduktiven Unternehmen – Unternehmen mit eigener Rechtspersönlichkeit und Unternehmen ohne eigene Rechtspersönlichkeit – unter der Kategorie der »Produktionsunternehmen« wird in der ESVG zwischen nichtfinanziellen Unternehmen als Kapitalgesellschaften und Quasi-Kapitalgesellschaften – Letzteres sind im Wesentlichen die Personengesellschaften offene Handelsgesellschaften (oHG) und Kommanditgesellschaften (KG) – und sonstigen Personengesellschaften inkl. Einzelunternehmer und Freie Berufe unterschieden.

Sie werden wegen der oftmals schwierigen Abgrenzung zwischen betrieblich und privat-konsumtiv veranlassten Aufwendungen im Sektor »Private Haushalte (und Organisationen ohne Erwerbszweck)« verbucht. Mit diesem getrennten Ausweis in zwei volkswirtschaftlichen Sektoren wird die einheitliche Unterordnung unter und der Einbezug aller Produktionsunternehmen in den Ausgleichungsprozess zur Durchschnittsprofitrate auseinandergerissen. Zwar ist ein Großteil der nichtkapitalistischen Warenproduktion und Warenzirkulation als teilweise auf lokalen Märkten operierende Unternehmen nur in vermittelter oder indirekter Weise der kapitalistischen Konkurrenz auf nationaler oder internationaler Ebene unterworfen, dies ändert aber nichts an ihrem grundsätzlichen Einbezug in den die Ressourcenallokation dominierenden Ausgleichungsprozess zur allgemeinen oder Durchschnittsprofitrate. Demzufolge ist dieses Auseinanderreißen des Sektors Produktionsunternehmen, die auch die produktiv-wertschöpfende Basis der Volkswirtschaft auseinanderreißt, weitestgehend rückgängig gemacht worden.

- Zum anderen wird durch die Umstellung der VGR-Systematik der Bereich des Immobilienkapitals, hier: seine Verwertung durch gewerbliche und privat-individuelle Vermietung, betroffen. Der Bereich Wohnungsvermietung wurde in der alten VGR bis 1991 als »funktionaler Bereich« gesondert ausgewiesen.[20] Im ESVG-System wird demgegenüber mit der Abteilung »Grundstücks- und Wohnungswesen« diese funktionelle Ausgliederung der Wohnungsvermietung aufgehoben und alle Unternehmen, die neben der Vermietung/Verpachtung von Wohn- und Gewerbeimmobilien auch den An- und Verkauf sowie die Vermittlung und Verwaltung von Immobilien zum Gegenstand haben, in dieser Abteilung zusammengefasst. Eine Angleichung/Umrechnung beider Systematiken ist nicht möglich.

Drittens: Schließlich werden durch den Übergang zum ESVG-System einzelne Wirtschaftsabteilungen anders abgegrenzt.

- Daher ist die Identifikation von Zirkulationsfunktionen bei den reproduktiven Unternehmen ab 1994 nicht voll kompatibel zur Berechnung nach der VGR-alt vorzunehmen.

---

[20] Vgl. WiSta 1978: 314: *»Das bedeutet, daß von den Unternehmen, deren Schwerpunkt im Bereich Wohnungsvermietung liegt, nur der Teil der Transaktionen des Unternehmens im Bereich Wohnungsvermietung nachgewiesen wird, der mit Wohnungsvermietung in Verbindung steht. Andere Tätigkeiten der betreffenden Unternehmen werden anderen Wirtschaftsbereichen, wie z.B. Vermögensverwaltung oder Baugewerbe zugeordnet. Andererseits werden die Transaktionen im Zusammenhang mit der Wohnungsvermietung derjenigen Unternehmen, deren wirtschaftlicher Schwerpunkt nicht auf dem Gebiet der Wohnungsvermietung liegt, ebenfalls in den Wirtschaftsbereich Wohnungsvermietung einbezogen.«*

- Auch die Zuordnung von Dienstleistungsbereichen auf Unternehmen und Staat und damit ihr Charakter als profitorientierte und Non-Profit-Bereiche ist wegen einer rein stofflichen Abgrenzung der Abteilungen erschwert und nicht voll kompatibel zur VGR-alt.

Viertens: Die veränderte Preisbewertung der Produktion (Produktionswert) zu Herstellungspreisen ohne Gütersteuern (Verbrauchssteuern) nach ESVG und nicht mehr zu Marktpreisen wie in der VGR-alt wird weitgehend rückgängig gemacht.

Fünftens: Für lange Reihen in absoluten Geldgrößen bzw. darauf bezogene Indexwerte ist schließlich die Währungsumstellung von D-Mark auf Euro zu berücksichtigen. Die Euro-Werte ab dem Jahr 2000 werden daher teilweise mit dem amtlichen Umrechnungskurs (1 € = 1,95586 DM) in D-Mark-Größen umgerechnet, um Brüche in Zeitreihen mit absoluten Werten zu vermeiden.

1.5 Verwendete gesamtwirtschaftliche Rechenwerke

Die gesamtwirtschaftliche Statistik hat, beginnend mit den 1920er-Jahren, mittlerweile einen umfassenden Dokumentationsgrad erreicht, welcher vertiefte Einsichten in die wirtschaftlichen Prozesse und Zusammenhänge namentlich in den entwickelten Ländern bereitstellt. Die Kernstücke gesamtwirtschaftlicher Rechenwerke sind:

- Volkswirtschaftliche Gesamtrechnungen (VGR; vgl. Statistisches Bundesamt (destatis), Fachserie 18, versch. Jahrgänge)
- Gesamtwirtschaftliche Vermögensrechnung (Sektorale Vermögensbilanzen; vgl. destatis, versch. Jahrgänge)
- Einkommens- und Verbrauchsstichprobe (EVS; vgl. destatis, versch. Jahrgänge)
- Gesamtwirtschaftliche Finanzierungsrechnung (FR; vgl. Deutsche Bundesbank)
- Zahlungsbilanzstatistik (ZBS; vgl. Deutsche Bundesbank, versch. Jahrgänge)
- Bankstatistische Gesamtrechnungen (BSG; vgl. Deutsche Bundesbank, versch. Jahrgänge)
- Hinzu kommen die jeweiligen Primärstatistiken aus einzelnen Bereichen, die die in den Gesamtrechnungen aggregierten Daten bereitstellen
- National Accounts und Statistiken der internationalen Organisationen OECD, EZB, Bank für Internationalen Zahlungsausgleich (BIZ), Weltbank, Internationaler Währungsfonds (IWF) und Welthandelsorganisation (WHO).

Mit der Verwendung und teilweisen Umgruppierung der Daten dieser Gesamtrechnungen ist es möglich, ein ziemlich umfassendes Bild der BRD-Ökonomie und ihrer binnenwirtschaftlichen, supranationalen und internationalen Verflechtungen und Beziehungen für die Entwicklung seit dem Zweiten Weltkrieg unter Zugrundelegung der Kategorien der Kritik der politischen Ökonomie bzw. einer marxistischen Wirtschaftstheorie zu zeichnen und damit der vorherrschenden ahistorischen Betrachtung im wissenschaftlichen und politischen Mainstream ein Alternativbild gegenüberzustellen.

2. Einordnung der deutschen Kapitalakkumulation

2.1 Historisches: Kapitalakkumulation vor dem Ersten Weltkrieg und in der Zwischenkriegszeit

Weltmarkt-Demiurg Großbritannien

Vor dem Ersten Weltkrieg dominiert das Land, in dem die Industrielle Revolution und die historisch-ursprüngliche Akkumulation des Kapitals stattgefunden hatten, die Weltmarktverhältnisse absolut: Großbritannien ist der Demiurg des bürgerlichen Kosmos, hegemonial gegenüber nachgeordneten kapitalistischen Konkurrenten und beherrschend in seinem Kolonialreich.

Abbildung 2.1: Weltmarkt von dem Ersten Weltkrieg und in der Zwischenkriegszeit (Exportanteile)

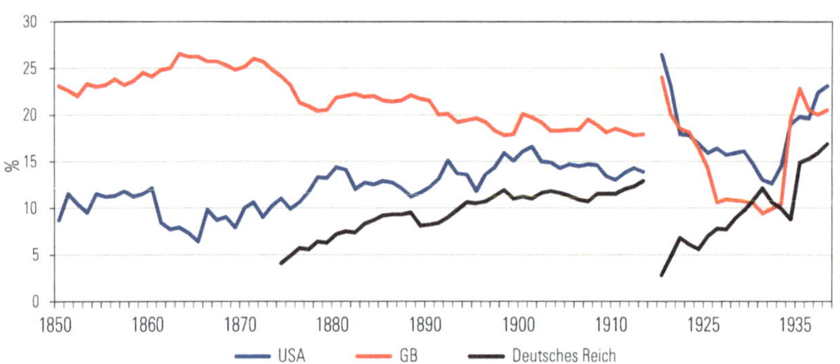

Quellen: G. Federico/A. Tena-Junguito 2016, W.S./E.S. Woytinski 1955

- Großbritanniens Wirtschaft erwuchs aus seinem Handel mit seinen Kolonien: Austausch überseeischer Grundstoffe, insbesondere Baumwolle aus Indien, gegen Industrieerzeugnisse als Fundament seiner internationalen Wirtschaftsbeziehungen.
- Hinzu kam die überragende Stellung Großbritanniens im Transportwesen (Flotte) und den damit zusammenhängenden Funktionen (z.B. Frachten, Versicherungen): in der britischen Zahlungsbilanz überkompensierten die sog. unsichtbaren Erträge das Defizit im Handel mit materiellen Produkten.
- In den letzten 3 Jahrzehnten des 19. Jahrhunderts holen die USA sowie in Europa namentlich das Deutsche Reich auf dem Weltmarkt auf; in der Zwischenkriegszeit ist die britische Dominanz im Außenhandel verschwunden.

Vorkriegs- und Zwischenkriegszyklen

Die nationale Konjunktur des Weltmarkt-Demiurgen bestimmt bis zum Ersten Weltkrieg den Weltmarktzyklus. In der Zwischenkriegszeit herrscht ein Polyzentrismus mit USA, Großbritannien und Deutschem Reich als führenden Nationalkapitalen.

Abbildung 2.2: Importe und Sozialprodukt von Großbritannien (lfd. Preise), in % gg. Vj.

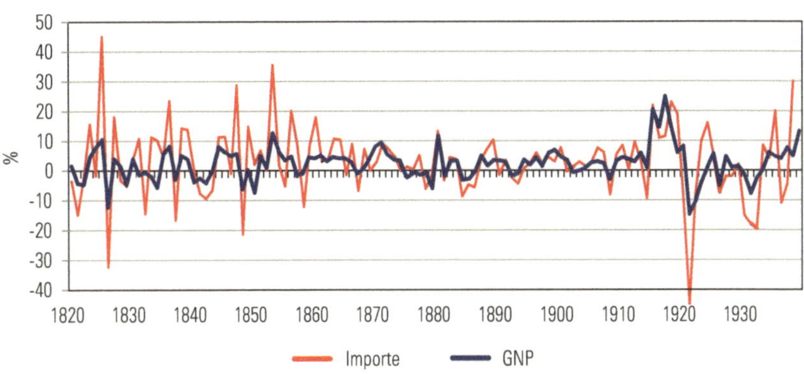

Quellen: Mitchell 1978, Feinstein 1972, Maddison

Datierung der industriellen Zyklen:			
I. Vorkriegszyklus	1827 – 1842	Dauer: 15 Jahre	Krise: 1837
II. Vorkriegszyklus	1843 – 1848	Dauer: 6 Jahre	Krise: 1847
III. Vorkriegszyklus	1949 – 1858	Dauer: 10 Jahre	Krise: 1857
IV. Vorkriegszyklus	1959 – 1867	Dauer: 9 Jahre	Krise: 1866
V. Vorkriegszyklus	1868 – 1879	Dauer: 12 Jahre	Krise: 1873/74
VI. Vorkriegszyklus	1880 – 1886	Dauer: 7 Jahre	Krise: 1882
VII. Vorkriegszyklus	1887 – 1893	Dauer: 7 Jahre	Krise: 1890
VIII. Vorkriegszyklus	1894 – 1903	Dauer: 10 Jahre	Krise: 1900
IX. Vorkriegszyklus	1904 – 1908	Dauer: 5 Jahre	Krise: 1907
X. Vorkriegszyklus	1909 – 1914	Dauer: 6 Jahre	Krise: 1913
Kriegszyklus	1915 – 1922	Dauer: 8 Jahre	Krise: 1921
I. Zwischenkriegszyklus	1923 – 1926	Dauer: 4 Jahre	Krise: 1925
II. Zwischenkriegszyklus	1927 – 1932	Dauer: 6 Jahre	Krise: 1929
III. Zwischenkriegszyklus	1933 – 1938	Dauer: 6 Jahre	Krise: 1936

Profitrate des britischen Kapitals in der Vorkriegs- und Zwischenkriegszeit
In den ersten drei Vorkriegszyklen steigt die britische Profitrate mit der Durchsetzung der industriellen Betriebsweise und dem Niederkonkurrieren handwerklicher Produktionsprozesse an. Sie erbringt zunehmende und in der Breite des Unternehmenssektors sich verallgemeinernde hohe Profite. Demgegenüber ist der graduelle Anstieg der britischen Profitrate in der Zwischenkriegszeit weniger steigenden Profiten als vielmehr Entwertungsprozessen des Kapitalstocks geschuldet.

Abbildung 2.3: Durchschnittsprofitrate des britischen Kapitals

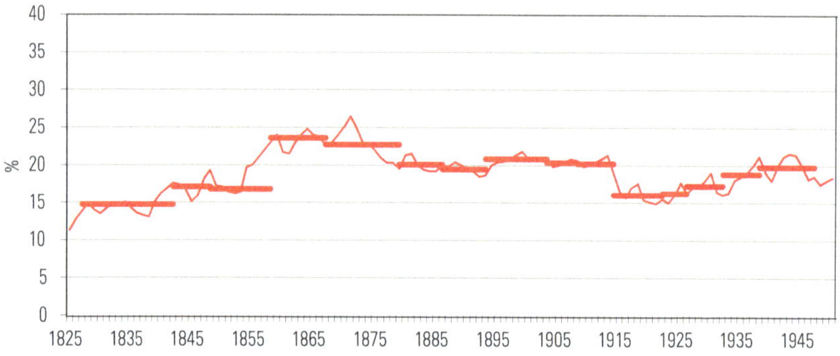

Quellen: Allen 2005, Roberts 2015, Maddison sowie eigene Berechnungen

- Ein gradueller Fall der britischen Profitrate ist seit dem V. Vorkriegszyklus ab der zweiten Hälfte der 1860er-Jahre auszumachen, nachdem sich in der britischen Wirtschaft die großindustrielle Betriebsweise mit sinkenden Warenpreisen, die nur eine Deflation, aber keine Depression beinhalteten, verallgemeinert hatte.
- Im Unterschied zu den industriell nachholenden Ländern, insbesondere den USA, war die Unternehmensform in Großbritannien durch mittlere Betriebsgrößen geprägt, die um die Jahrhundertwende gegenüber den internationalen Konkurrenten aus Übersee und Kontinentaleuropa mehr und mehr ins Hintertreffen gerieten.
- Das britische Kapital sicherte seine nationalen Profite zunehmend nicht mehr durch die überlegene Produktivität seiner Nationalarbeit, sondern durch Konzentration und Abschottung auf die Märkte seines angestammten Kolonialreiches.
- Nach dem Ersten Weltkrieg hatte Großbritannien eine international führende Position hauptsächlich nur noch im Finanzsektor.

Profitraten des US-amerikanischen und deutschen Kapitals in der Vorkriegs- und Zwischenkriegszeit

Die Verallgemeinerung der (ersten) industriellen Betriebsweise auf dem europäischen Kontinent und in den USA erfolgte in der zweiten Hälfte des 19. Jahrhunderts. Nach anfänglichem Anstieg der Durchschnittsprofitrate im Deutschen Reich ab dem VII. Vorkriegszyklus beginnt ihr tendenzieller Fall bis zum Ersten Weltkrieg. In den USA fällt die Profitrate nach dem Bürgerkrieg in den Jahren des »Gilded Age« infolge der gewaltigen Zunahme des fixen Kapitals in Industrie und Transportwesen.

Abbildung 2.4: Durchschnittsprofitraten des amerikanischen und deutschen Kapitals

Profitrate USA
Profitrate DR

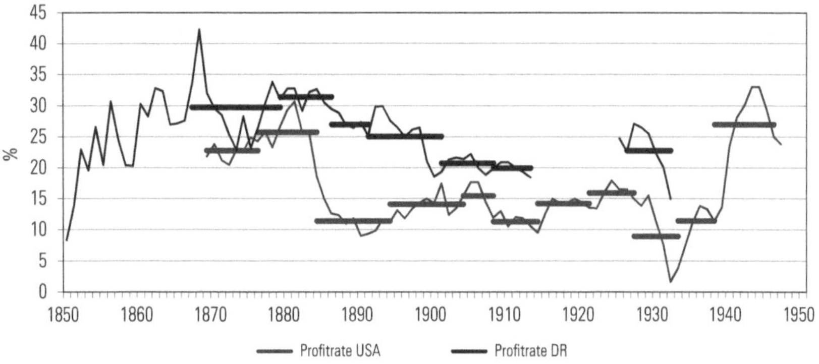

Quellen: US Census, Wagenführ sowie eigene Berechnungen

- Die Industrialisierung der USA nach dem Bürgerkrieg legte die Grundlage für den Aufholprozess des US-Kapitals im 19. Jahrhundert und den fließenden Übergang der US-Industrie in die später mit Taylorismus/Fordismus umschriebene Weiterentwicklung der industriellen Betriebsweise: moderne Unternehmensformen (Kapitalgesellschaften) mit großbetrieblicher Organisation und einer dem neuem Fabrik-Lay-out mit Elektromotor und Fließband angepassten Teilung der Arbeit bilden ein neues Rationalisierungsparadigma im unmittelbaren Produktionsprozess aus.
- Im Unterschied zur US-amerikanischen Sozialstruktur ohne feudale Überbleibsel und Sinekuren, bleiben jene Elemente im Deutschen Reich noch in der Zwischenkriegszeit erhalten und verhindern die Etablierung von Sozialverhältnissen, die die gesamtgesellschaftlichen Produktivitätspotenziale der weiterentwickelten industriellen Strukturen erschließen könnten.
- New Deal und deutscher Faschismus sind nach der Weltwirtschaftskrise zwei gegensätzliche Weisen einer sozioökonomischen Modernisierung.

2.2 Beschleunigte Kapitalakkumulation und fordistische Betriebsweise in der Nachkriegszeit

Beschleunigte Kapitalakkumulation und gesellschaftliche Prosperität

Die historisch zweite industrielle Betriebsweise mit den auf ihr aufbauenden evolutionären Entwicklungen bei Geld- und Währung sowie ausgestalteten staatlichen Umverteilungsstrukturen (»Fordismus«) erlebt unter Führung der USA ihren Durchbruch nach dem Zweiten Weltkrieg. Sie stellt die Grundlage für eine (erneute) zyklenübergreifende beschleunigte Kapitalakkumulation in den Metropolen des Weltmarkts dar und lässt auch die arbeitenden Klassen am gesellschaftlichen Wohlstand teilhaben.

Abbildung 2.5: Profitraten kapitalistischer Metropolen während der Nachkriegs-Prosperität (1945–1975)

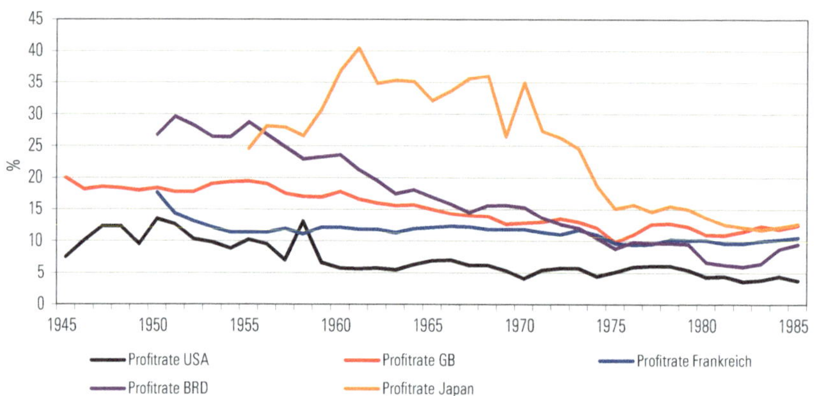

Quelle: Eigene Berechnungen auf Basis von National Accounts

- Die beschleunigte Kapitalakkumulation der Nachkriegszeit wird nicht mehr primär durch die gesamtwirtschaftliche Ersparnis für die Kapitalbildung begrenzt, sondern durch die konsumtive Nachfrage für die Realisierung des gesamtwirtschaftlichen Produkts.
- An die Stelle der Verkäufermärkte treten zunehmend Käufermärkte, die den Produzenten wachsende Aufwendungen für Werbung und Marktbearbeitung abverlangen.
- Die Dauer der beschleunigten Akkumulation umfasst für die meisten Metropolen die ersten drei Jahrzehnte nach dem Zweiten Weltkrieg (mit anfänglicher Rekonstruktionsphase) bis zur Mitte der 1970er-Jahre.

Ende der Nachkriegsprosperität: Strukturelle Überakkumulation des Kapitals
Die Ablösung der beschleunigten Akkumulation durch eine strukturelle Überakkumulation von Kapital unterhöhlt die ökonomische Basis der Nachkriegsprosperität. Dies zeigt sich an dauerhaft gedrückten Profitraten und einem tendenziell ausbleibenden gesamtwirtschaftlichen Profitmassenwachstum. Es folgen verschiedene vergebliche Versuche der Wirtschaftspolitik, die säkulare Stagnation der metropolitanen Ökonomien zu überwinden.

Abbildung 2.6: Profitraten kapitalistischer Metropolen seit 1975 (Überakkumulationsperiode)

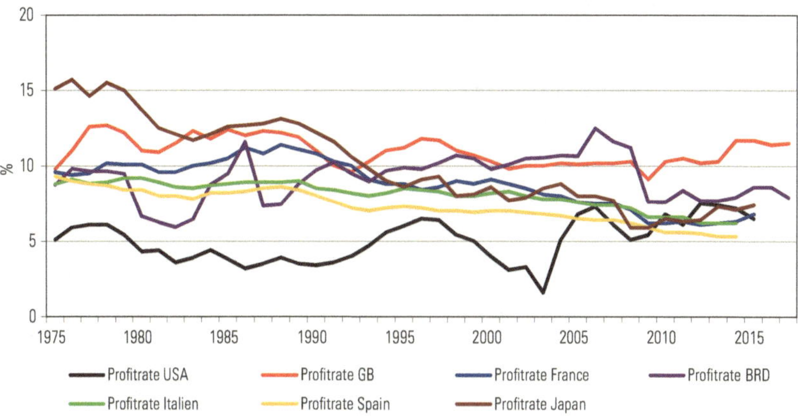

Quelle: Eigene Berechnungen auf Basis von National Accounts

- Die wirtschaftspolitischen Interventionen begannen mit der Revitalisierung absoluter Mehrwertproduktion durch Deregulierung und Druck auf die Arbeitslöhne (Supply-Side-Economies) über Befeuerung konsumtiver Kreditformen durch sog. asset-based wealth-driven accumulation bis hin zur ultralockeren Geldpolitik (Quantitative Easing) als Reaktion auf die internationale Finanzmarkt- und Covid-19-Krise.
- Nach der – begrenzten – Partizipation der arbeitenden Klassen am gesellschaftlichen Wohlstand in der Nachkriegsprosperität kehrt mit der kapitalistischen Überakkumulation die Verschärfung sozialer Gegensätze in allen kapitalistischen Metropolen zurück.
- Die Etablierung neuer institutioneller, ökonomischer und sozial-politischer Rahmenbedingungen im Rahmen einer neuen, dritten industriellen Betriebsweise umfassender Digitalisierung und Plattform-Ökonomie hat sich bisher in keinem Land gesamtgesellschaftlich verallgemeinert.

2.3 Veränderungen in der Weltwirtschaft seit Mitte der 1970er-Jahre

Weltsozialprodukt nach Ländergruppen

Mit dem Übergang in eine strukturelle Überakkumulation von Kapital kommt die bis dato stabile internationale Arbeitsteilung zwischen Rohstofflieferanten und metropolitanen industriellen Werkstätten in Bewegung. Zunehmend werden einfachere Produktionsprozesse und die Produktion ganzer Produktionszweige in nachgeordnete Länder ausgelagert. Im Zusammenspiel mit einer erfolgreichen staatlich geleiteten internen Wirtschaftspolitik führen diese Direktinvestitionen zu internen Entwicklungsprozessen und schaffen Länder an der Schwelle einer gesamtwirtschaftlichen Industrialisierung, die partiell zu den Metropolen aufschließen können.

Abbildung 2.7: Weltsozialprodukt nach Ländergruppen, in lfd. US-$

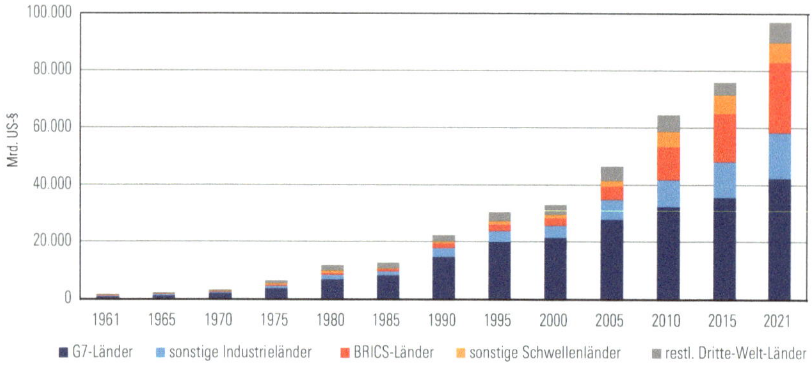

Mrd. US-$
100.000
80.000
60.000
40.000
20.000
0
1961 1965 1970 1975 1980 1985 1990 1995 2000 2005 2010 2015 2021
G7-Länder · sonstige Industrieländer · BRICS-Länder · sonstige Schwellenländer · restl. Dritte-Welt-Länder

Quelle: Eigene Berechnungen auf Basis von Daten der Weltbank

- Lange Zeit hatte der Anteil der bestimmenden kapitalistischen Metropolen (G7-Länder) am Weltsozialprodukt zwei Drittel betragen; nach der Jahrtausendwende hat er sukzessive abgenommen und betrug 2021 nur noch 44%.
- Die BRICS-Länder (Brasilien, Russland, Indien, China und Südafrika) haben nach dem Zusammenbruch der realsozialistischen Staaten (»Zweite Welt«) die Ländergruppe der Schwellenländer mit wachsenden Wirtschaften und hohen Bevölkerungszahlen angeführt.
- Die Volkswirtschaft der VR China hat 2010 Japan als zweitgrößte Ökonomie nach den USA abgelöst und wird voraussichtlich zum Ende des laufenden Jahrzehnts an die Weltspitze gelangen.

Weltmarktanteile industrieller Metropolen

In den rd. 7½ Dezennien der Nachkriegsentwicklung hat sich die Verschiebung der ökonomischen Gewichte der Ländergruppen auch in den Weltmarktanteilen niedergeschlagen: Bis zum Anfang der 1970er-Jahre dominierten die USA die Weltexporte absolut, danach hatte die BRD aufgeschlossen, zur Mitte der 1980er-Jahre hatte dies Japan ebenfalls erreicht. Zu dieser Zeit trat allerdings der Aufstieg der VR China ins allgemeine Bewusstsein: 2009 hatte die Volksrepublik den zwischenzeitlichen Exportweltmeister BRD abgelöst und wurde zunehmend zur Werkstatt der Welt.

Abbildung 2.8: Weltmarktanteile (Warenexport) industrieller Metropolen ab 1950

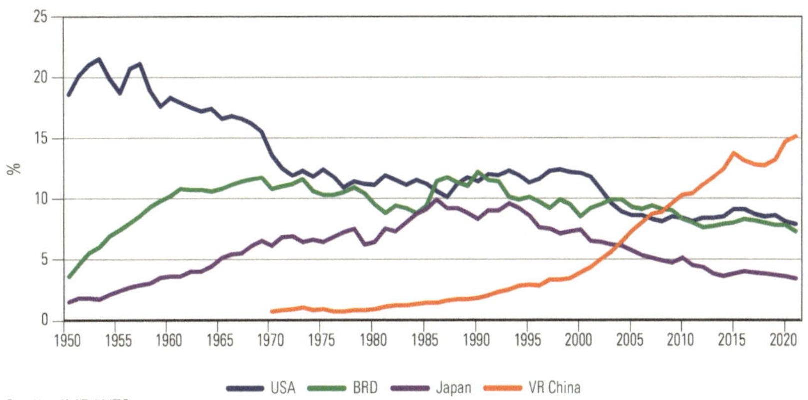

Quelle: IMF, WTO

- Der Erfolg von Chinas Außenhandelsposition gründet auf den Wirtschaftsreformen nach 1978 – schrittweiser Übergang zu einer sozialistischen Marktwirtschaft mit Etablierung von Sonderwirtschaftszonen und der Einbindung ausländischer Direktinvestitionen in binnenwirtschaftliche Kreisläufe unter Kontrolle des Staates –, dem Beitritt zur Welthandelsorganisation (WTO) 2001 und dem Ausspielen von chinesischen Lohnkostenvorteilen in der internationalen Konkurrenz.
- Die in den 1980er-Jahren geäußerte Einschätzung eines aufkommenden Weltmarkthegemons Japan, der mit »Lean Production« und »Kaizen« ein neues Produktivitätsparadigmata etablieren würde, erwies sich als vorschnell und falsch; sie zerschellte in der japanischen Deflationsperiode der 1990er-Jahre und der danach anhaltenden labilen Verfassung seiner Ökonomie.
- Die zunehmende Bedeutung von grenzüberschreitenden Dienstleistungen (»Services«) hat am internationalen Kräfteverhältnis nichts Wesentliches verändert.

Weltmarktzyklus der Nachkriegszeit

Bis 2020 hat die Weltwirtschaft 11 komplette Nachkriegszyklen des Welthandels und der nationalen Konjunkturen der industriellen Metropolen durchlaufen.

Nachkriegszyklus	Welthandel	USA	BRD	Japan
I.	bis 1952	1950–1954	bis 1953	bis 1954
II.	1953–1958	1955–1958	1954–1958	1955–1958
III.	1959–1961	1959–1961	1959–1963	1959–1962
IV.	1962–1967	1962–1967	1964–1967	1963–1966
V.	1968–1971	1968–1970	1968–1971	1967–1971
VI.	1972–1975	1971–1975	1972–1975	1972–1974
VII.	1976–1982	1976–1982	1976–1982	1975–1982
VIII.	1983–1993	1983–1991	1983–1993	1983–1993
IX.	1994–2001	1994–2001	1994–2003	1994–2003
X.	2002–2009	2002–2009	2004–2009	2004–2009
XI.	2010–2020	2010–2020	2010–2020	2010–2020
XII.	ab 2021	ab 2021	ab 2021	ab 2021

- Abgesehen vom Periodenwechsel vom I. auf den II. Nachkriegszyklus wird der Welthandelszyklus in den 1950er- und 1960er-Jahren von den Konjunkturen der USA dominiert.
- Seit den 1970er-Jahren hat die Prägekraft des US-Zyklus auf Welthandel und andere Metropolen nachgelassen.
- Die Nachkriegszyklen X und XI, die mit der internationalen Finanzmarkt- und Weltwirtschaftskrise 2007–09 bzw. mit dem Höhepunkt der Covid-19-Krise 2020 abschließen, weisen einen hohen internationalen Gleichlauf auf.
- Die Zyklusdauer hat sich während der Nachkriegsprosperitätsphase gegenüber der Zeit vor dem Ersten Weltkrieg (zunächst 10 bis 12 Jahre, sodann 6 bis 7 Jahre) und der Zwischenkriegszeit (rd. 6 Jahre) auf 4 bis 5 Jahre verkürzt. Mit dem Übergang zur anhaltenden Überakkumulation von Kapital (ab VII. Zyklus) werden Dauer und konjunkturelle Bewegung unregelmäßiger (Überakkumulationszyklen): der XI. Zyklus dauert 11 Jahre und umschließt in Europa die zwischenzeitliche akute Euro-Krise.
- Der Periodenwechsel in den XII. Nachkriegszyklus 2021 wird im Folgejahr 2022 durch weiterhin gestörte internationale Lieferketten infolge der Corona-Pandemie sowie die Auswirkungen des Russland-Ukraine-Krieges mit drastischen Preissteigerungen bei fossilen Energieträgern und anderen Rohstoffen geprägt. Beides führt zu einer weltweiten Inflationierung der Warenpreise,

auf die die wichtigsten Zentralbanken mit Steigerungen ihrer Notenbankzinssätze reagieren. Ein nicht nur kriegsbedingt auf Europa konzentrierter erneuter internationaler Rückschlag der Kapitalakkumulation in 2023 besitzt daher eine hohe Wahrscheinlichkeit.

Abbildung 2.9: Weltmarktzyklus ab 1950

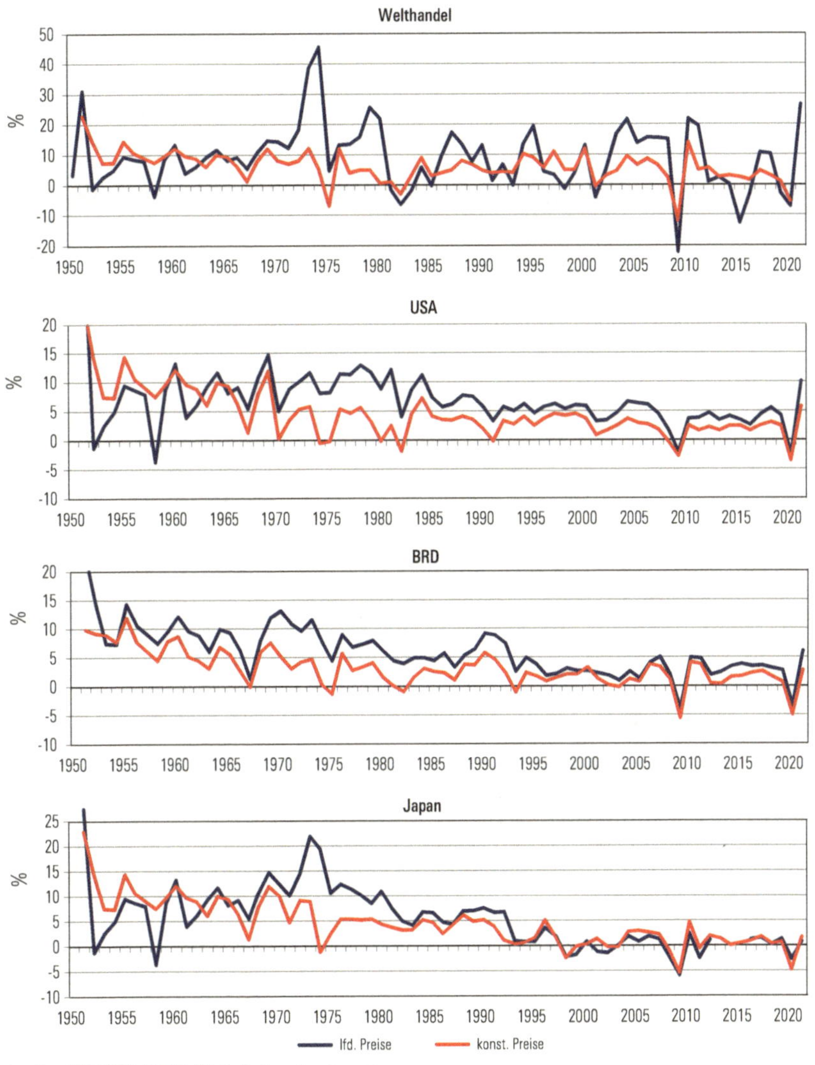

Quelle: IWF, WTO, OECD, Statistisches Bundesamt

2.4 Entwicklung nach der Finanzmarkt- und Weltwirtschaftskrise 2007–09 im XI. Nachkriegszyklus (2010–2020)

G7-Metropolen

Im 2020 beendeten XI. Nachkriegszyklus lag die Zuwachsrate im Welthandel zwar über der BIP-Entwicklung in den G7-Metropolen, blieb aber deutlich hinter der Steigerung nach dem Jahrtausendwechsel zurück. Die US-amerikanische und kanadische Ökonomie waren in diesem XI. Zyklus die Wachstumsstars unter den entwickelten Metropolen, während die europäischen Volkswirtschaften unter der Euro-Krise und einer von der BRD ausgehenden restriktiven Fiskalpolitik zu leiden hatten. Japans Ökonomie performte weiterhin unterdurchschnittlich.

Abbildung 2.10: BIP-Entwicklung im XI. Nachkriegszyklus in den G7-Metropolen, Index 2007 = 100

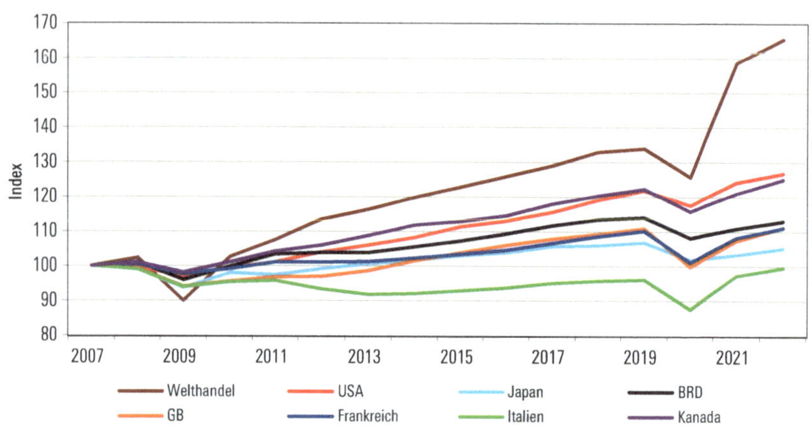

Quelle: Deutsche Bundesbank, Weltbank

- Der in der Bundesrepublik ausgerufene »längste Wirtschaftsaufschwung seit dem Zweiten Weltkrieg« war ein typischer Propaganda-Fake: Die BRD-Ökonomie blieb wegen der im Vergleich zu den USA restriktiven Finanzpolitik des Staates (»Schwarze Null«) deutlich hinter den nordamerikanischen Wirtschaften zurück.
- Die Erholung zu Beginn des XII. Zyklus 2021/22 nach der Krise 2020 ließ die G7-Länder hinsichtlich ihrer BIP-Entwicklung enger zusammenrücken, weil neben Kanada auch Großbritannien, Italien und mit Abstrichen Frankreich mit höheren Wachstumsraten in 2022 aufwarten konnten, während die BRD und die USA vergleichsweise schwächer abschnitten.

BRICS-Länder

Die Entwicklung der BRICS-Länder im XI. Nachkriegszyklus war zweigeteilt: Neben der fast Verdreifachung des chinesischen BIP und der noch deutlich über einer Verdoppelung liegenden Entwicklung in Indien bis 2022 – hierbei sind allerdings unterschiedliche Ausgangsniveaus im Jahr 2007 in Rechnung zu stellen –, verlief die wirtschaftliche Entwicklung der anderen BRICS-Staaten Brasilien, Russland und Südafrika auf einem erheblich niedrigeren Pfad. Alle drei Länder hatten 2022 nur ein um rd. 20 Prozentpunkte gestiegenes BIP gegenüber 2007.

Abbildung 2.11: BIP-Entwicklung im XI. Nachkriegszyklus in den BRICS-Ländern, Index 2007 = 100

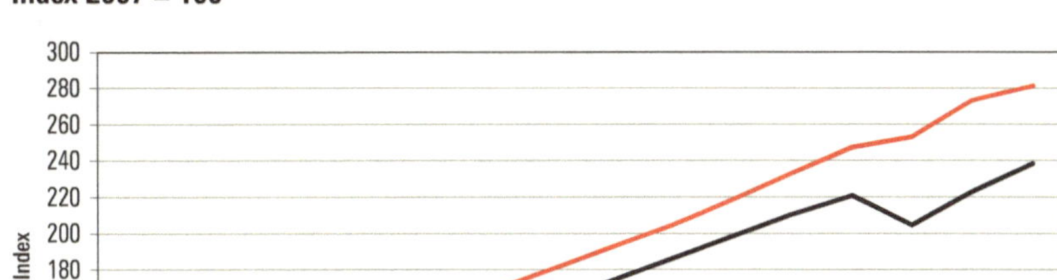

Quelle: OECD. Statista, Weltbank

- Als einzige der großen Volkswirtschaften hat die VR China den durch die Covid-19-Pandemie verstärkten Zyklusabschwung 2020 mit einer positiven BIP-Wachstumsrate (+2,3%) durchlaufen und damit den Rückstand zu den USA verringert.
- Neben China und Indien haben auch die Schwellenländer Türkei, Südkorea und Taiwan im internationalen Vergleich hohe BIP-Zuwächse im XI. Zyklus (bis 2020) erzielen können: Türkei +73%, Südkorea +41%, Taiwan +34%.
- Andere G-20 Staaten blieben im XI. Zyklus dahinter deutlich zurück: Mexiko lag mit +14 Prozentpunkten auf dem Niveau von Brasilien, Argentinien lag sogar rd. 2 Prozentpunkte unter dem Ausgangsniveau von 2007. Die positive Entwicklung in der Türkei dürfte mit deren erneuter Rezession und den fast dreistelligen Inflationsraten vorerst vorbei sein.
- In den ersten beiden Jahren des XII. Zyklus blieb die Zweiteilung der BIP-Wachstumsraten bei den BRICS-Staaten erhalten, dieses Mal mit Indien an der Spitze.

3. BRD-Konjunkturzyklus

3.1 Konjunkturzyklus als industrieller Zyklus

Der Ursprung der konjunkturellen Schwankungen liegt im industriellen Sektor und dort in der zyklischen Entwicklung der Investitionen, d.h. dem konzentrierten Ersatz von Teilen des fixen Originalkapitals ausgangs von Krise und vorangegangenem Abschwung. Das Zusammenspiel dieser zyklischen Ersatzprozesse von fixem Originalkapital mit den nachfolgenden Erweiterungsinvestitionen unterliegt als materielle Basis der zyklischen Bewegung von Profiten und Löhnen. Ersatz von fixem Kapital und Bewegung des Verhältnisses zwischen Lohn und Profit im kapitalistischen Sektor sind die immanenten Reproduktionsagentien der zyklischen Bewegung unter den Bedingungen einer beschleunigten Akkumulation des Nationalkapitals.

Abbildung 3.1: Index der industriellen Produktion, Quartalswerte, in % gg. Vorjahresquartal

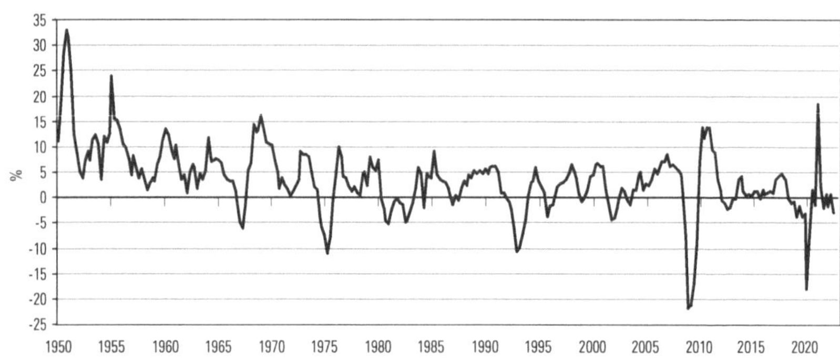

Quelle: Statistisches Bundesamt, Industriestatistik

Nachkriegs-zyklus	Zeitraum	Dauer
I.	bis 1953/I	
II.	1953/II bis 1958/II	21 Quartale
III.	1958/III bis 1963/I	19 Quartale
IV.	1963/II bis 1967/III	18 Quartale
V.	1967/IV bis 1971/IV	17 Quartale
VI.	1972/I bis 1975/IV	16 Quartale

Nachkriegs-zyklus	Zeitraum	Dauer
VII.	1976/I bis 1982/IV	28 Quartale
VIII.	1983/I bis 1993/IV	40 Quartale
IX.	1994/I bis 2003/III	39 Quartale
X.	2003/IV bis 2009/IV	25 Quartale
XI.	2010/I bis 2020/III	43 Quartale
XII.	ab 2020/IV	

3.2 Prosperitäts- und Überakkumulationszyklus

Bis heute hat der BRD-Akkumulationsprozess sechs vier- bis fünfjährige Prosperitätszyklen bis 1975 sowie vier Zyklen unter veränderten Verwertungsbedingungen (Überakkumulationszyklen) mit unregelmäßigeren Oszillationen und längerer Dauer durchlaufen. Nach dem durch die Covid-19-Pandemie verstärkten Abschwung des XI. Zyklus befindet sich das BRD-Kapital seit 2021 in seinem nunmehr XII. Nachkriegszyklus.

Abbildung 3.2: Bruttoinlandsprodukt (BIP) in laufenden und konstanten bzw. Vorjahrespreisen, in % gg. Vorjahr

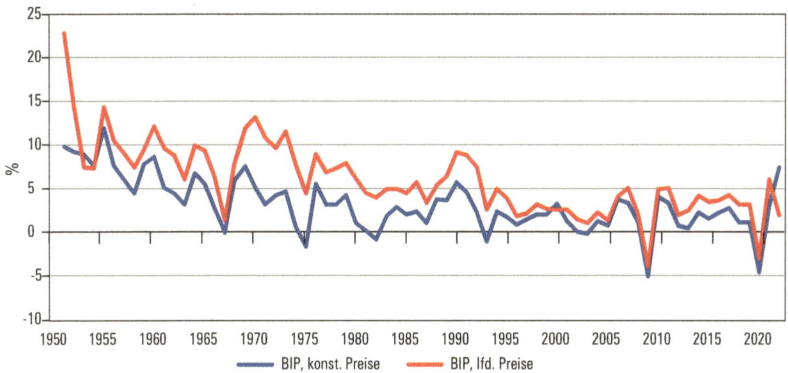

Quelle: Statistisches Bundesamt, Volkswirtschaftliche Gesamtrechnungen (VGR)

- Bereits in den ersten sechs Prosperitätszyklen geht die zyklendurchschnittlich erzielte Wachstumsrate des BIP nach und nach zurück. Neben den Sonderbedingungen der Nachkriegsrekonstruktion gehorcht diese Entwicklung geradezu klassisch den immanenten Gesetzmäßigkeiten der Kapitalakkumulation.
- Die Konjunkturzyklen nach der Weltwirtschaftskrise 1974/75 werden mit unregelmäßigen Oszillationen, weitgehend ausbleibenden Multiplikatoreffekten in den Aufschwungsphasen, vertieften und verlängerten Abschwüngen sowie einer unregelmäßigeren Dauer zunehmend weniger durch die »klassischen« Zyklusagentien der Prosperitätsphase geprägt; an die Stelle der Überakkumulationskrise tritt eine durch die Zuspitzung der Verteilungsverhältnisse bedingte Unterkonsumtionskrise.
- Der gegenwärtige XII. Zyklus wird bereits ab dem zweiten Jahr (2022) krisenhaft durch außerordentliche Faktoren bestimmt: zunehmende Störung internationaler Lieferketten, kriegsbedingte Verteuerung wichtiger Grundstoffe, hohe Inflation.

3.3 Inlands- und Auslandsnachfrage

Das BRD-Kapital gewinnt nach dem Zweiten Weltkrieg zunehmend Märkte im Ausland und hat in einigen Jahren sogar die Rolle des »Exportweltmeisters« inne (1986–88 sowie 2003–08). Die Exportentwicklung hat für die BRD-Akkumulation die konjunkturellen Aufschwünge durchweg verstärkt, bisweilen mitinduziert und vielfach die zyklischen Abschwungphasen abgemildert. Eine Ausnahme stellt neben der deutschen Sonderkonjunktur von 1991die Weltwirtschaftskrise 2009 dar, in der der Einbruch auf den Auslandsmärkten deutlich stärker war als in der Binnenwirtschaft und damit den BIP-Rückgang von 5% hauptsächlich verantwortet hat; in abgemilderter Form hat sich dies 2020 wiederholt.

Abbildung 3.3: Deutsche Exporte und Inlandsnachfrage, in % gg. Vorjahr

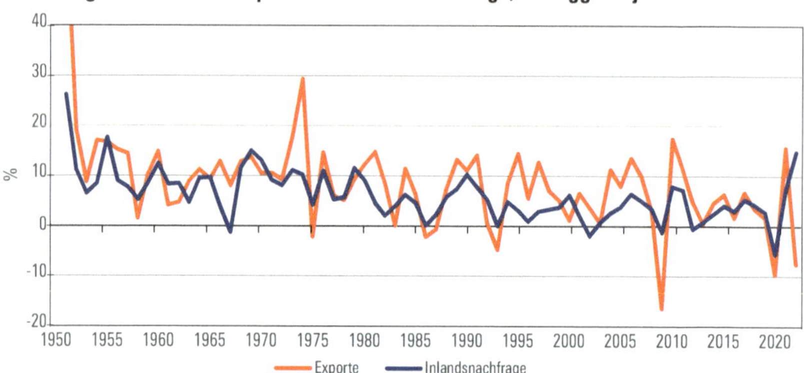

Quelle: Statistisches Bundesamt, VGR sowie eigene Berechnungen

- Der Anteil der Exporte an der nationalen Gesamtproduktion steigt von 7,6 (1950) auf zuletzt 22,1% in 2022 nach 26,8 % in 2021.
- Die konjunkturellen Aufschwünge wurden regelmäßig durch eine starke und teilweise vorweg eilende Exportnachfrage verstärkt bzw. mitinduziert. Letzteres lag in den Aufschwüngen des II. (1954), III. (1964), IV. (1968) und V. Zyklus (1972) vor. Besonders verstärkend wirkte die Exportnachfrage nach den vorherigen tiefen Abschwüngen für den XI. (2010) und XII. (2021) Zyklus, wobei allerdings die Basiseffekte des vorangegangenen Abschwungs in Rechnung zu stellen sind.
- Konjunkturstabilisierende Effekte zwischen Auslands- und Inlandsnachfrage bestanden mit Ausnahme der Jahre 1958, 1975, 1980/81, 1991–93, 2009 und 2020.
- Ohne die im Zeitablauf stark zunehmenden Exporte sowie ihre konjunkturstabilisierende Wirkung wäre die BRD-Entwicklung weniger positiv verlaufen.

3.4 Produktive und individuelle Konsumtion

Die produktive Konsumtion – Nachfrage nach Produktionsmitteln – mit ihren deutlichen Ausschlägen bildet den Kern der Konjunkturschwankungen. Die Entwicklung der privaten und öffentlichen Konsumnachfrage – individuelle Konsumtion – dämpft diese Ausschläge der produktiven Konsumtion und federt dadurch die konjunkturellen Bewegungen für die Gesamtwirtschaft ab.

Abbildung 3.4: Produktive und individuelle Konsumtion, in % gg. Vorjahr

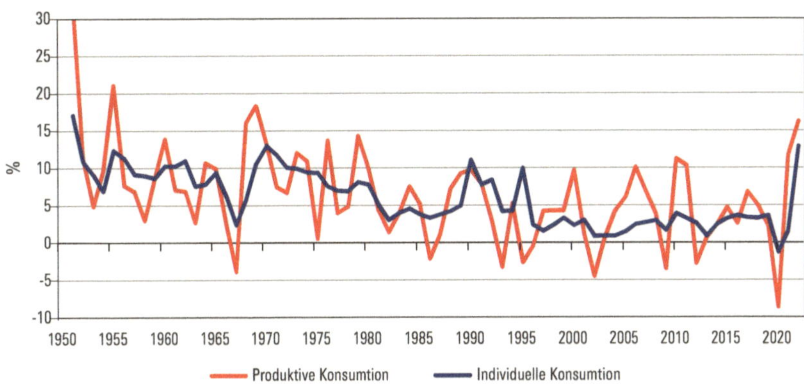

Quelle: Eigene Berechnungen auf Basis der Daten der VGR

- Obwohl die Veränderungsraten der konsumtiven Gesamtnachfrage in laufenden Marktpreisen während des gesamten Zeitraums mit Ausnahme der Covid-19-Effekte 2020 im positiven Bereich bleiben, hat die zyklusdämpfende Wirkung der Nachfrage für die individuelle Konsumtion im Laufe der Zeit abgenommen. Eine Ausnahme bildet nur der DDR-Anschlussboom nach 1990, der auf die Konsumnachfrage der (Ex-) DDR-Bevölkerung konzentriert war.
- Der zeitliche Nachlauf sowie die Nachfrageglättung durch die automatischen Stabilisatoren der Konsumnachfrage sind trotz der verteilungsbedingten Auszehrungstendenzen über den gesamten Zeitraum erhalten geblieben.
- Diese Stabilisierung der effektiven Nachfrage ist in den Abschwüngen des X. (2008/09) und XI. Zyklus (2020) sowie in 2021/22 durch umfangreiche politische Interventionen, zuletzt durch namentlich alle Stützungs- und Schutzmaßnahmen gegenüber den Auswirkungen der Covid-19-Pandemie, deutlich verstärkt worden.
- Im Hinblick auf die Auswirkungen der gegenwärtigen Inflation wurde diese Funktion mit außerordentlichen Transfers (sog. »Doppelwumms«) fortgeführt.

3.5 Investitions- und Vorleistungsnachfrage

Innerhalb der produktiven Konsumtion hat die Investitionsnachfrage und hier die Nachfrage nach Ausrüstungsgütern die Führungsrolle inne. Sie zeigt sich im zeitlichen Vorlauf und der überschießenden Schwankungsamplitude. Langfristig-überzyklisch nehmen jedoch der Vorlauf und die akzellerierende Funktion der Investitionen für die konjunkturellen Aufschwünge ab und sind bei verlangsamter Akkumulation nur noch auf die jeweiligen Abschwünge begrenzt.

Abbildung 3.5: Bruttoinvestitionen und Vorleistungen, in % gg. Vorjahr

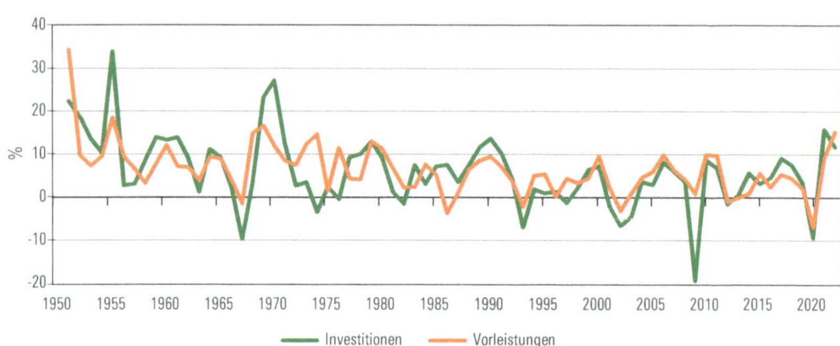

Quelle: Eigene Berechnungen auf Basis der Daten der VGR

- Mit Ausnahme des kurzzeitigen DDR-Anschlussbooms 1990/91 sowie phasenweise im XI. Zyklus ist diese asymmetrische Bewegung der Investitionsnachfrage in den Auf- und Abschwüngen aller Überakkumulationszyklen (ab Mitte der 1970er- Jahre) deutlich erkennbar.
- Massiv ausgeprägt ist die Investitionsschwäche des BRD-Kapitals im langanhaltenden Abschwung des IX. Zyklus mit drei Jahren (2001–03) kontinuierlicher Schrumpfung um insgesamt über 13% sowie in der Weltwirtschaftskrise 2009, in der der Abschwung zwar kurz, dafür aber mit rd. –19% gegenüber dem Vorjahr umso stärker ausgeprägt gewesen ist.
- Im XI. Zyklus dominiert eine ausgeprägte »Waschbrettkonjunktur« mit einem Stop-and-Go der Investitionsnachfrage: 2012 absoluter und 2015 relativer Rückgang gegenüber kurzzeitigen Belebungen 2013/14 und 2017/18, wovon die Letztere deutlich stärker ausgefallen ist.
- Die Vorleistungsnachfrage weist 1973/74 sowie 1980/81 mit relativen Maxima die Ölpreis- (und Rohstoff-)Verteuerungen der 1970/80er-Jahre aus; auch 2006 und 2011 ist dieser Umstand zu registrieren. 2021 und 2022 kehrt er durch die massive Inflationierung der Preise von Grundstoffen, insbesondere fossilen Energieträgern, zurück.

3.6 Bauinvestitionen

Innerhalb der Investitionen spielen die Bauinvestitionen aufgrund ihres Umfangs und ihrer langen Nutzungsdauer eine Sonderrolle. Während die gewerblichen Bauinvestitionen als Bestandteile des gesellschaftlichen Fixkapitals der produktiven Konsumtion des BRD-Kapitals angehören und in die Ebbe- und Flutperioden des industriellen Zyklus direkt einbezogen sind, können die Errichtung von Wohnbauten sowie öffentliche Bauinvestitionen (Hoch- und Tiefbau) Sonderbewegungen durchlaufen. Aufgrund ihres quantitativen Gewichts konstituieren Wohnbauinvestitionen eine eigenständige zinsabhängige Bewegung; gewerbliche Wohnbauinvestitionen können dabei einen spezifischen Absorptionskanal für überakkumuliertes Kapital abgeben.

Abbildung 3.6: Bauinvestitionen nach Bauarten, in % gg. Vorjahr

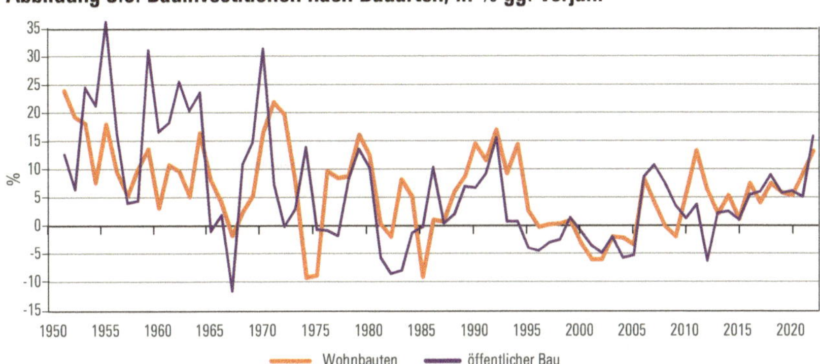

Quelle: Eigene Berechnungen auf Basis der Daten der VGR

- Die Wohnbauinvestitionen bestimmen die zyklische Bewegung der bundesdeutschen Bauinvestitionen, während die Bauinvestitionen des Staates Sonderbewegungen namentlich in den 1950er- und 1960er-Jahren infolge des Ausbaus der Infrastruktur durchlaufen.
- In den ersten drei Jahrzehnten existiert ein hoher zyklischer Gleichklang zwischen den Wohnbauinvestitionen und den gewerblichen Bauinvestitionen. 1985 besteht eine ausgeprägte Schwäche der Wohnbauinvestitionen und im Zusammenhang mit dem DDR-Anschluss in der ersten Hälfte der 90er-Jahre ein länger anhaltender Boom, der durch Steuervergünstigungen angeheizt wurde.
- Im XI. Zyklus führen die Finanzierungsüberschüsse des Unternehmenssektors und günstige Finanzierungsverhältnisse durch Niedrigstzinsen zu einer vermehrten Anlage von Kapital in »Betongold« mit erheblichen Preissteigerungen der Immobilien; diese Entwicklung hält bis 2022 an; sie ist mit den steigenden Zinsen zu Ende.

3.7 Lagerzyklus

Die Lager-Umsatz-Relation ist ein Maß für die Geschwindigkeit des Umschlags des kurzfristig gebundenen Kapitals. Sie bewegt sich durchweg kontrazyklisch, d.h. im Aufschwung steigt der Umsatz rascher als die Vorratsbildung – die Lager-Umsatz-Relation nimmt ab bzw. der Kapitalumschlag steigt – und im Abschwung kommt es aufgrund unfreiwilliger Lagerbildung zu einer Zunahme der Lager-Umsatz-Relation, d.h. zu einer Reduzierung des Kapitalumschlags. Langfristig hat sich die Lagerhaltung im Verhältnis zum Umsatz mehr als halbiert; dies markiert eine erhebliche Ökonomisierung des beständig in Warenform gebundenen Kapitals.

Abbildung 3.7: Lager-Umsatz-Relation

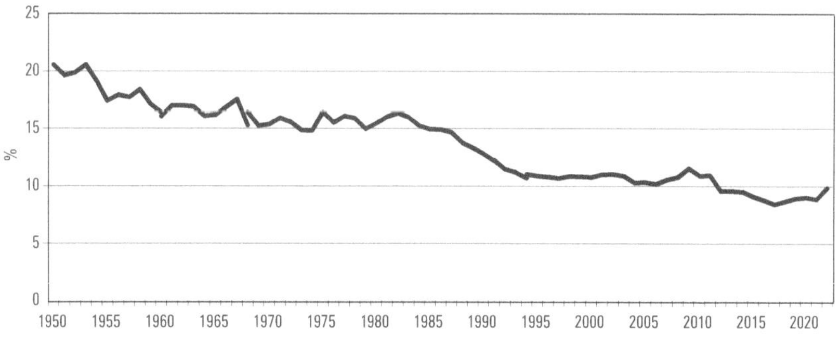

Quelle: Statistisches Bundesamt, Volkswirtschaftliche Gesamtrechnungen

- Die Kontrazyklizität des Lagerumschlags wird durch den DDR-Anschlussboom sowie im drei Jahre andauernden Abschwung des X. Zyklus ausgesetzt. Während 1991/92 die Abverkäufe dominieren, hat 2001–2003 eine Anpassung der Lagerhaltung an die stagnierende Umsatzentwicklung stattgefunden.
- Der unfreiwillige Lageraufbau war in der Wirtschaftskrise des X. Zyklus 2009 deutlich ausgeprägt, 2019/20 im XI. Zyklus dagegen schwach.
- Die Ökonomisierung der Lagerhaltung bildete sich nicht gleichmäßig aus. Sie war konzentriert auf die 1950er-Jahre, in denen die Lagerhaltung nach und nach normalisiert und daher unterproportional zum Umsatzwachstum verlief. Außerdem vollzog sich namentlich im VIII. (1983–1993) sowie im XI. Nachkriegszyklus (2010–2020) eine Phase beschleunigter Ökonomisierung der Vorratshaltung. Hier wirkten sich moderne Logistik-Konzepte, zunehmend auch in internationaler Dimension, aus. Sie verschoben einerseits die Vorratshaltung vom produktiven auf den Warenvorrat, verringerten diesen jedoch in gesamtwirtschaftlicher Dimension überproportional.

3.8 Kapazitätsauslastung und zyklische Überproduktion

Die oberen Wendepunkte der Auslastung der industriellen Kapazitäten zeigen den Beginn einer zyklischen Überproduktion an, sei diese durch unzureichende Investitionsnachfrage in Konsequenz des zyklischen Umschlags des fixen Kapitals und verringerten Profitwachstums im Prosperitätszyklus oder durch zurückbleibende Konsummassenachfrage infolge strukturell verschobener Verteilungsverhältnisse im Überakkumulationszyklus bedingt. In beiden Fällen markiert die zyklische Überproduktion den Vorboten der Krise als oberen Konjunkturwendepunkt.

Abbildung 3.8: Kapazitätsauslastung in der deutschen Industrie

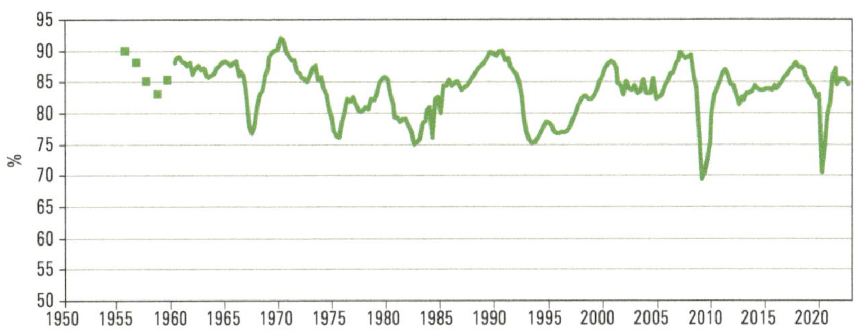

Quelle: ifo-Institut

- Es ergibt sich danach folgende Datierung für den jeweiligen Beginn der zyklischen Überproduktion in den BRD-Nachkriegszyklen:

Nachkriegs-zyklus	Beginn der zyklischen Überproduktion
I.	x
II.	1955/56
III.	1960/III
IV.	1965/IV
V.	1970/I
VI.	1973/II

Nachkriegs-zyklus	Beginn der zyklischen Überproduktion
VII.	1979/IV
VIII.	1991/I
IX.	2000/IV
X.	2008/II
XI.	2018/II

- Der Umschwung in 2022 ist dem Einfluss des Russland-Ukraine-Krieges geschuldet und demzufolge eine unregelmäßige Oszillation zu Beginn des XII. Zyklus.

3.9 Zyklische Bewegung von Lohn und Profit

Industrie

Arbeitslohn und Profit stehen im kapitalistischen Sektor der Volkswirtschaft in einer grundsätzlich inversen Beziehung zueinander: steigt der eine, sinkt der andere; dies ist im industriellen Sektor am deutlichsten ausgeprägt. Bei einer (zyklisch) beschleunigten Kapitalakkumulation wird die Zunahme der gesamtwirtschaftlichen Lohnsumme, sofern weitgehend konsumtiv verausgabt, sogar zur nachfrageseitigen Bedingung weiteren Profitwachstums. Dieser (positive) Multiplikatorprozess ist jedoch immer nur zeitweilig möglich und charakterisiert nur die zyklische Prosperitätsphase.

Abbildung 3.9: Löhne und Profite im Produzierenden Gewerbe, in % gg. Vorjahr

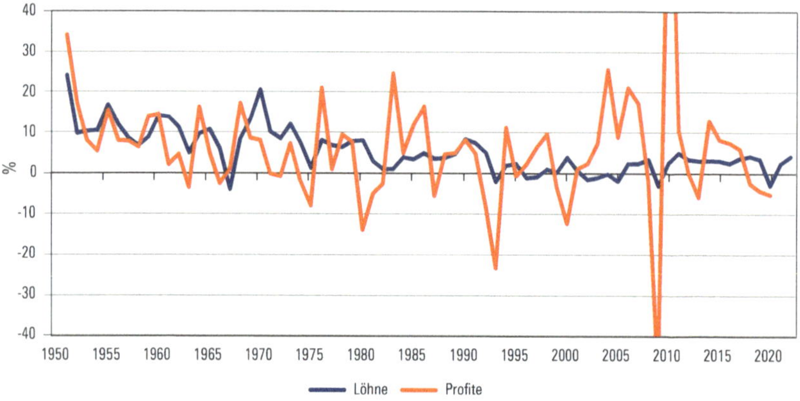

Quelle: Statistisches Bundesamt, VGR

- Ein sog. »profit-squeeze« durch den zyklischen Anstieg der Geldlöhne lässt sich für den II. (1955/56), III. (1961/62), IV. (1965/66) und V. Zyklus (1970/71) ausmachen. Er spielt auf der jeweils zu Beginn des Zyklus durch den Umschlag von fixem Originalkapital modifizierten Grundlage der Reproduktion.
- Im Überakkumulationszyklus gibt es nur noch 1990/91 aufgrund des DDR-Anschlusses als Sonderfaktor sowie 2000/01 und 2018/19 eine vergleichbare Konstellation.
- Die Beendigung des zyklischen Anstiegs der Geldlohnsumme durch den zyklischen Abschwung und der sodann einsetzende Wiederanstieg der Profite sind als wesentliche Voraussetzungen für den nachfolgenden zyklischen Aufschwungsprozess bzw. die Erholung der Akkumulation durchgängig ausgeprägt.

Dienstleistungsunternehmen

Die kapitalistischen Dienstleistungsunternehmen – sowohl die zum produktiven Sektor gehörenden Dienstleistungen für Unternehmen und Privathaushalte als auch diejenigen des finanziellen Sektors (Kreditinstitute, Versicherungen etc.) – stehen der Industrie und dem industriellen Zyklus näher oder ferner. Sie werden über ihre Marktbeziehungen auf dem Arbeits-, Waren- und Finanzmarkt in den zyklischen Zusammenhang einbezogen. Die Schwankungen von Arbeitslöhnen und Profiten liegen mit Ausnahme der letzten rd. zwei Jahrzehnte auf hohem Niveau im positiven Bereich und weisen eine deutlich geringere zyklische Signifikanz als beim Produzierenden Gewerbe auf.

Abbildung 3.10: Löhne und Profite bei Dienstleistungsunternehmen, in % gg. Vorjahr

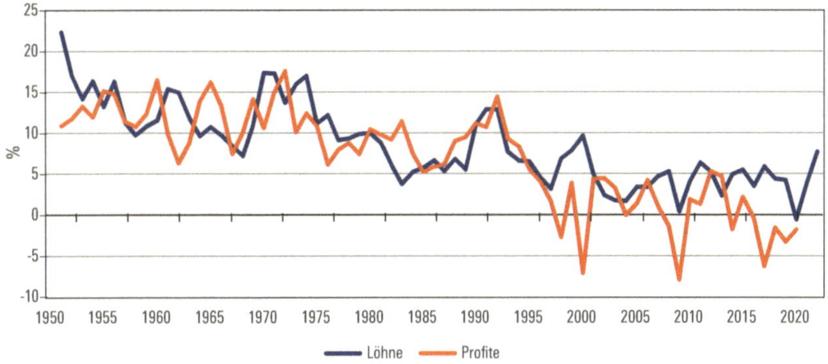

Quelle: Statistisches Bundesamt, VGR

- Zu den Dienstleistungsbereichen werden neben den oben genannten Wirtschaftszweigen und dem Handel gemeinhin auch das Verkehrsgewerbe sowie die Nachrichtenübermittlung gezählt. Beide Bereiche sind jedoch überwiegend produktive Anlagesphären des industriellen Kapitals und beschreiben Produktionsprozesse, die in die Zirkulationssphäre verlängert worden sind (sog. reale Zirkulation).
- Der Anteil der vorliegend erfassten Dienstleistungen am gesamten Bruttoinlandsprodukt des privatkapitalistischen Sektors der BRD-Volkswirtschaft ist mittlerweile fast genauso hoch wie der des Produzierenden Gewerbes, während er 1950 noch weniger als 2/3 dieses Vergleichswerts betragen hatte.
- Der charakteristische Vorlauf der Profite gegenüber den Löhnen im zyklischen Aufschwung ist in geringerem Maße als in der Industrie vorhanden; hinzu kommt eine deutliche Abschwächung des Profitwachstums seit Beginn der 2000er-Jahre.

3.10 Importe und Inlandsnachfrage

Die Importentwicklung, die den Zusammenhang zwischen Welthandelskonjunktur und nationalem Zyklus primär reflektiert, zeigt einen weitgehenden Gleichklang im zyklischen Rhythmus, weil die Nachfrage nach auswärtigen Waren durch die nationalen Konjunkturen bestimmt ist. Unterschiedliche Schwankungsamplituden von Inlandsnachfrage und Importen offenbaren unterschiedliche Entwicklungen zwischen Binnen- und Importpreisen und markieren einen exogenen Einflussfaktor für die Preisentwicklung des nationalen Gesamtprodukts.

Abbildung 3.11: Deutsche Importe und Inlandsnachfrage, in % gg. Vohrjahr

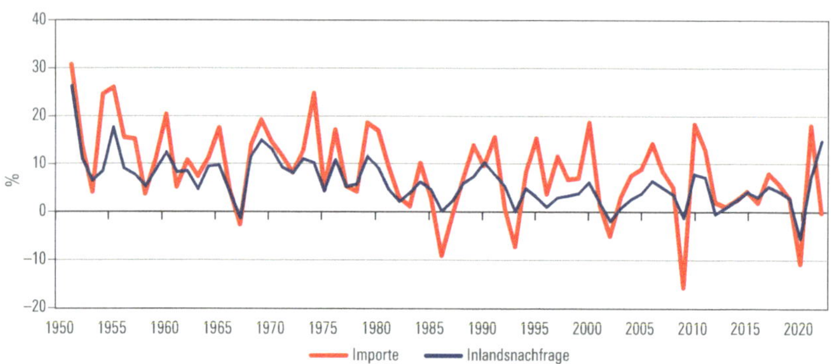

Quelle: Statistisches Bundesamt, VGR sowie eigene Berechnungen

- Ausnahmen vom zyklischen Gleichklang zwischen Importentwicklung und Inlandsnachfrage liegen in den Jahren 1961 (US-Zyklus-Tiefpunkt) sowie 1985 (Asien-Einbruch) vor.
- Die Abweichungen der Schwankungsamplitude nach oben drücken Preiseffekte – 1973/74, 1979/80 sowie 2004/05 Ölpreis- bzw. Rohstoffpreissteigerungen – sowie den Importsog durch den DDR-Anschlussboom 1989–91 aus.
- Der Anstieg der Veränderungsrate der Importe 2010 ist zuvorderst ein statistischer Basiseffekt gegenüber dem drastischen Rückgang im Jahr 2009 durch die Weltwirtschaftskrise. Der relative Rückgang der Veränderungsrate der Importe auf 1% in 2013 markiert die Reaktion auf die stagnative binnenwirtschaftliche Entwicklung mit dem Zeitverzug von einem Jahr.
- In den beiden letzten Konjunkturabschwüngen 2009 und 2020 nimmt die Auslandsnachfrage des BRD-Kapitals deutlich stärker ab als dessen Nachfrage nach inländischen Produkten.

3.11 Konsumtive Endnachfrage

Die Nachfrage nach Konsumtionsmitteln, direkt durch die Privathaushalte, indirekt durch den Staat, ist binnenwirtschaftliche Endnachfrage. Sie trägt den gesamtwirtschaftlichen Reproduktionsprozess, bestimmt aber nicht das Tempo der Kapitalakkumulation. Im konjunkturellen Abschwung wirkt die konsumtive Endnachfrage mit ihren gedämpften Ausschlägen nicht nur als automatischer Stabilisator, sondern wird zu einer Führungsvariablen des Reproduktionsprozesses, insofern sie das Niveau bestimmt, auf dem der untere Konjunkturwendepunkt und damit der zyklische Periodenwechsel durchlaufen werden.

Abbildung 3.12: Privater und öffentlicher Verbrauch, jeweils in % gg. Vorjahr

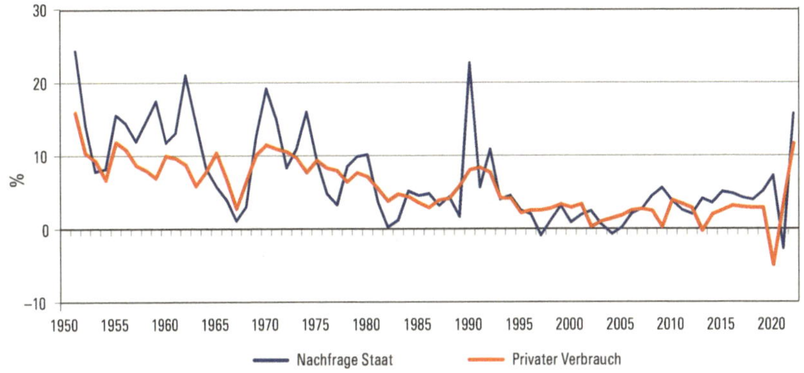

Quelle: Eigene Berechnungen auf Basis der VGR

- Die Entwicklung der öffentlichen Konsumnachfrage hat in der Prosperitätsperiode expansiv, seit der Weltwirtschaftskrise 1974/75 zuerst neutral, im IX. Zyklus (ab 1994) kontraktiv und erst seit 2006 im X. und XI. Zyklus wieder stabilisierend für die Gesamtwirtschaft gewirkt.
- Die Entwicklung der öffentlichen Nachfrage in den zyklischen Abschwüngen 1974/75, 1981–83, 2008/09 sowie 2019/20 dokumentiert eine antizyklische Stabilisierungspolitik.
- Der langfristig abnehmende Entwicklungstrend der privaten Verbrauchsnachfrage, der seit Mitte der 1970er-Jahre einsetzt und immer mehr zu einem Wachstumshemmnis geworden ist, ist im XI. Zyklus ab 2014 gestoppt.
- Nach der durch Covid-19 verschärften Krise 2020, in der die Lockdowns eine absolute Kontraktion i.H.v. –5% des privaten Verbrauchs erzwungen hatten, zeigen die Jahre 2021/22 eine Erholung des Privatkonsums mit zuletzt inflationsbedingten Preissteigerungen.

Öffentliche Investitionen

Öffentliche Investitionen sind der Formbestimmung nach Teil der öffentlichen Konsumnachfrage; der einzige Unterschied liegt in der höheren Dauerhaftigkeit der öffentlichen ‚Investitions'-Güter. Sie setzen aber keine produktiv-mehrwertschaffende Arbeit in Bewegung. In den öffentlichen Haushalten sind die staatlichen Investitionsausgaben vielfach eine Residualkategorie. Die Entwicklung dieser öffentlichen Investitionen im Vergleich zur gesamten Staatsnachfrage zeigt, dass die zyklisch stabilisierenden Wirkungen im Wesentlichen auf die automatischen Stabilisatoren beschränkt gewesen sind, während sich die öffentlichen Investitionen bis auf die beiden letzten Zyklen sogar prozyklisch bewegt haben.

Abbildung 3.13: Staatsnachfrage und öffentliche Investitionen

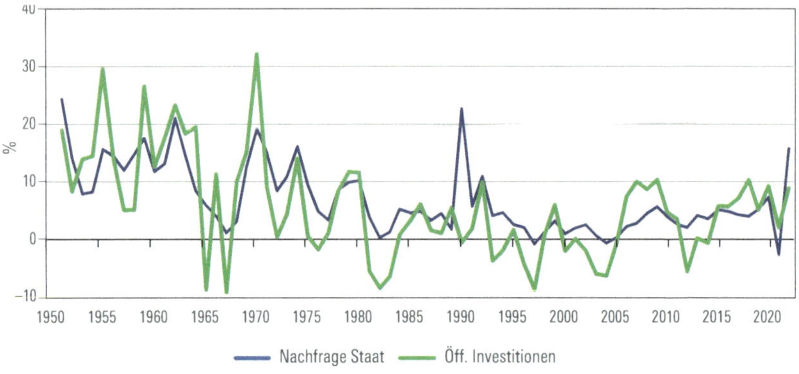

Quelle: Eigene Berechnungenauf Basis der VGR

- Die Abweichungen der Schwankungsamplitude der öffentlichen Investitionen im Verhältnis zur gesamten öffentlichen Nachfrage ist vom VII. bis IX. Zyklus insbesondere nach unten deutlich ausgeprägt.
- In den 1990er-Jahren und im Abschwung des IX. Zyklus (2000–03) sowie 2004/05 sind die öffentlichen Investitionen regelrecht zusammengebrochen. Dies dokumentiert die prozyklisch-kontraktiven Effekte einer neoliberalen Paradigmen verpflichteten Politik der Ausgabenkürzung zur Gegenfinanzierung durchgeführter Steuersenkungen.
- Eine Ausnahme gegenüber dieser neoliberalen Finanzpolitik wurde im Rahmen der Weltwirtschaftskrise 2008/09 sowie, nach einem erneuten Rückgang der öffentlichen Investitionen 2012-2014, in den Folgejahren des XI. Zyklus betrieben.

3.12 Kurzfristige Zinsen und oberer Konjunkturwendepunkt (Krise)

Die kurzfristigen marktbestimmten Zinsen werden im zyklischen Aufschwung zunächst durch den langfristigen Zins, der mit den Investitionen steigt, mitgezogen, erhalten aber bei zunehmender Liquiditätsknappheit in der zyklischen Überproduktion einen eigenständigen Sporn. Ihr zyklisches Maximum zeigt die Krise als oberen Wendepunkt der Konjunktur an. Die Ausnahme ist durch die ultralockere Geldpolitik der Europäischen Zentralbank im XI. Zyklus gegeben.

Abbildung 3.14: Kurzfristige Zinssätz

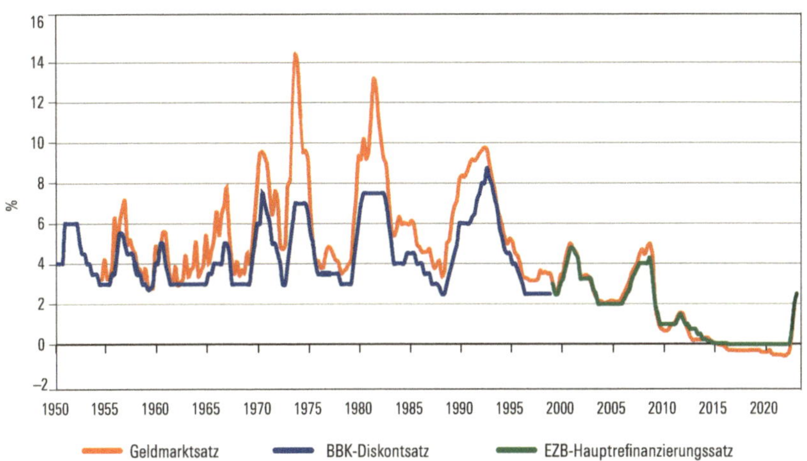

Quelle: Deutsche Bundesbank

- Zeitliche Datierung der zyklischen Krisen (oberen Wendepunkte):

Nachkriegszyklus	obere Wendepunkte
II.	1956/57
III.	1960/III
IV.	1966/II
V.	1970/III
VI.	1973/III

Nachkriegszyklus	obere Wendepunkte
VII.	1981/II
VIII.	1992/II
IX.	2000/IV
X.	2008/III
XI.	2019 ohne Zinseinfluss

- Mit Ausnahme des V. (1970) und VII. Zyklus (1980) haben die Zentralbankzinsen den marktbestimmten Anstieg der Geldmarktzinsen nur nachvollzogen; im II., III. und V. Zyklus hat die Bundesbank durch antizipative Zurücknahme der Notenbankzinsen die Entspannung am Geldmarkt befördert.

Marktzinssätze: Geldmarkt- und Kapitalmarktzins

Der langfristige Zinsfuß ist Kostengröße und alternative Ertragsrate für Investitionen. Sein zyklisches Muster beinhaltet seinen Anstieg mit der Zunahme der Investitionen, namentlich Erweiterungsinvestitionen in der zyklischen Prosperität. In der zyklischen Krise, die immer eine Phase der Liquiditätsanspannung ist, sind langfristiger und kurzfristiger Zins auf ihrem zyklischen Maximum. Im Abschwung vollzieht der Kapitalzins den Rückgang der kurzfristigen Zinsen nach, zum Teil mit Time-lags. Erst wenn der langfristige Zinsfuß sein Minimum erreicht hat, kann die Investitionsbewegung wieder anspringen und den zyklischen Periodenwechsel durchlaufen.

Abbildung 3.15: Marktzinssätze

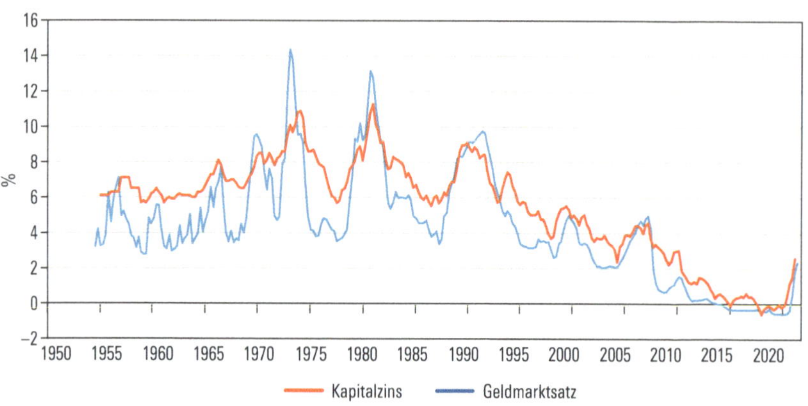

Quelle: Deutsche Bundesbank

- Die zögerliche, zeitlich länger andauernde Zurückbildung der Zinssätze nach ihrem zyklischen Maximum in der akuten Krisenphase bildet im VII., VIII., IX. und X. Zyklus ein Strukturphänomen über die gesamte Breite der Märkte für Geldkapital, das veränderte Kapitalfreisetzungsprozesse und erhöhte Liquiditätspräferenzen signalisiert. Zudem haben Bundesbank bzw. EZB den zyklischen Zinssenkungsprozess nicht mehr durch eine antizipative Zurücknahme der Notenbankzinsen befördert bzw. beschleunigt.
- Diese relative Starrheit der Zinsen während des zyklischen Abschwungs hatte die relativen Preise für Kapital verschiedener Form – bloße Eigentumstitel auf bestehendes Kapital einerseits, Preis für neuanzulegendes Kapital andererseits – nicht in ausreichendem Maße verschoben, um Neuinvestitionen in größerem Umfang zu begünstigen und zu ermöglichen.

Ultralockere Geldpolitik der EZB und ihr Einfluss auf die Zinssätze

Die Finanzmarktkrise 2007/08 und der folgende Abschwung des X. Zyklus 2008/09 waren Auslöser für eine zunehmend lockerere Geldpolitik der EZB, die in der Eurokrise ab 2010 immer weiter gesteigert wurde und schließlich in einem Quantitative Easing mit mehrjährigen Programmen von großvolumigen Ankäufen von Wertpapieren gipfelte. Dadurch wurde der seit der ersten Hälfte der 1990er Jahre anhaltende Zinssenkungstrend bis hin zu negativen Einlagenzinsen und negativen Renditen für deutsche Staatsanleihen geldpolitisch verstärkt. Im Ergebnis verlor der Zinssatz während des gesamten XI. Zyklus weitgehend seine allokationssteuernde Funktion.

Abbildung 3.16: Zinsentwicklung seit der Finanzmarktkrise 2007/08

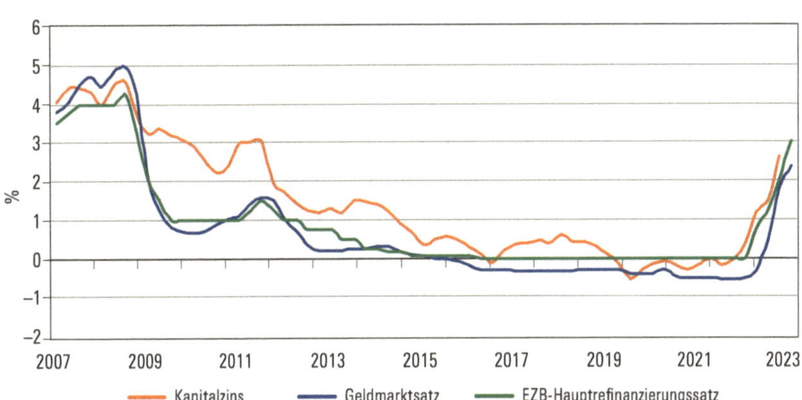

Quelle: Deutsche Bundesbank

- Die Flutung der Geldmärkte durch die wichtigsten Zentralbanken war im Höhepunkt der Finanzmarktkrise 2008 eine Bedingung, um einen Zusammenbruch des internationalen Finanzsystems zu verhindern. Zusätzlich war für die EZB der Rückgriff auf Swap-Lines der amerikanischen Zentralbank Fed notwendig gewesen, um offene Dollar-Positionen glattzustellen.
- Die Steigerung der lockeren Geldpolitik bis zum Quantitative Easing war durch mehrere Faktoren bestimmt: Eurokrise, Investitionsattentismus mit Deflationsgefahren sowie Abschwung im XI. Zyklus mit Covid-19-Krise 2020.
- Das Aufkommen steigender Inflationsraten im Zuge von lieferbedingten Knappheiten von Vorprodukten sowie steigenden Grundstoffpreisen im Zuge des Russland-Ukraine-Krieges (cost-push-inflation) zwang die EZB zum Umschalten ihrer Geldpolitik. Die Bekämpfung der Preissteigerungen durch Zinserhöhungen führt gleichzeitig zu Restriktionen für den Aufschwung 2022/23 im XII. Zyklus.

4. Reproduktives Kapital, Finanzsektor und Durchschnittsprofitrate

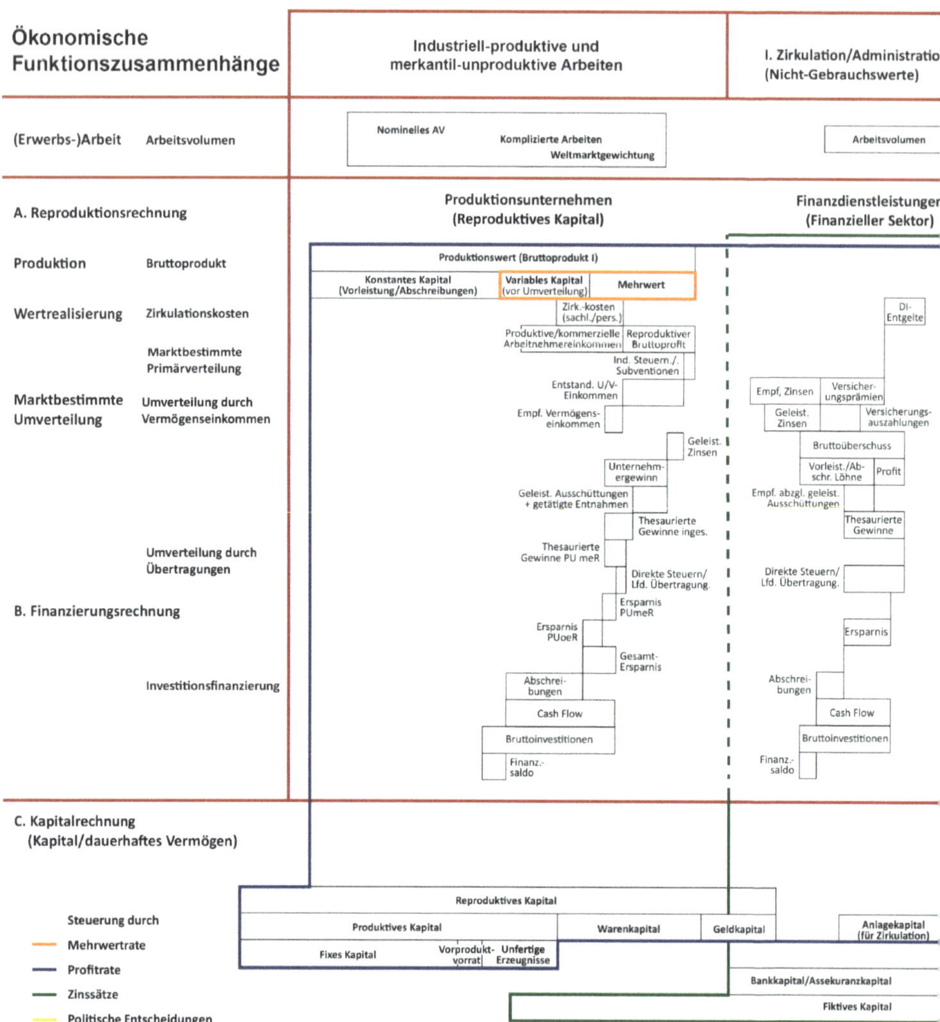

Quelle: Eigene Darstellung

4.1 Gesamtreproduktionsprozess

Abbildung 4.1: Formbestimmte ökonomische Struktur des gesellschaftlichen Gesamtreproduktionsprozesses (Alternative zum VGR-Kontensystem)

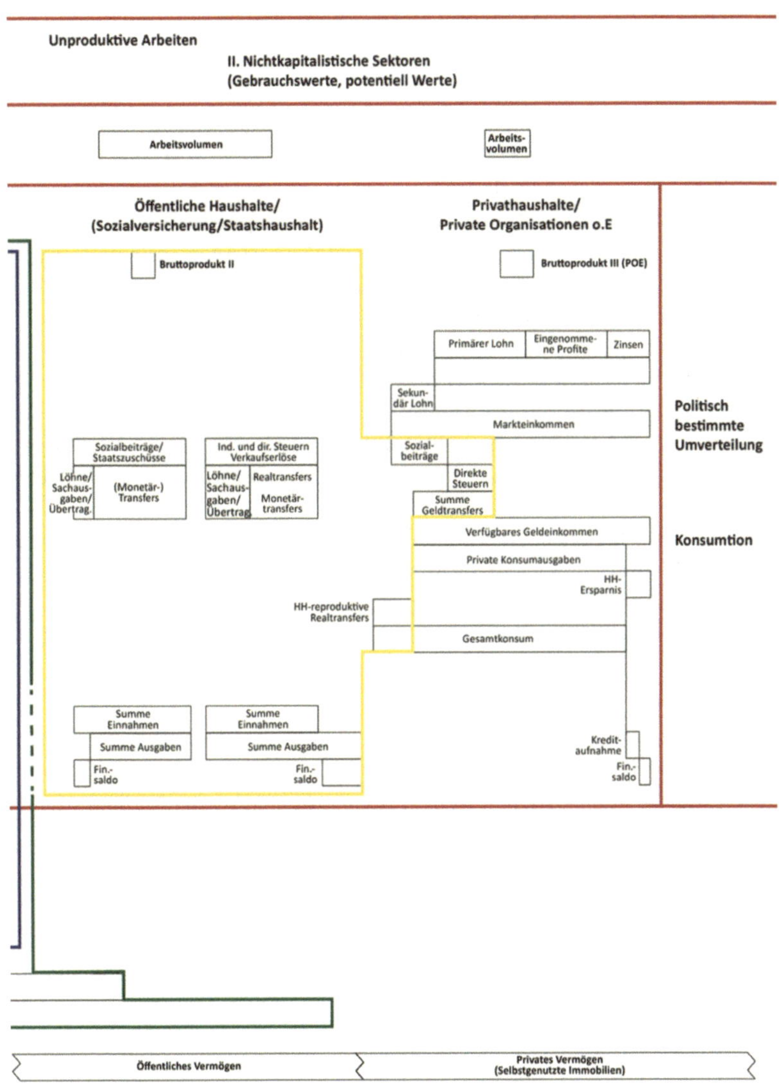

Das vorstehende Schaubild zeigt folgende Dimensionen des gesellschaftlichen Gesamtreproduktionsprozesses:

- Laufende Rechnung (Reproduktionsrechnung) und Bestandsrechnung
- Sektorgliederung: Reproduktives Kapital,[1] Finanzsektor, Öffentliche Haushalte, Privathaushalte (inkl. Privatorganisationen ohne Erwerbszweck) sowie Ausland
- Funktionelle Gliederung Reproduktionsrechnung: Produktion – Wertrealisierung (Zirkulation) – primäre Einkommensverteilung (Arbeitslohn und Profit) – marktbestimmte Umverteilung durch Vermögenseinkommen und durch sonstige Übertragungen – politisch bestimmte Umverteilung durch Abgaben (Sozialbeiträge und Steuern), Sekundärlohn und Transfers (Geld- und Realtransfers) – Finanzierung (Investitionen) – individuelle Konsumtion sowie Außenwirtschaftstransaktionen (Import/Export, Kapitalbewegungen)
- Funktionelle Gliederung Bestandsrechnung: Produktiver Kapitalbestand (fixes Kapital, Vorproduktvorrat, unfertige Erzeugnisse), Warenkapital (Fertigerzeugnisse/Handelsware), Geldkapital (Bargeld-/Sichtdepositen, ggf. kurzfristige Termingelder und sonstige near-moneys), zinstragendes Kapital in Geldform (Bank- und Assekuranzkapital), zinstragendes Kapital in Warenform (Leasing von Ausrüstungsgütern, Vermietungsimmobilien), Fiktives Kapital (Effekten, Anteilsscheine auf Investmentfonds, Derivate), Öffentliches Vermögen (Infrastruktureinrichtungen), Privates Vermögen (u.a. selbstgenutzte Immobilien)
- Ökonomische Steuerungsvariablen (Ansatzpunkte und Reichweite): Allgemeine Mehrwertrate, Durchschnittsprofitrate, Zinssätze, Wechselkurse, politische Entscheidungen.

---

[1] Der Begriff des reproduktiven Kapitals stammt von Marx und bezeichnet das im reproduktiven Zirkel fungierende Gesamtkapital. Letzteres besteht aus dem industriellen Kapital (inkl. Landwirtschaft und kapitalistisch betriebenen produktiven Dienstleistungen), dem merkantilen Kapital und dem Geldhandlungskapital, welchem die Funktionen von Banken und Versicherungen zugeordnet sind. Beim merkantilen und Geldhandlungskapital, die in ihrer reinen Ausprägung keine Gebrauchswerte schaffen, daher auch keinen Wert und Mehrwert, ist zu unterscheiden zwischen dem jeweiligen Anlagekapital im Handel, bei Banken und Versicherungen, welches die Kapitalform von sachlichen und persönlichen Zirkulationskosten darstellt einerseits, und dem Warenhandlungs- und Geldhandlungskapital sowie dem Bank- und Assekuranzkapital andererseits. Mit den Operationen und Geschäftsmodellen des Warenhandlungskapitals sowie des Bank- und Assekuranzkapitals wird deren Kapitalverwertung bewerkstelligt, d.h. die Aneignung von Mehrwert als kommerzieller und Bankprofit etc. realisiert. Er wird wiederum auf das jeweilige Anlagekapital bezogen und muss Durchschnittsprofit betragen.

4.2 Reproduktives Kapital

Eigen- und Fremdmittel der reproduktiven Unternehmen

Das Eigen- und Fremdkapital der reproduktiven Unternehmen zeigt im vorliegend erfassten Betrachtungszeitraum rd. eine Verzwanzigfachung. Dabei sind verschiedene Phasen zu unterscheiden: bis inkl. des VIII. Nachkriegszyklus (bis 1993) wächst das Fremdkapital rascher als das Eigenkapital. Diese Entwicklung ist sowohl der Steigerung und Beschleunigung der Akkumulation in der Prosperitätsperiode durch Investitionskredite geschuldet als auch der kreditvermittelten Stützung der laufenden Reproduktion bei verstärkter Krisenanfälligkeit der Kapitalakkumulation seit Mitte der 1970er-Jahre. Beginnend mit dem IX. Zyklus kehrt sich das Entwicklungsverhältnis von Eigen- und Fremdmitteln um. Die Verschuldung wird insgesamt zurückgefahren und der Eigenkapitalanteil nimmt rascher zu als das Fremdkapital, bis beide in 2021 in etwa gleichauf liegen.

Abbildung 4.2: Eigen- und Fremdmittel der reproduktiven Unternehmen, Index 1965 = 100

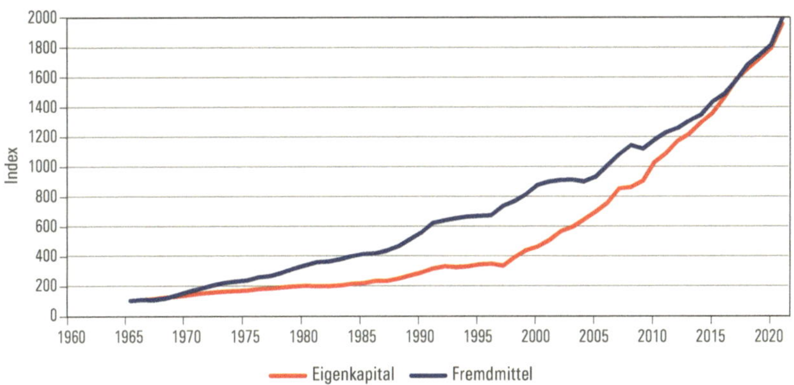

Quellen: Deutsche Bundesbank und eigene Berechnungen

- Die vorliegend ausgewiesenen Daten sind gesamtwirtschaftliche Durchschnittszahlen über alle Branchen, Rechtsformen und Größenklassen der Unternehmen hinweg, die teilweise eine große Streuung der Einzelwerte beinhalten.
- Dies gilt nachgerade für die Entschuldung seit der Jahrtausendwende und den verringerten Fremdkapitalaufbau (De-Leveraging) seit Beginn des X. Zyklus.
- Die starke Zunahme des Eigenkapitals im Zusammenhang nach der Krise 2009 hat auch mit dem Ausscheiden von schwach kapitalisierten Grenzanbietern zu tun.

Eigenkapitalquote und Deckungsgrad der Verbindlichkeiten

Die Entwicklung der Eigenkapitalquote offenbart zunächst ein deutliches Sinken bis zum Ende der beschleunigten Kapitalakkumulation im V. Zyklus (1968–71). Mit dem Übergang in die Überakkumulation ab dem VII. Zyklus sinkt die durchschnittliche Eigenkapitalquote unter 20% und steigt erst ab der Jahrtausendwende mit der Anpassung der Unternehmen an die neuen Verwertungsbedingungen wieder kontinuierlich auf den Ausganswert der 1960er-Jahre an. Der Deckungsgrad der Verbindlichkeiten bewegt sich unter Schwankungen seit dem Übergang in die Überakkumulationsphase zwischen 12 und 18%. Die Netto-Verschuldung der Unternehmen liegt zwischen dem 5,5- bis 8,3-fachen des EBITDA. Mit der Weltwirtschaftskrise 2009 fällt dieser Deckungsrad im XI. Zyklus wieder ab und erreicht 2020 mit 12,8% wieder fast den gleichen niedrigen Wert wie im Tiefpunkt der Krise 2009.

Abbildung 4.3: Eigenkapitalquote: Produktionsunternehmen insgesamt und Kapitalgesellschaften sowie Deckungsgrad der Verbindlichkeiten

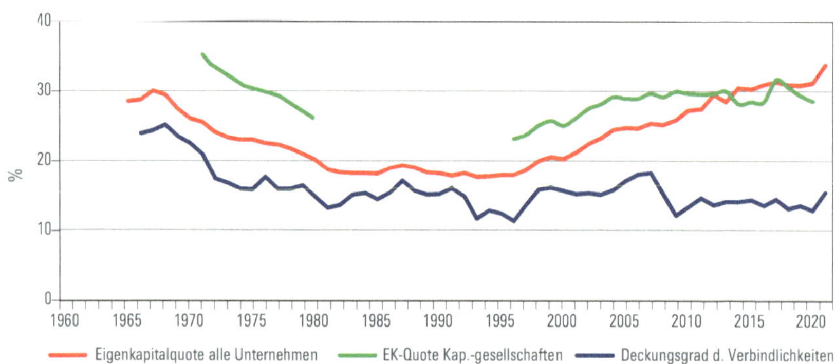

Quelle: Deutsche Bundesbank

- Die Eigenkapitalquoten der Kapitalgesellschaften, namentlich, soweit sie emissionsfähig sind, liegen bis 2013 über dem gesamtwirtschaftlichen Durchschnitt und bezeugen einen erweiterten Zugang zu externen Eigenfinanzierungsmitteln jenseits des Bankkredits; danach oszillieren sie um den gesamtwirtschaftlichen Durchschnitt – ein Hinweis auf vermehrte Aktienrückkäufe.
- Der Deckungsgrad der Verbindlichkeiten bezeichnet das Verhältnis zwischen dem Schuldenstand abzgl. Kassenmittel (=Netto-Verbindlichkeiten) und dem EBITDA bzw. Cashflow als Jahresüberschuss + Abschreibungen + Veränderung des Sonderpostens mit Rücklageanteil. Er zeigt, bis zu welchem Grad der Bestand an Verbindlichkeiten der Unternehmen durch das Innenfinanzierungspotenzial eines Jahres gedeckt ist.

Geleistete Zinsen und empfangene Vermögenseinkommen

Die reproduktiven Unternehmen zahlen Zinsen für aufgenommene Investitions- und Betriebsmittelkredite, wobei das Zinshoch der 1970er-Jahre eine erste Belastungssteigerung ergibt. Die Steigerung der Fremdkapitalaufnahme bis zur Jahrtausendwende in den Zyklen VII bis IX ergibt trotz sinkender Zinssätze weiter steigende Zinszahlungen. Mit dem X. Zyklus kehrt sich die Entwicklung des Saldos um: eine verbesserte durchschnittliche Liquiditäts- und Kapitalausstattung der Unternehmen (Rückgang der Fremdkapitalquote) lässt die Zinszahlungen nicht weiter ansteigen und zugleich beginnen die empfangenen Vermögenseinkommen deutlich zu steigen. Mit Beginn des XI. Zyklus (ab 2011) gewinnen die reproduktiven Unternehmen sogar per Saldo aus der marktbestimmten Umverteilung der Vermögenseinkommen.

Abbildung 4.4: Geleistete Zinsen und empfangene Vermögenseinkommen des reproduktiven Kapitals

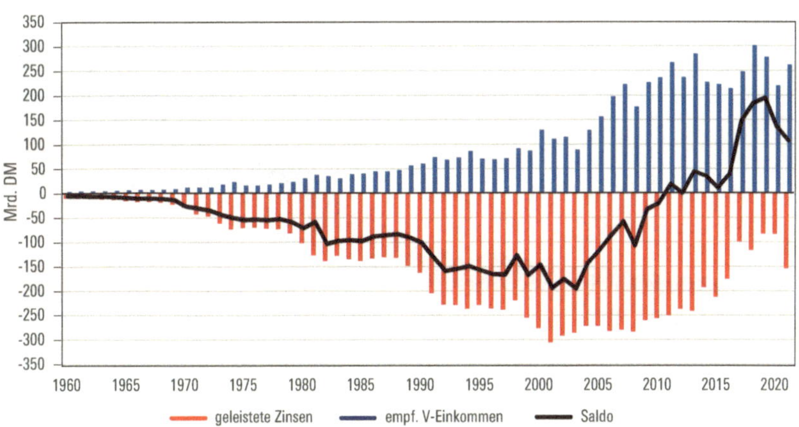

Quelle: Statistisches Bundesamt und eigene Berechnungen

- Für die Entwicklung des Saldos aus gezahlten Zinsen für Kredite und empfangenen Vermögenseinkommen aus der finanziellen Anlage disponiblen Kapitals sind die Entwicklung der Fremdkapitalquote, der Umfang der reproduktiven Investitionen und die Höhe der Zinssätze ausschlaggebend.
- Überakkumulationstypisch ist die Verschiebung zwischen Investitions- zu Betriebsmittelkrediten sowie zwischen reproduktiven Investitionen zugunsten vermehrter finanzieller Anlage von disponiblem Kapital. Niedrige Zinssätze und zunehmende bezogene Ausschüttungen bei steigenden Aktienkursen kommen hinzu.

Unternehmensgewinne nach Rechtsformen

Die Entwicklung der Brutto-Unternehmensgewinne – Profit nach empfangenen Vermögenseinkommen, aber vor Abgaben (Steuern) und Ausschüttungen/Entnahmen – zeigt für die Alt-BRD (bis 1990) und die Zeit nach dem Anschluss der ehemaligen DDR an die Bundesrepublik eine Umkehrung des Verhältnisses bei den Rechtsformen: Entfielen in der Alt-BRD rd. 70% dieser Unternehmensgewinne auf Unternehmen ohne eigene Rechtspersönlichkeit (Einzelunternehmer, Freie Berufe, aber auch Personengesellschaften wie OHGs und KGs etc.) und nur 30% auf Kapitalgesellschaften (AGs, GmbHs etc.), so beträgt der Anteil der Kapitalgesellschaften und großen Personengesellschaften, die als sog. nichtfinanzielle Unternehmen zusammengefasst werden, am Ende des Betrachtungszeitraums 70%.

Abbildung 4.5: Unternehmensgewinne nach Unternehmensrechtsformen (brutto, d.h. vor Abgaben und Gewinnentnahmen)

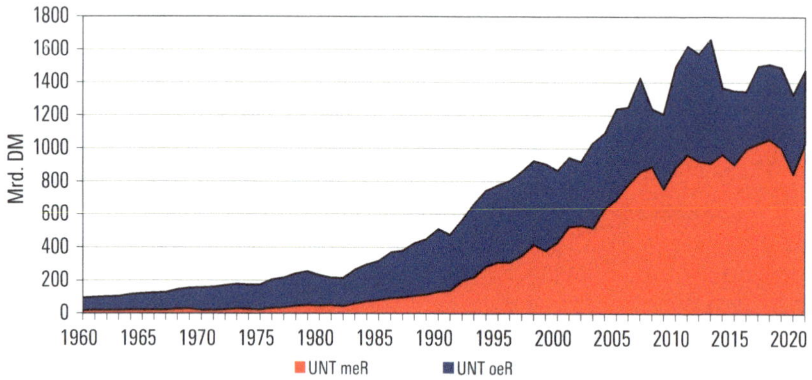

Quellen: Statistisches Bundesamt, VGR und eigene Berechnungen

- Bei der Gegenüberstellung der vorgenannten beiden Rubriken ist zu berücksichtigen, dass die faktisch als eigenständige Einheit geführten Personengesellschaften (z. B. oHG, KG) bis 1990 bei den Unternehmen ohne eigene Rechtspersönlichkeit, ab 1991 aber bei den nichtfinanziellen Unternehmen – Kapitalgesellschaften und Quasi-Kapitalgesellschaften – erfasst werden. Damit ist der Anteil der Gewinne der nichtfinanziellen Unternehmen ab 1991 schon aus systematischen Gründen größer als vor 1990.
- Die in der VGR (seit 1991) im Sektor Privathaushalte verbuchten Einzelunternehmen etc. (Unternehmen ohne eigene Rechtspersönlichkeit) umfassen den Kern der nichtkapitalistischen Warenproduktion und -zirkulation, gehen aber bei größeren Betrieben auch über diesen Bereich hinaus.

Thesaurierte und ausgeschüttete Unternehmensgewinne

Die Aufteilung der gesamten Netto-Unternehmensgewinne (nach Abgaben) in thesaurierte und ausgeschüttete Gewinne – Ausschüttungen der Kapitalgesellschaften und Entnahmen der Personengesellschaften und Einzelunternehmer – zeigt die Dominanz der Ausschüttungen und Entnahmen. Nur zwischen 10 und 15% der Nettogewinne werden, abgesehen von Ausnahmephasen der 1990er-Jahre (Hinzukommen privatisierter Ex-DDR-Betriebe, die vielfach Investitionsauflagen zu erfüllen hatten) sowie Ausnahmejahren – Weltwirtschaftskrise 2009 und die Folgejahre bis 2013 –, nicht der individuellen Konsumtion, zugeführt.

Abbildung 4.6: Thesaurierte und ausgeschüttete Unternehmensgewinne (nach Abgaben)

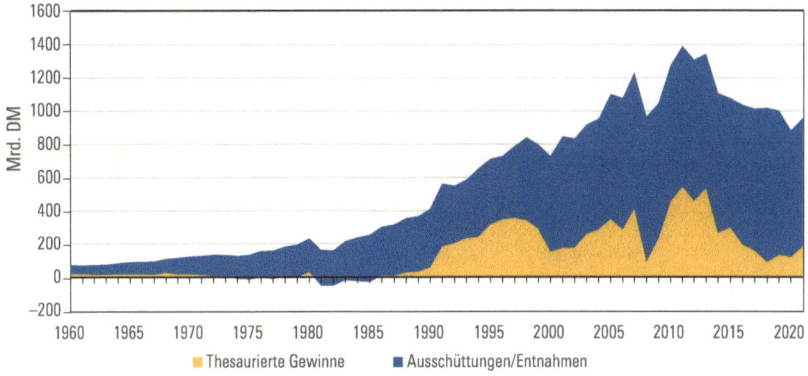

Quellen: Statistisches Bundesamt, VGR und eigene Berechnungen

- Das Überwiegen der konsumtiven Verwendung der Netto-Unternehmensgewinne kennzeichnet die BRD-Ökonomie in erster Linie als hoch entwickelte kapitalistische Volkswirtschaft mit einem großen Fixkapitalbestand, dessen Vergrößerung durch Reinvestition von Abschreibungsgegenwerten die Rückverwandlung von Profit in zusätzliches (Fix-) Kapital, also eigentliche Akkumulation, quantitativ dominiert.
- Hinzu kommt in der Überakkumulationsperiode der BRD-Ökonomie eine in einzelnen Jahren mehr oder weniger stark ausgeprägte Investitionsschwäche.
- Die durch die quantitative Dominanz der Ausschüttungen/Entnahmen ausgedrückte Vorrangstellung der individuellen gegenüber der produktiven Konsumtion des Profits wird durch zyklische Einbrüche der Gewinnthesaurierung unterstrichen.

Cash Flow, Bruttoinvestitionen und Finanzierungssaldo

Der Cash Flow als Summe aus Abschreibungen und Ersparnis war in der Alt-BRD bis Mitte der 1970er-Jahre zunächst wegen hoher Investitionen, danach wegen verminderter Profite, nicht ausreichend für die Finanzierung von Reproduktion und Akkumulation: die reproduktiven Unternehmen hatten einen negativen externen Finanzierungssaldo. Dies änderte sich ab den 1990er-Jahren: jetzt war der Cash Flow außer in Krisenzeiten ausreichend für die Investitionsfinanzierung und erbrachte wachsende Finanzüberschüsse im IX., X. und XI. Zyklus.

Abbildung 4.7: Cash Flow, Bruttoinvestitionen und Finanzierungssaldo

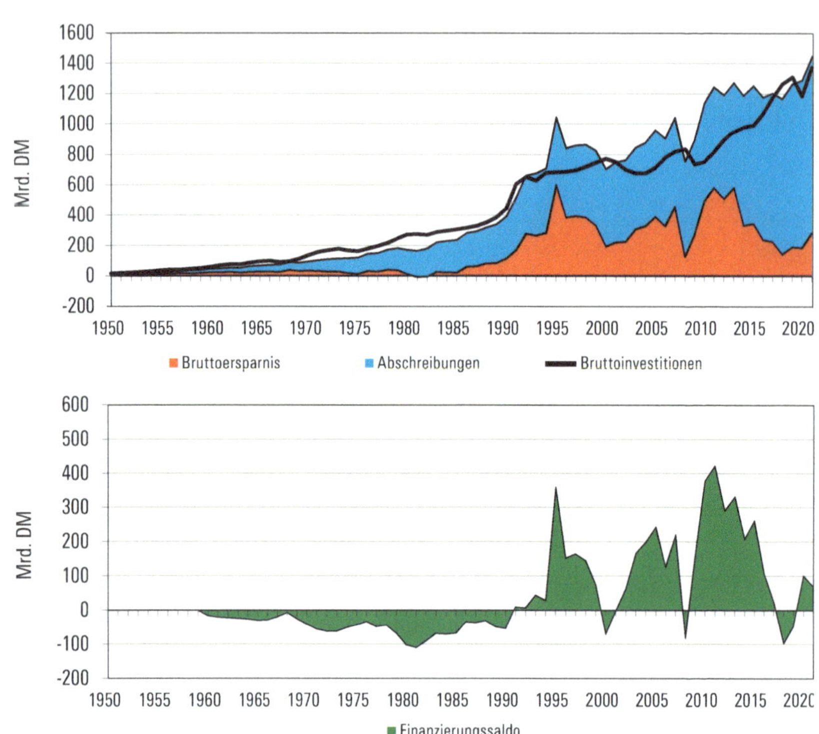

Quellen: Statistisches Bundesamt, VGR und eigene Berechnungen

- Sondertatbestand 1995: Bildung des sog. Erblastentilgungsfonds für Schulden der Treuhandanstalt und Wohnungswirtschafts-Altschulden; dies führte zu einem einmaligen Anstieg der Vermögensübertragungen des Staates an die Unternehmen.

4.3 Finanzsektor

Der BRD-Finanzsektor wird von den sog. Monetären Finanzinstituten (MFIs) mit einem Anteil an den finanziellen Aktiva von rund zwei Dritteln dominiert; dies sind die Geschäftsbanken verschiedener Rechtsformen sowie die Sparkassen und Bausparkassen. Die nach dem Geschäftsvolumen zweitgrößte Gruppe stellen die Versicherungsunternehmen und Pensionseinrichtungen mit einem Anteil von rd. 17% dar. Die Offenen Investmentfonds, die über ihre Portfolios kleingestückelte Anteilsscheine ausgeben, liegen bei gut 10%; hierbei handelt es sich um eine (erste) Verdoppelung des fiktiven Kapitals. Sonstige Finanzinstitute spielen eine marginale Rolle; zu ihnen gehören im Inland aufgelegte Hedge-Fonds, Exchange Traded Funds (ETFs) und Geldmarktfonds, außerdem Börsen und sonstige Geldhandlungskapitale wie Abrechnungssysteme für Kreditkarten u.ä. bis hin zu Leihhäusern.

Abbildung 4.8: Struktur des Finanzsektors in der BRD und im Euro-Raum; jeweils Anteile der finanziellen Aktiva (Juni 2015)

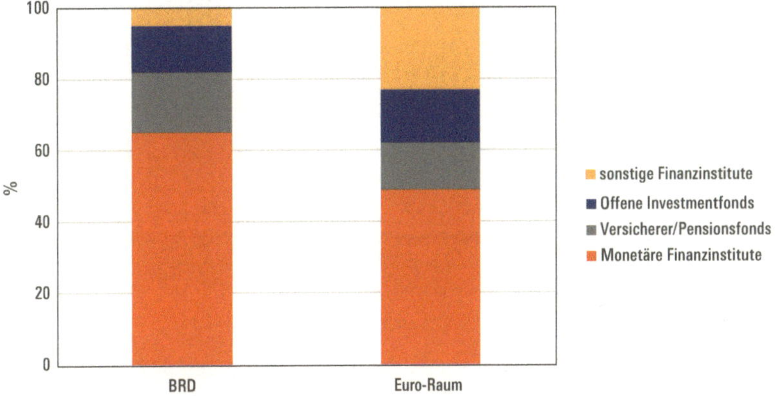

Quelle: Deutsche Bundesbank

- Erträge der Finanzinstitutionen, soweit sie nicht Zinsen (Differenz zwischen Soll- und Habenzinsen) oder Prämienüberschüsse der Versicherungen darstellen, werden als Dienstleistungsentgelte erfasst. Nach der ökonomischen Formbestimmung handelt es sich um Kosten unproduktiver Arbeit, die als Erträge aus Geldhandlungs- und Kreditfunktionen erscheinen.
- Im Vergleich zum Euro-Raum nehmen namentlich die sonstigen Finanzinstitute einen deutlich geringeren Raum am Geschäftsvolumen des BRD-Finanzsektors wegen der geringeren nationalen Bedeutung der Kapitalanlagegesellschaften ein.

Roheinkommen des Finanzsektors

Das Roheinkommen der Unternehmen des Finanzsektors ergibt sich aus dem Saldo der empfangenen und geleisteten Vermögenseinkommen der Banken (Zinsen und Ausschüttungen), dem Saldo von Prämien und Leistungen der Versicherungen (inkl. private Pensionskassen) sowie den diesen beiden Bereichen sowie den sonstigen Finanzdienstleistern zugeflossenen Dienstleistungsentgelten; hierunter fallen neben den zinsunabhängigen Erträgen der Banken auch die Provisionen der Versicherungen und sonstigen Finanzdienstleister.

Abbildung 4.9: Roheinkommen der Unternehmen des Finanzsektors nach funktionellen Einkommensformen

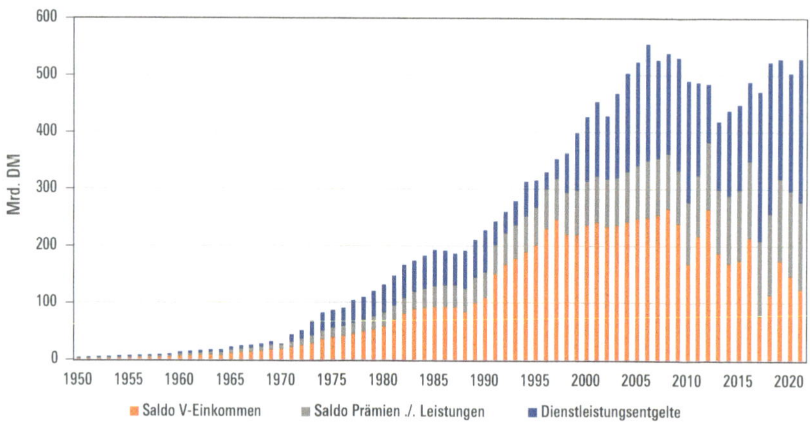

Quellen: Statistisches Bundesamt, VGR und eigene Berechnungen

- Die jährlichen Veränderungsraten des Roheinkommens des Finanzsektors folgenden in den ersten 6 Nachkriegszyklen einer zyklisch geprägten Entwicklung mit einem Hoch im V. Zyklus (1968–1971) infolge der damaligen Turbolenzen der Geldkapitalakkumulation mit hohen Zinssätzen und Wechselkursspekulationen.
- Ab der zweiten Hälfte der 1970er-Jahre folgt die Entwicklung des Roheinkommens des BRD-Finanzsektors keinem regulären Zyklusmuster mehr; nur die absoluten Rückgänge in den Abschwüngen des IX. (2003), X. (2009/10) und XI. Zyklus (2019) lassen sich noch mit industriellen Konjunkturen in Verbindung bringen.
- Für den ausgeprägten Rückgang des Zinssaldos in den 2010er-Jahren sind die niedrigen Zinsen und die ultralockere Geldpolitik der EZB verantwortlich.

Unternehmensgewinne des Finanzsektors

Die Gewinne der Unternehmen des Finanzsektors nach Abzug der Aufwandspositionen vom Roheinkommen sind durchweg positiv. Allerdings unterliegt ihr Anteilswert größeren Veränderungen und offenbart wechselnde Kräfteverhältnisse zwischen reproduktiver Wertschöpfung und dem zinstragenden Kapital: (1) Dominanz des reproduktiven Kapitals in den 1950er-Jahren mit einem Rückgang des Anteilswerts um 10 Prozentpunkte; (2) Umkehrung des Verhältnisses in dem Jahrzehnt von 1975 bis 1985 mit Wiederanstieg auf den Ausgangswert; (3) Übergang in die ultralockere Geldpolitik mit Niedrigstzinsen in den 2010er-Jahren: Abfall um 25 Prozentpunkte (2013–15), danach Wiederanstieg auf ein mittleres Niveau zwischen 10 und 20%.

Abbildung 4.10: Anteil der Unternehmensgewinne am Roheinkommen, in %

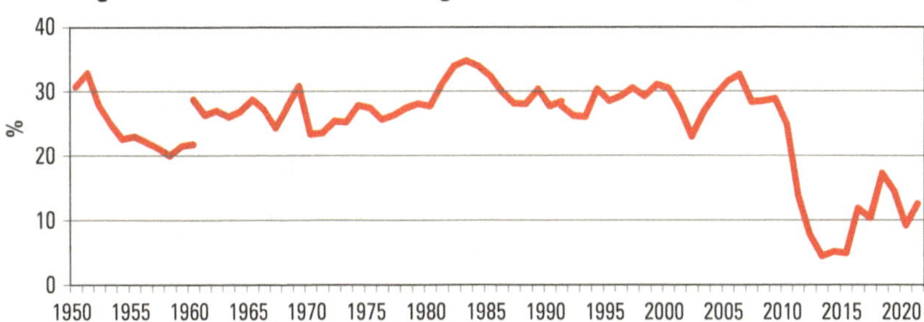

Quellen: Statistisches Bundesamt, VGR und eigene Berechnungen

- Das in der Gewinnentwicklung des BRD-Finanzsektors sich ausdrückende Kräfteverhältnis zwischen (re)produktivem und zinstragendem Kapital wird durch die Entwicklung der Zinssätze und ihre Beziehung zur Profitrate gespiegelt: Hohe, wenngleich fallende Profitrate und beschleunigte Akkumulation bei niedrigen Zinssätzen in den ersten 4 Nachkriegszyklen, Turbulenzen an den Finanzmärkten im V. und VI. Zyklus mit steigenden Zinssätzen, die im ersten Überakkumulationszyklus (VII. Zyklus) bei nunmehr niedriger Profitrate anhalten, sinkende Zinsen bis zu den Niedrigstzinsen des XI. Zyklus als politische Instrumentalisierung des Kredits zur Rettung/Stabilisierung des Gesamtsystems.
- Es bestätigt sich der allgemeine Zusammenhang zwischen (re)produktiver und Geldkapitalakkumulation: Mit einer dynamischen Wertschöpfung, die durch Investitionskredite befördert wird, baut sich ein zunächst latenter Widerspruch zwischen reproduktivem und zinstragendem Kapital auf, der in der Überakkumulation zum offenen Gegensatz eklatiert. Die politische Indienstnahme des Kredits ist in diesen Gegensatz eingebettet und auf ein bloßes Krisenmanagement – Zeit kaufen – beschränkt.

Thesaurierte und ausgeschüttete Unternehmensgewinne
Bei den Unternehmen des Finanzsektors, die ausschließlich Kapitalgesellschaften sind, dominieren, anders als beim reproduktiven Kapital, die thesaurierten gegenüber den ausgeschütteten Gewinnen. Erstere machen überwiegend die Hälfte, teilweise mehr, dieser Gewinne aus. Während der Niedrigstzinsen im XI. Zyklus (2010–2020) beträgt das Verhältnis in einzelnen Jahren mehr als 2:1. Letzteres ist das Ergebnis hoher Eigenfinanzierungsquoten der (niedrigen) reproduktiven Investitionen sowie der Vorsorge der Banken gegenüber Wertberichtigungen notleidender Außenstände.

Abbildung 4.11: Thesaurierte und ausgeschüttete Unternehmensgewinne

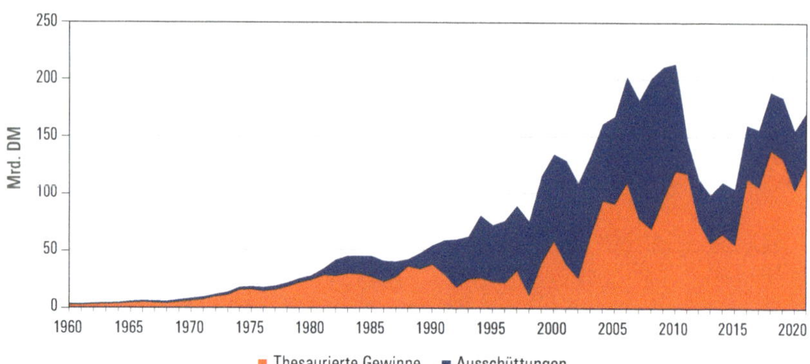

Quelle: Statistisches Bundesamt, VGR

- Die Gewinnentwicklung der den Finanzsektor dominierenden Banken und Versicherungen ist prozyklisch, insbesondere seit den 1990er-Jahren. Im Abschwung des IX. Zyklus 2003, der Finanzmarktkrise 2007/08 sowie während der Schwächephase des XI. Zyklus 2012–15 kommt dies zum Ausdruck.
- Bei der vergleichsweise geringen Nachfrage des reproduktiven Kapitals nach Investitionskrediten und der zeitweiligen Stützung sogenannter Zombie-Unternehmen – dies sind Einzelkapitale, die an und für sich überschuldet sind und nur durch Kreditprolongationen und Umschuldungen am Markt bleiben können – sind die BRD-Finanzunternehmen zurückhaltend mit Dividendenausschüttungen sowie Aktienrückkäufen, und aus Gründen der Vorsicht sogar bereit, einbehaltene Überschüsse trotz negativer Zinsen in der Einlagenfazilität der Europäischen Zentralbank zu deponieren.
- Die zeitweilige Intention der EZB-Geldpolitik im IX. Zyklus, durch negative Einlagenzinsen die Banken zu vermehrter Kreditvergabe zu stimulieren, um Deflationstendenzen an den Warenmärkten zu konterkarieren, erreichte ihr Ziel nicht.

Cash Flow, Bruttoinvestitionen und Finanzierungssaldo

Der Finanzsektor ist ein klassischer Finanzierungsüberschuss-Sektor, der Investitionen in sein Anlagekapital aus Innenfinanzierungsmitteln bestreitet. Ausnahmen gegenüber dieser Konstellation liegen nur einmalig im Jahr 1998 sowie durch die kumulierten Ansprüche aus betrieblichen Pensionszusagen, welche als Rückstellungen die laufende Ersparnis schmälern, in den Jahren der Schwächeperiode des XI. Zyklus 2012–2015 und seiner durch die Covid-19-Krise verschärften Abschwungphase 2020/21 vor.

Abbildung 4.12: Cash Flow, Bruttoinvestitionen und Finanzierungssaldo

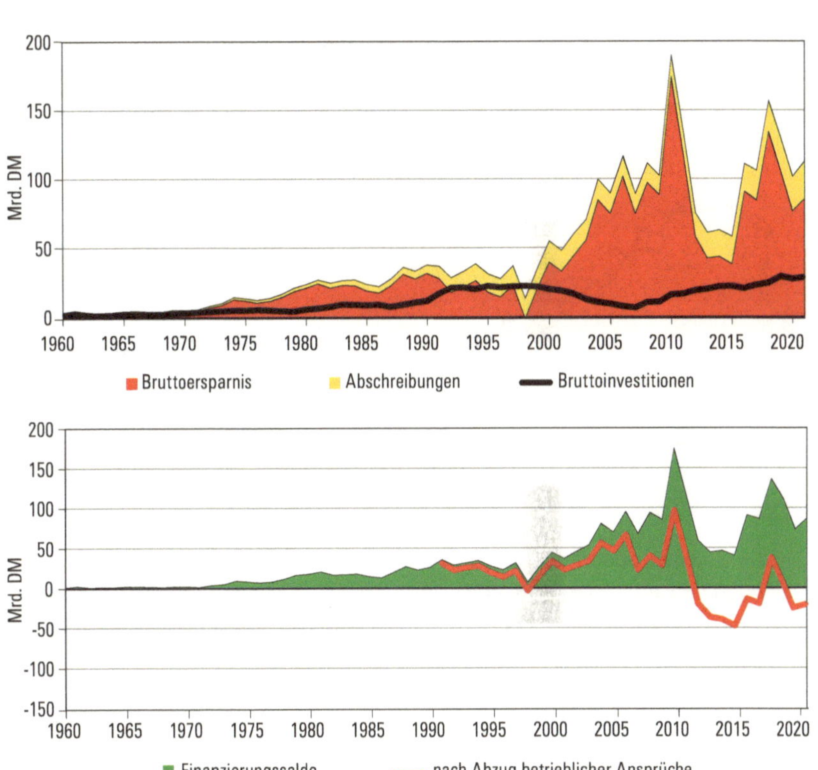

Quellen: Statistisches Bundesamt, VGR und eigene Berechnungen

4.4 Durchschnittsprofitrate des reproduktiven Gesamtkapitals

Die Durchschnittsprofitrate des BRD-Nationalkapitals bewegt sich in den erfassten 70 Jahren in den beiden großen Zeitabschnitten geradezu »klassisch«: Sie fällt von Zyklus zu Zyklus in der Periode der beschleunigten Kapitalakkumulation vom I. bis zum VI. Nachkriegszyklus und bleibt nach Erschöpfung der Verwertungsspielräume der fordistischen Betriebsweise in der strukturellen Überakkumulation von Kapital unter Schwankungen in etwa konstant auf dem erreichten Niveau. Bis einschließlich des XI. Zyklus hat sich in der bundesdeutschen Volkswirtschaft noch keine qualitativ neue, höhere Betriebsweise in gesamtwirtschaftlicher Dimension durchsetzen und damit neue Rahmenbedingungen für die Kapitalakkumulation schaffen können.

Abbildung 4.13: Durchschnittsprofitrate des BRD-Kapitals (vor Kostensteuern)

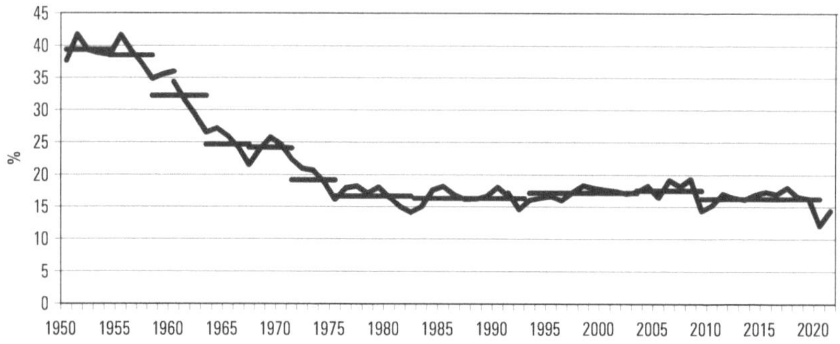

Quelle: Eigene Berechnungen

- Als erste Besonderheit für die Profitrate des BRD-Kapitals ist ihr im internationalen Vergleich sehr hohes Ausgansniveau in den ersten Nachkriegszyklen herauszustellen. Dies erklärt sich durch die Bedingungen der Rekonstruktion der Ökonomie nach dem verlorenen Weltkrieg.
- Ein zweites Merkmal besteht in der Konstanz des Profitratenniveaus in der Überakkumulationsperiode. Dies bringt die Widerstandsfähigkeit der bundesdeutschen Ökonomie gegenüber der internationalen Konkurrenz unter Beibehaltung grundlegender Stabilisierungsfunktionen der konsumtiven Nachfrage durch sozialstaatliche Transfers zum Ausdruck.
- Diese Stabilisierung der Nachfrage durch staatliche Transfers hat insbesondere in der Finanzmarkt- und Weltwirtschaftskrise 2007–09 und dem durch die Covid-19-Pandemie verschärften Abschwung 2020 positiv gewirkt und somit das zyklendurchschnittliche Profitratenniveau pro tanto angehoben.

4.5 Blick auf verschiedene Branchen

I. Banken

Struktur des Roheinkommens

Banken machen ihr Geschäft mit dem Bankkapital, das abgesehen vom Eigenkapital der Bank angeliehen ist und mit dem eigentlichen Geldhandlungskapital verschmilzt: Kreditaufnahme, Kreditvergabe sowie Abwicklung des Zahlungsverkehrs sind die drei Grundfunktionen. Das Roheinkommen aus den Bankfunktionen besteht aus dem Zinsergebnis (Differenz zwischen Soll- und Habenzinsen) sowie den Provisionen für zinsunabhängige Leistungen. Zu Letzteren gehören neben der Abwicklung des Zahlungsverkehrs die Funktionen des modernen Investmentbanking wie Begleitung von Wertpapieremissionen an den Börsen, Finanzierung von Mergers & Acquisitions, Wertpapiereigenhandel und Kreation von Finanzprodukten rund um die Transaktionen mit fiktivem Kapital.

Abbildung 4.14: Struktur des Roheinkommens der deutschen Banken

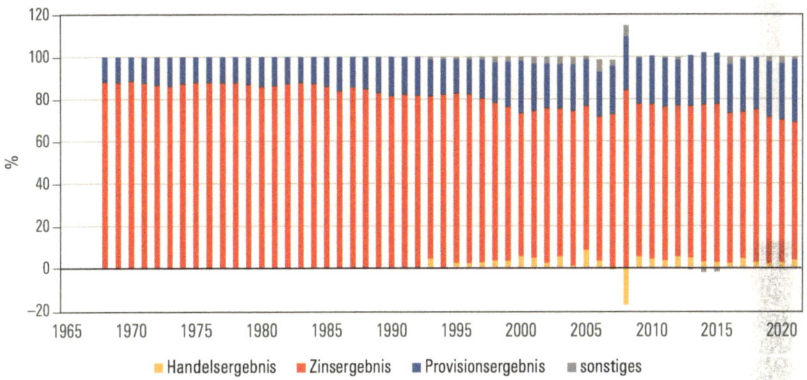

Quelle: Deutsche Bundesbank

- Die Struktur des Roheinkommens der deutschen Banken nach Arten zeigt in der langfristigen Entwicklung eine graduelle Verschiebung zugunsten des zinsunabhängigen Ergebnisses (Provisionsergebnis) auf Kosten des Zinsergebnisses. War das Verhältnis zwischen beiden Ergebnisarten um 1970 noch fast 1:9, so hat es sich bis in die Gegenwart auf fast 2:3 verschoben.
- Der Beitrag des Eigenhandelsergebnisses zum Roheinkommen der gesamten deutschen Banken beträgt maximal knapp 9%, zumeist aber unter 5%. Auf dem Höhepunkt der Finanzmarktkrise 2008 ist das Handelsergebnis mit rd. –17% negativ.

Zinsmarge: Differenz zwischen Zinserträgen und Zinsaufwendungen
Das Zinsergebnis ist der Saldo zwischen Aufwands- und Ertragszinsen der Banken bzw. Haben- und Sollzinsen des »Publikums«. Diese Zinsmarge ist abhängig von der Differenz zwischen beiden Arten von Bankzinssätzen. Die Banken konkurrieren untereinander auf beiden Seiten, d.h. sowohl mit den Angeboten von Einlagenzinsen bzw. Renditen für Bankschuldverschreibungen als auch mit Angeboten für Kreditzinsen für die verschiedenen Kreditarten (Betriebsmittel- und Investitionskredite an Unternehmen inkl. Gewerbetreibende, öffentliche Bankkredite, Konsumentenkredite sowie Wohnungsbaukredite an Privatpersonen). Während der Zinssaldo bis inkl. des X. Nachkriegszyklus konstant oder sogar leicht sinkend im Verhältnis zu den Zinserträgen war, erhöhten die Banken seinen Anteilswert im XI. Zyklus deutlich.

Abbildung 4.15: Zinsmarge in % der Zinserträge der Banken

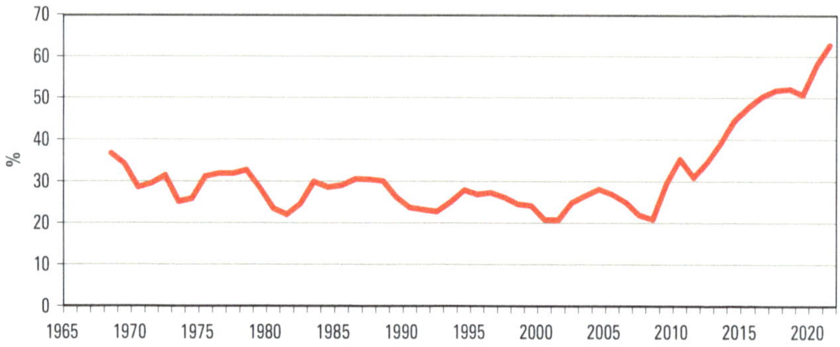

Quelle: Deutsche Bundesbank

- Die prozentual sinkende Zinsmarge bis zum X. Zyklus zeigt neben ihren kontrazyklischen Schwankungen die Konkurrenz der Banken im Einlagen- und Kreditgeschäft; dies ist ein Befund, der gängige Alltagsvorstellungen hinsichtlich einer vermeintlich superioren Stellung und Rolle der Banken z.T. konterkariert.
- Der drastische Anstieg des Anteils der von den Banken einbehaltenen Zinsdifferenz im XI. Zyklus speist sich sowohl aus den Null- oder Negativzinsen für Kundeneinlagen als auch der verminderten Weitergabe niedriger oder Null-Refinanzierungszinsen der Banken bei der Zentralbank an ihre Kreditkunden. Neben (leicht) veränderten makroprudenziellen Rahmenbedingungen für das Bankgeschäft – Verschärfung der Eigenkapitalvorschriften für die Banken (Basel III) in Reaktion auf die Finanzmarktkrise – kommt hierin ein vorsichtigeres Geschäftsgebaren der einzelnen Banken nach den teilweise laxen Kreditvergabekonditionen vor der Krise von 2007/08 zum Ausdruck.

Zinsspanne

Die Zinsspanne misst die Differenz zwischen Zinserträgen und Zinsaufwendungen an der Bilanzsumme der Banken und ist dadurch ein Maß für die zinstragende Verwertung des Bankkapitals (abgesehen von den Erträgnissen aus den Geldhandlungsoperationen etc.). Die Zinsspanne weist nach ihren Höhepunkten zu den Zeiten der Hochzinsen in den Krisenphasen des VI. und VII. Zyklus eine langfristige Tendenz zum Sinken auf und liegt am Ende des Betrachtungszeitraums mit weniger als 0,9% auf ihrem Tiefstwert. Die Zinsspanne ist damit abhängig von der langfristigen Entwicklung der BRD-Zinssätze, die marktbestimmt seit den 1980er-Jahren gesunken sind; diese Entwicklung wurde durch den Übergang zur ultralockeren Geldpolitik der EZB im XI. Zyklus nochmals befördert.

Abbildung 4.16: Zinsspanne in % der Bilanzsumme der Banken

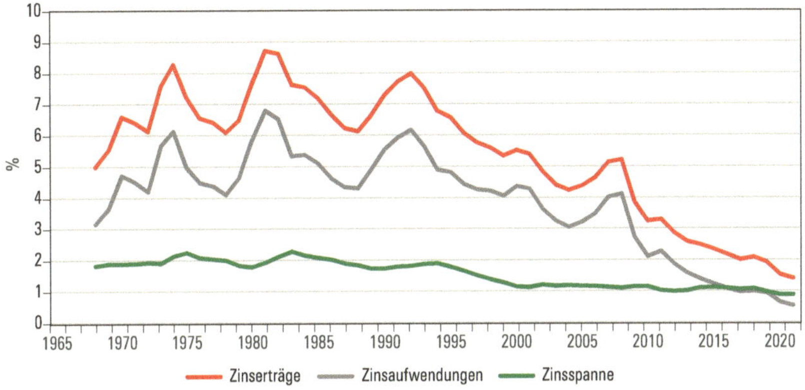

Quelle: Deutsche Bundesbank

- Die Abhängigkeit der Zinsspanne und damit der zinstragenden Verwertung des Bankkapitals von der Entwicklung der Zinssätze wird unterstrichen durch den Umstand, dass das drastische Ansteigen der Zinsmarge in den Jahren des XI. Zyklus nichts an dem Sinken der Zinsspanne geändert hat. Das Sinken der Zinsmarge in der Zeit davor hat andrerseits die Reduzierung der Zinsspanne befördert.
- Die langfristig sinkende Zinsmarge vor Ausbruch der Finanzmarktkrise 2007/08 war im Hinblick auf die zinstragende Verwertung des Bankkapitals mit Bezug auf die Zinsspanne nur durch ein Mengenwachstum des Kreditvolumens zu kompensieren – eine Geschäftspolitik, die die deutschen Banken im internationalen Vergleich aber nur unterdurchschnittlich betrieben haben.

Bewertungsergebnis der Banken

Das Bewertungsergebnis stellt eine nachträgliche Korrektur des Roheinkommens der Banken dar, die in dessen Komponenten noch nicht berücksichtigt ist. Das Durchschlagen der Überakkumulationssituation auf den Bankensektor und die Notwendigkeit, Abschreibungen und Ausbuchungen auf notleidende bzw. ausgefallene Kreditengagements vorzunehmen, ist anhand der fortwährenden Steigerung des negativen Bewertungsergebnisses bis zum Höhepunkt der Finanzmarktkrise 2008/09 augenscheinlich; erst 2011 hat eine kleine positive Korrektur der vorangegangenen Negativentwicklung stattgefunden. In den Folgejahren des XI. Zyklus waren aber schon wieder wachsende Abschreibungen auf ausstehende Kredite notwendig.

Abbildung 4.17: Bewertungsergebnis der Banken

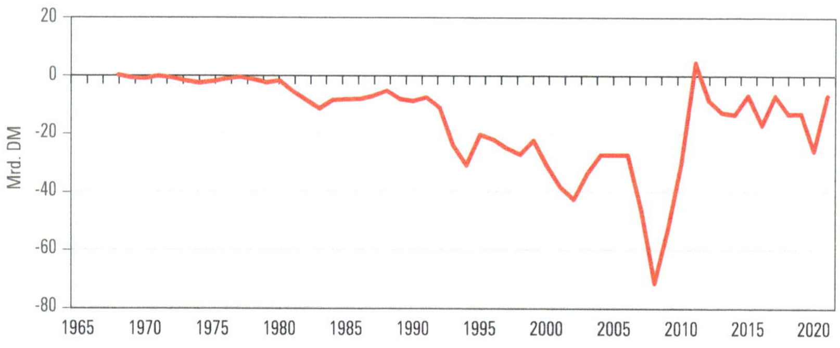

Quelle: Deutsche Bundesbank

- Die Entwicklung des negativen Bewertungsergebnisses der Banken verläuft eindeutig prozyklisch, d.h. relative Höhepunkte von Abschreibungen und Ausbuchungen gehen mit den Zyklustiefpunkten bzw. dem ersten Jahr nach den zyklischen Periodenwechseln als Time-lag einher.
- Dass das negative Bewertungsergebnis der deutschen Banken mit der Überakkumulationssituation sukzessive ansteigt, zeigt das bankbetriebswirtschaftliche Dilemma, sinkende Zinsspannen durch gesteigertes Kreditvolumen auszugleichen, was in Anbetracht des Umfeldes zunehmender Unternehmenskrisen und in vielen Jahren stagnierender Einkommen der Privathaushalte nur mit zunehmenden Risiken von Kreditausfällen zu haben ist.
- Das auf deutlich niedrigerem, wenngleich steigendem Niveau liegende Bewertungsergebnis im XI. Zyklus umschließt sowohl die Verluste der Euro-Krise als auch die weitgehend durch verschiedene wirtschaftspolitische Maßnahmen abgefederten Konsequenzen der Covid-19-Pandemie.

Eigenkapital und Eigenkapitalrentabilität der Banken

Das mit dem Bankkapital verschmolzene Geldhandlungskapital ist, bis auf das Eigenkapital, angeliehenes bzw. fremdes Kapital. Die durchschnittliche Eigenkapitalquote der deutschen Banken, die vor der Finanzmarktkrise zwischen 3 und 4% der Bilanzsumme ausmachte, ist wegen makroprudenzieller Vorgaben und individuell verstärkter Risikovorsoge im Verlauf des XI. Zyklus auf rd. 6% angestiegen. Gleichzeitig hat die Eigenkapitalrentabilität – jenseits von tief ausgeprägten zyklischen Einbrüchen, die 2007/08 sogar negative Werte besaßen – auf die Hälfte nach bzw. ein Drittel vor Steuern gegenüber den 1970er- und 1980er-Jahren abgenommen.

Abbildung 4.18: Eigenkapitalquote der deutschen Banken

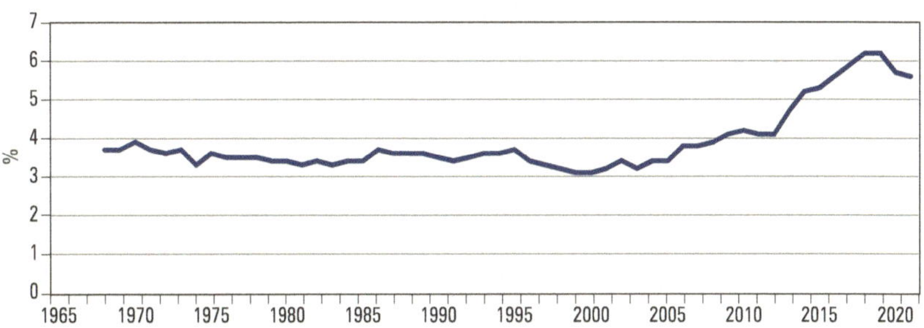

Quelle: Deutsche Bundesbank

Abbildung 4.19: Eigenkapitalrentabilität des Bankkapitals vor und nach Steuern

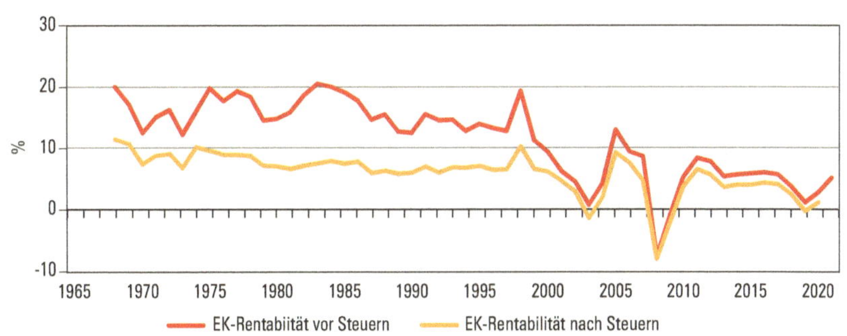

Quelle: Deutsche Bundesbank

- Bemerkenswert ist die große Differenz der Eigenkapitalrentabilität vor und nach Steuern vor dem Jahrtausendwechsel.

Betriebsaufwand

Zur Durchführung der verschiedenen Bank- und Geldhandlungsgeschäfte fallen Kosten, sachliche und persönliche Zirkulationskosten, an; sie fungieren bei den zu kapitalistischen Unternehmen verselbstständigten Funktionen und Betrieben ihrerseits als Kapitalvorschüsse. Das Anlagekapital der Banken besteht aus ihren Betriebsstätten (Gebäuden), ihrer Betriebs- und Geschäftsausstattung sowie dem Geldkapital als Index für den Wert der beschäftigten kommerziellen Lohnarbeiter. Die Aufwendungen für die verschiedenen Bestandteile dieses Anlagekapitals der Banken müssen aus ihrem durch die Bankgeschäfte erzielten Roheinkommen gedeckt werden. Im Betrachtungszeitraum beansprucht dieser Betriebsaufwand zwischen 60 und knapp 80% des Roheinkommens, wobei insbesondere seit dem Jahrtausendwechsel, d.h. bereits mit dem IX. Zyklus, eine Steigerung dieses Anteilswerts auszumachen ist.

Abbildung 4.20: Betriebsaufwand in % des Roheinkommens

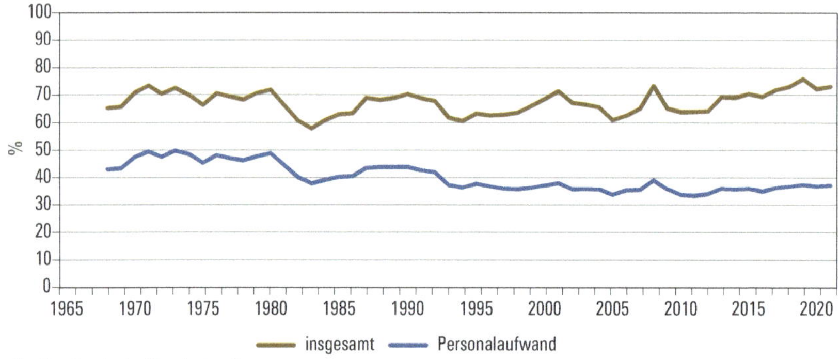

Quelle: Deutsche Bundesbank

- Der Anstieg des Anteilswerts des gesamten Betriebsaufwands am Roheinkommen schließt die Konstanz bzw. die gegenüber den 1970er- und 1980er-Jahren ausmachbare Reduzierung der Personalaufwandsquote ein.
- Während nach 1991 binnen eines Jahres sehr schnell die Einverleibung und Anpassung der DDR-Banken an die bundesdeutschen Institute mit entsprechendem Personalabbau bewerkstelligt wurde, markiert die seitherige Konstanz der Personalaufwandsquote den im letzten Jahrzehnt forcierten Einzug industrieller Rationalisierungsmethoden im Bankgeschäft: Ersatz von lebendiger Arbeit durch Maschinerie, d.h. maschinelle Datenverarbeitung (Computer) und Automatisierung.
- Diese Entwicklung vollzieht sich mittlerweile nicht nur im Massengeschäft des Zahlungsverkehrs und bei Standardkrediten, sondern durch künstliche Intelligenz auch bei ehemals beratungsintensiven »Produkten«.

Profitrate des Bankanlagekapitals

Das Bankanlagekapital ist im Unterschied zum Bankkapital ein verselbstständigter Teil des reproduktiven Gesamtkapitals (CC') und nimmt solcherart teil am Bildungs- und Ausgleichungsprozess zur nationalen Durchschnittsprofitrate. Mit dem aus dem Roheinkommen abzüglich Betriebsaufwand und nachträglichem Bewertungsergebnis verbleibenden Bankprofit als Durchschnittsprofit auf das vorgeschossene Bankanlagekapital werden die Kosten und der Umfang des nationalen Bankwesens reguliert und im Verhältnis zu den anderen Kapitalsorten normiert. Der weitgehenden Konstanz dieser Profitrate des Bankanlagekapitals bis zur Jahrtausendwende folgen tiefe Einbrüche im letzten Jahr des Abschwungs des IX. Zyklus (2003) und der massive Absturz in der Finanzmarktkrise sowie dem Folgejahr (2008/09); auch der Rückgang im XI. Zyklus 2019 ist scharf ausgeprägt.

Abbildung 4.21: Profitrate des Bankanlagekapitals vor und nach Steuern

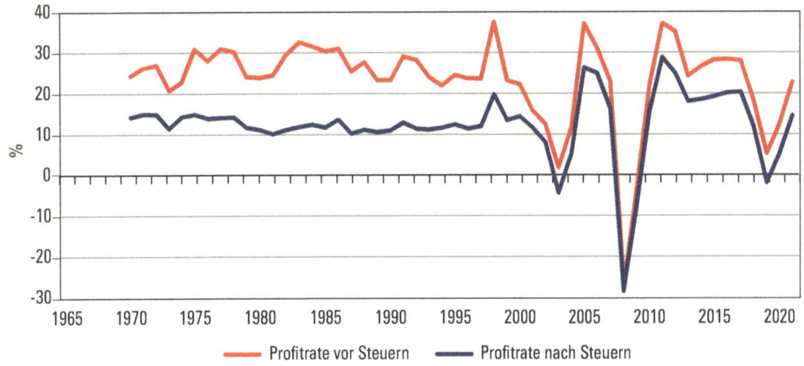

Profitrate vor Steuern
Profitrate nach Steuern

Quellen: Deutsche Bundesbank, Statistisches Bundesamt und eigene Berechnungen

- In der Überakkumulationsperiode (ab VII. Zyklus, d.h. ab 1976) liegt die Profitrate des Bankanlagekapitals vor Steuern über der gesamtwirtschaftlichen Durchschnittsprofitrate, wodurch sich zeigt, dass die Banken als Operateure des zinstragenden Kapitals gegenüber der relativen Schwäche der Wertschöpfung und des industriell-produktiven Kapitals eine Zeitlang besser dastehen, weil sie selbst einer der Faktoren dieser Schwäche sind.
- Die große Differenz zwischen dem Bankprofit vor und nach Steuern macht deutlich, dass ein Gutteil dieser Besserstellung des zinstragenden Kapitals dem Staat über die Gewinnbesteuerung zu Gute gekommen ist.

II. Versicherungen

Einnahmestruktur des Assekuranzkapitals

Die kapitalistischen Versicherungsunternehmen (inkl. Pensionskassen) agieren wie die Banken als Verwalter von zinstragendem Kapital, indem sie verschiedene Tatbestände auf der Grundlage von Eintrittswahrscheinlichkeiten versichern und die Prämienüberschüsse über die Leistungen (Auszahlungen) an den Finanzmärkten anlegen und verwerten. Wie die Banken weisen die Versicherungen eine Doppelstruktur auf: Ihr Geschäft machen sie mit ihrem Assekuranzkapital, ihre Profitrate ergibt sich durch den Bezug des aus dem Assekuranzkapital gezogenen Profits – Roheinkommen abzgl. Betriebsaufwand – auf ihr Anlagekapital. Wie das Bankkapital ist auch das Assekuranzkapital jenseits des Eigenkapitals der Versicherungsunternehmen angeliehenes bzw. treuhänderisch verwaltetes Kapital der Versicherungsnehmer.

Abbildung 4.22: Einnahmestruktur, in % des Roheinkommens

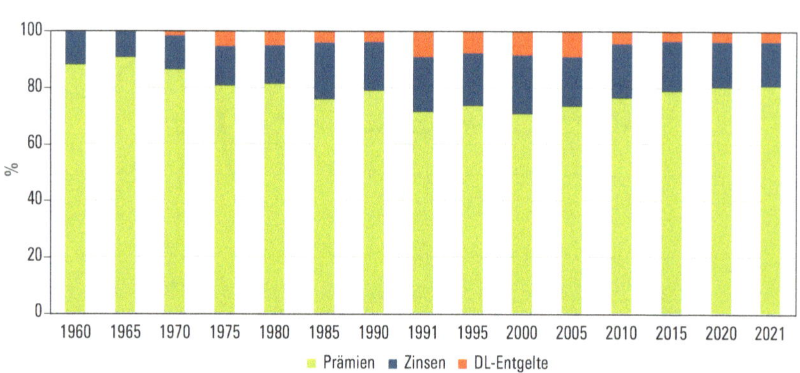

Quelle: Statistisches Bundesamt, VGR

- Die Haupteinnahmen der Versicherungsunternehmen sind die Beiträge oder Prämien der versicherten Personen für die jeweils versicherten Tatbestände. An zweiter Stelle stehen die Zinsen aus der Anlage des Assekuranzkapitals. Hinzu kommen Entgelte für verschiedene Dienstleistungen im Zusammenhang mit dem Kerngeschäft.
- Der Anteil der Prämien nimmt leicht zugunsten der erzielten Erträge aus der Anlage des Assekuranzkapitals ab – bei leichter Rückverschiebung im XI. Zyklus.
- Im Betrachtungszeitraum von 1960 bis 2021 stiegen die Gesamteinnahmen der Versicherungen (Roheinkommen) von 10,38 auf umgerechnet 861,05 Mrd. DM (= 440,24 Mrd. €), d.h. um das 83-Fache.

Ausgabenstruktur des Assekuranzkapitals

Der Eintritt des Versicherungsfalls führt zur Leistung der Versicherung, d.h. zur Auszahlung der vertraglich festgelegten Geldsumme an den Versicherungsnehmer. Bei der Kalkulation der Prämien sowie bei der Bemessung von Rückstellungen für zukünftige Auszahlungen spielen Wahrscheinlichkeitsrechnungen eine überragende Rolle. Die Konkurrenz zwischen den kapitalistischen Versicherungsunternehmen wird in den verschiedenen Versicherungssparten über den jeweiligen Umfang der versicherten Tatbestände und die Höhe der Prämien, ggf. nebst Rückerstattungen und die Versicherungsleistungen, ausgetragen. Auf diese Variablen nimmt die Erwirtschaftung von Erträgnissen des jeweils disponiblen Assekuranzkapitals – Roheinkommen als Differenz zwischen Einnahmen und Leistungen sowie Betriebskosten – Einfluss.

Abbildung 4.23: Ausgabenstruktur, in % des Roheinkommens

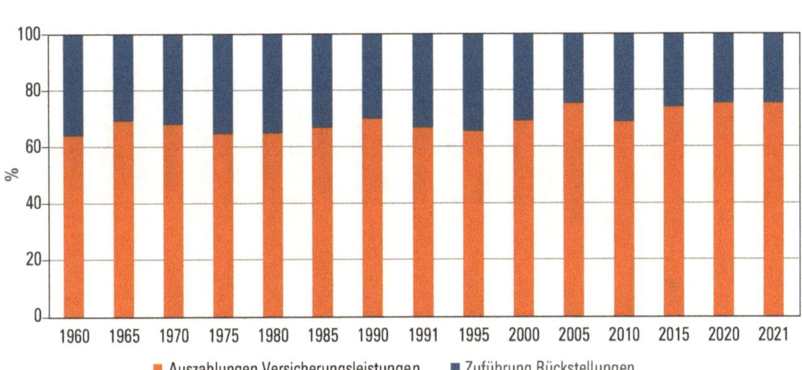

Quelle: Statistisches Bundesamt, VGR

- Neben den Auszahlungen von Versicherungsleistungen gehört zu den jährlichen Aufwendungen aus dem Roheinkommen der Versicherungen auch die Erhöhung der Rückstellungen im betreffenden Jahr. Damit bewegen sich Einnahmen und Aufwendungen der Versicherungen weitgehend gleichförmig und gehorchen im Großen und Ganzen dem konjunkturzyklischen Auf und Ab des Gesamtreproduktionsprozesses.
- Das Verhältnis zwischen Auszahlungen und Zuführung zu Rückstellungen hat sich seit 1960 langfristig zugunsten der Auszahlungen verschoben. Diese Verminderung der jährlichen Rückstellungsbildung ist bedingt durch einen abnehmenden Zuwachs an Versicherungsneuverträgen.

Versicherungsbeiträge nach Sparten

Die drei großen Sparten des deutschen Versicherungswesens sind Lebensversicherung, private Krankenversicherung sowie die verschiedenen Unfall- und Schadenversicherungen; hinzu kommen Rückversicherungen. Die größte Sparte ist die Sparte der Lebensversicherungen, die lange Zeit als beliebteste Sparform mit einer gegenüber dem Sparbuch höheren Verzinsung und als zusätzliche Absicherung im Alter ergänzend zur gesetzlichen Altersrente galt. Zweitgrößte Sparte sind die Unfall- und Schadenversicherungen, die verschiedene Tatbestände von unfall- oder krankheitsbedingter Berufs- und Arbeitsunfähigkeit bis zu Sachschäden verschiedenster Art an Immobilien und Mobilien etc. abdecken. Die private Krankenversicherung stellt als Grundversicherung für nicht gesetzlich Versicherte sowie als Krankenzusatzversicherung die kleinste Sparte dar.

Abbildung 4.24: Versicherungsbeiträge nach Sparten

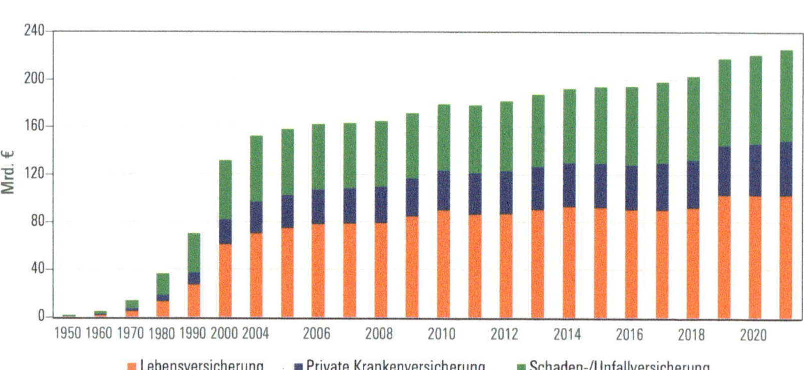

Quelle: Gesamtverband der deutschen Versicherungswirtschaft

- Der Anteil der Prämien für die Lebensversicherungen ist im Zeitablauf konstant bei rd. 46% geblieben; der Prämienanteil der Privaten Krankenversicherungen hat sich um 4 Prozentpunkte auf zuletzt 20% erhöht. Die Schaden- und Unfallversicherungen verzeichneten einen leichten anteiligen Prämienrückgang.
- Im Zuge der Niedrigstzinsen im zweiten Jahrzehnt nach dem Jahrtausendwechsel haben die Lebensversicherungen an Attraktivität eingebüßt: erwirtschaftete Überschussanteile, die vorher neben der vertraglich abbedungenen Ablaufleistung eine wesentliche Variable in der Konkurrenz zwischen verschiedenen Anbietern gewesen waren, fielen weitgehend weg. Selbst vertraglich garantierte Mindestverzinsungen konnten teilweise nicht mehr gewährleistet werden. Als Instrument für die Immobilienfinanzierung fiel die Lebensversicherung vollständig fort.

Versicherungsleistungen nach Sparten

Die Entwicklung der Versicherungsleistungen nach Sparten, differenziert nach Auszahlungen und Zuführung zu Rückstellungen, ist eng an die Entwicklungen der jeweiligen Versicherungsprämien gebunden.

Abbildung 4.25: Versicherungsleistungen nach Sparten

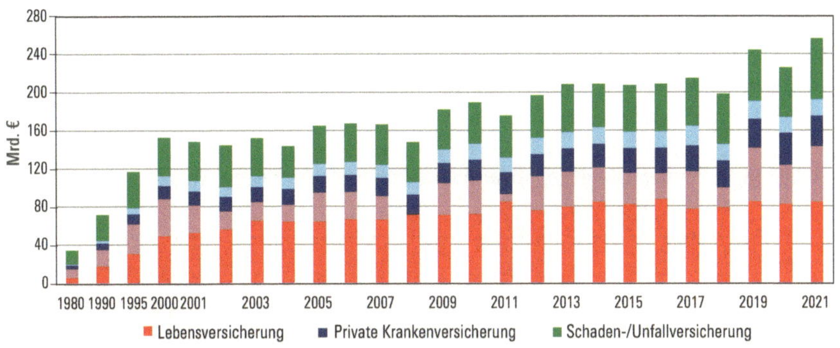

Quelle: Gesamtverband der deutschen Versicherungswirtschaft

- 2008 überstiegen die Auszahlungen der Lebensversicherungen die Prämieneinnahmen, sodass keine Rückstellungsbildung, sondern eine Auflösung vorgängiger Rückstellungen erfolgen musste. Dies hing mit einem Urteil des Bundesgerichtshofes im Jahr 2012 zusammen, nach dem die bis 2007 geübte Praxis, die Rückkaufswerte von Lebensversicherungen bei Kündigung durch die Versicherten nicht in den Anfangsjahren der Versicherungslaufzeit mit allen Abschlusskosten zu belasten, untersagt wurde. Die rückwirkende Umsetzung dieses Urteils führte 2008 zu einmalig erhöhten Auszahlungen.
- Durch die Niedrigstzinsen in den 2010er-Jahren litt die Attraktivität der Lebensversicherungen als Sparform, was in einigen Jahren zu stagnanten oder sogar rückläufigen Prämieneinnahmen und diesbezüglich auch zu geringeren Auszahlungen führte.
- 2018 führte diese Entwicklung zu geringen Rückstellungsbildungen, was im Folgejahr ausgeglichen werden musste: die Rückstellungsbildung musste 2019 um mehr als das Doppelte auf 56,9 Mrd. € erhöht werden, wodurch der Wert der Gesamtleistungen aller Versicherungssparten mit 244,1 Mrd. € die Prämieneinahmen dieses Jahres um 26,4 Mrd. € überstieg; 2021 wiederholte sich diese Konstellation mit 256 Mrd. € Leistungen bei 225,9 Mrd. € Prämieneinnahmen.

Anlagen des Assekuranzkapitals

Die jährlichen Überschüsse der Prämien gegenüber den Versicherungsleistungen sowie die neu gebildeten Rückstellungen stellen nach Abzug der Betriebskosten sowie ausgeschütteten Dividenden das anlagefähige Assekuranzkapital dar. Seine jährliche Veränderungsrate lag bis zur Finanzmarkt- und Weltwirtschaftskrise 2007–09 mit Ausnahme des Jahres 1990 bei knapp 10% p.a. Danach fällt sie im Zuge der Niedrigstzinsen deutlich ab und liegt bei nur noch der Hälfte mit weiter fallender Tendenz. Um die Zinserträgnisse des Assekuranzkapitals zu stabilisieren, mussten die Versicherungsunternehmen im Rahmen der gesetzlichen Vorgaben dessen Anlageformen zugunsten relativ höher verzinslicher Formen umschichten.

Abbildung 4.26: Kapitalanlagen, Bilanzwerte und Veränderung gg. Vorjahr

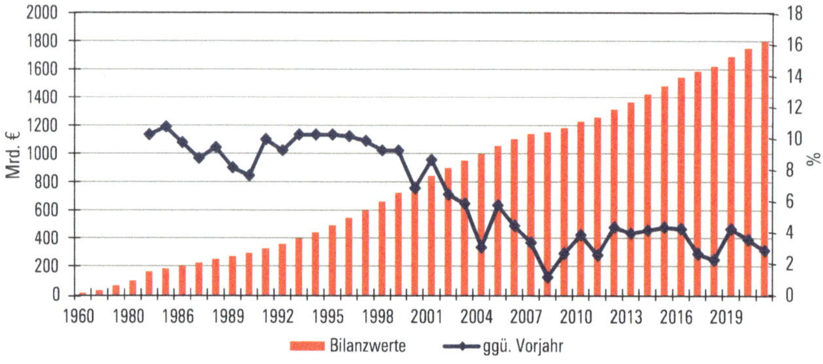

Quelle: Gesamtverband der deutschen Versicherungswirtschaft

- Die Ertragsoptimierung des Assekuranzkapitals durch Anlage in höher verzinslichen Formen führte zu einem Rückgang der Anlage in Rentenwerten – sie ging in den 2010er-Jahren von 89 auf 80% zurück – und spiegelbildlich zu einer Steigerung der Anlage in Aktien, Beteiligungen und Immobilien. Damit konnte der Rückgang des Anteilswerts der Zinseinnahmen der Versicherungen aber nur relativ stabilisiert werden. Statt knapp 20% liegt er nun zwischen 16 und 18%.
- Anlagen in sog. neuen Finanzinstrumenten wie Asset Backed Securities, Private-Equity- und Hedgefonds sowie Anlagen mit Rohstoffpreisrisiken spielen bei den deutschen Versicherungsunternehmen bislang mit rd. 2% nur eine ganz untergeordnete Rolle.
- Die Nettoverzinsung des Assekuranzkapitals der Lebensversicherungen reduzierte sich von 7,5% zum Jahrtausendwechsel auf zuletzt rd. 3,7% p.a.

Betriebsaufwand

Der Betriebsaufwand der BRD-Versicherungen, ausgedrückt in % des Roheinkommens, weist gegenüber dem korrespondierenden Bild bei den Banken einige Unterschiede auf. Wie bei den Banken stellt er komplett Aufwendungen für die ökonomische Zirkulation dar, die die verselbstständigte Form des Anlagekapitals der Versicherungsunternehmen annehmen. Bemerkenswert ist die langfristig fallende Anteilsquote des Personalaufwands am Roheinkommen, die zuletzt (2021) nur noch knapp 12% – nach rd. 40% in den 1960er- und 1970er-Jahren – ausmacht. Hierin drückt sich die Umstrukturierung des Vertriebs der deutschen Versicherungswirtschaft durch die Übertragung der Funktionen des Vertriebsaußendienstes auf selbstständige Versicherungsmakler aus; bei den Versicherungsunternehmen verbleibt neben administrativen und Leitungsfunktionen nur der Vertriebsinnendienst.

Abbildung 4.27: Betriebsaufwand in % des Roheinkommens

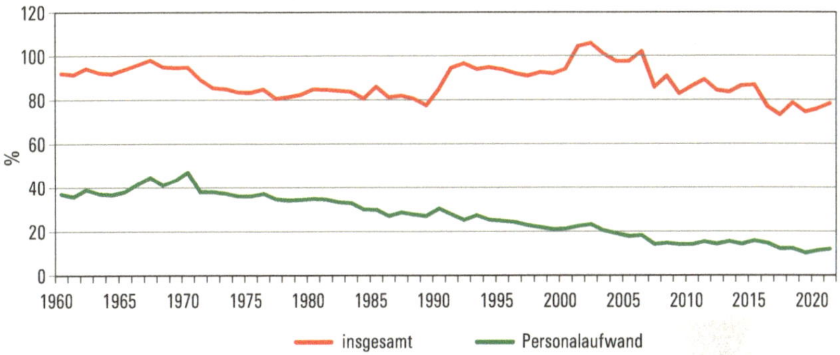

Quelle: Statistisches Bundesamt, VGR

- Die Provisionen der selbstständigen Versicherungsmakler werden in der VGR in den Vorleistungen, d.h. als Sachkosten verbucht. Sie werden als Abschluss- und laufende Provisionen, wenn möglich, auf die Prämien der Versicherungsnehmer überwälzt. Das o.g. BGH-Urteil von 2012 bezog sich nur auf die zeitliche Verteilung dieser Kosten innerhalb der Laufzeit der Versicherungsverträge.
- Das negative Betriebsergebnis der Versicherungen in den Jahren 2001–03 sowie in 2006 auf Basis von VGR-Daten ist nicht mit dem Jahresergebnis der Banken auf Basis ihrer Jahresabschlüsse vergleichbar; es fehlen die sonstigen Erträge sowie die Ertragssteuern, die in der VGR nicht gesondert ausgewiesen werden. Dementsprechend kann auch keine vergleichbare Branchenprofitrate für die BRD-Versicherungswirtschaft ausgewiesen werden.

III. Wohnungswirtschaft

a) Alt-BRD (bis 1991)

Mieteinnahmen der Wohnungsvermietung

Die statistische Erfassung der Wohnungsvermietung – bis 1991 in der Alt-BRD als funktional-selbstständiger Bereich ausgewiesen – umfasst erstens die private gewerbliche Wohnungsvermietung durch kapitalistische Immobiliengesellschaften und private Wohnungsgenossenschaften, zweitens die Vermietung durch kommunale und öffentliche Wohnungsgenossenschaften (öffentlich-staatlicher Bereich) sowie drittens die Vermietung durch private Haushalte (Kleinanbieter und sog. Amateurvermieter). Außerdem werden fiktive Eigentümermieten, d.h. unterstellte Mieten bei Selbstnutzung der Immobilie durch ihren Eigentümer geschätzt und hinzuaddiert.

Abbildung 4.28: Mieteinnahmen (nach Umlagen) der Wohnungsvermietung in der alten Bundesrepublik (1950–1991)

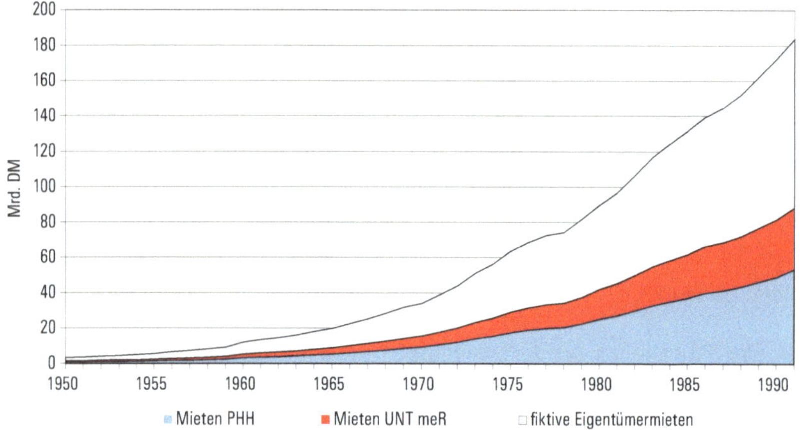

Quellen: Statistisches Bundesamt, VGR und eigene Berechnungen

- Unterstellte Eigentümermieten, die zur Herstellung der Vergleichbarkeit privater Konsumstrukturen eine Berechtigung besitzen, sind als fiktive Größen vorliegend auszublenden, d.h. zu eliminieren.
- Fiktive Mieten machen gut 50% des »Produktionswerts« der Wohnungsvermietung aus. Der Anteil der Mieteinnahmen durch Privathaushalte gegenüber denjenigen bei (privaten und öffentlichen) Unternehmen liegt im vorliegenden Betrachtungszeitraum relativ stabil bei 3 : 2.

Faktoreinkommen aus Wohnungsvermietung

Nach Abzug der in der Bruttomiete enthaltenen Umlagen für Wasser, Kanalisation, Straßenreinigung, Müllabfuhr etc. sowie der Abschreibungen auf den Anschaffungspreis des Gebäudes ergeben sich für die marktorientierte Vermietung die Faktoreinkommen. Sie enthalten die Löhne der bei den Wohnungsvermietern abhängig Beschäftigten – im Betrachtungszeitraum zwischen 5 und 6% der Bruttowertschöpfung – sowie die Einkommen aus Unternehmertätigkeit und Vermögen, d.h. die Zinsen für die auf den Immobilien lastenden Hypotheken und den Nettoprofit als Restgröße.

Abbildung 4.29: Faktoreinkommen der Markt-Wohnungsvermietung (Alt-BRD; bis 1991)

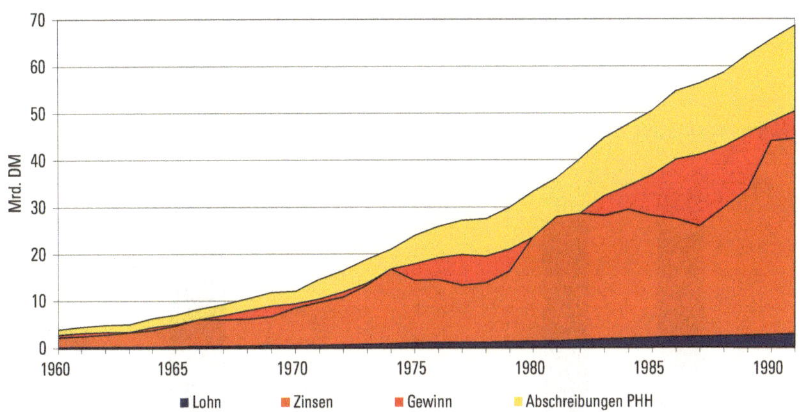

Quellen: Statistisches Bundesamt, VGR und eigene Berechnungen

- In der Hochzinsphase der 1970er- und den anfänglichen 1980er-Jahren beanspruchten die Hypothekenzinsen in einigen Jahren mehr als die gesamten Nettomieten nach Löhnen und schmälerten die Abschreibungen durch Zinszahlungen. Allerdings behandeln die Privatvermieter, anders als Wohnungsunternehmen mit eigener Rechtspersönlichkeit, die rechnerischen Abschreibungsbeträge oftmals nicht als thesaurierte Rücklagen für Instandhaltungen, sondern als Bestandteil des Bruttoüberschusses, der auch zur Bedienung der Hypothekendarlehen dient.
- Der Zins-Verzehr von Abschreibungsbestandteilen gehört mit dem VII. Nachkriegszyklus, der in und mit Krise und Abschwung 1980–82 die Hochzinsphase beendet, der Vergangenheit an. Mit dem beginnenden Rückgang der Zinsen wird am Ende des Folgezyklus nur das interne Teilungsverhältnis der Einkommen aus Unternehmertätigkeit und Vermögen berührt.

b) Gesamtdeutschland (ab 1991)

Strukturen des Bereichs »Grundstücks- und Wohnungswesen«

Im Bereich »Grundstücks- und Wohnungswesen« sind für Gesamtdeutschland (ab 1991) neben den fiktiven Eigentümermieten der Selbstnutzer folgende Funktionen gebündelt: Erstens Kauf und Verkauf von Liegenschaften und Immobilien (»Asset-Management«), zweitens Vermietung und Verpachtung von Immobilien, drittens Vermittlung von Grundstücken und Gebäuden/Wohnungen (Maklertätigkeiten) sowie viertens Verwaltung von (fremden) Immobilien (kommerzielles Facility Management). Umsatzmäßig und nach den erzielten Profiten dominiert die Vermietung. Dies gilt auch hinsichtlich der Beschäftigtenzahlen, wobei das Verhältnis zwischen Unternehmensinhabern und abhängig Beschäftigten den gesamten Bereich als äußerst kleinteilig mit einer großen Anzahl von Solo-Selbstständigen qualifiziert.

Abbildung 4.30: Umsatz-, Gewinn- und Beschäftigtenstruktur bei Grundstücks- und Wohnungswesen im Jahr 2013

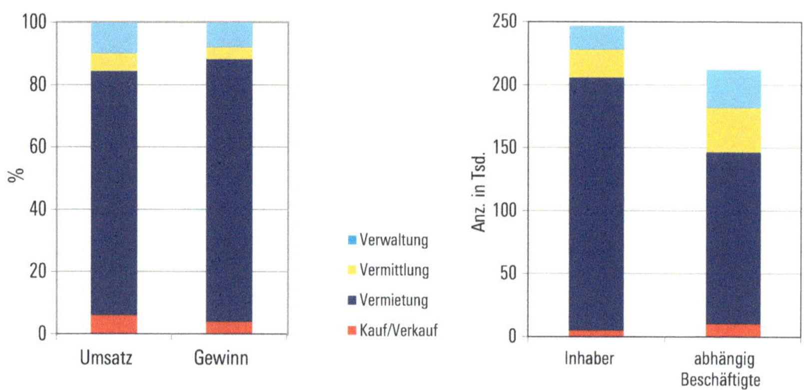

Quelle: Statistisches Bundesamt

- Bei dem Bereich des »Grundstücks- und Wohnungswesens« handelt es sich ausschließlich um unproduktive Zirkulationstätigkeiten. Produktive Dienstleistungen wie technisches Gebäudemanagement oder infrastrukturelles Facility Management sind entweder nicht, weil als selbstständige Geschäfte geführt, oder im Sinne von marginalen Zusatztätigkeiten, z.B. Hausmeisterdienste, enthalten.
- Die Vermietung von Immobilien stellt nach der ökonomischen Formbestimmung den Verleih von zinstragendem Kapital in Warenform dar, da kein Eigentümerwechsel vorliegt.

Mieten und Faktoreinkommen

Jenseits der fiktiven Eigentümermieten hat sich das marktbestimmte Mietvolumen seit dem Jahr 2000 auf knapp 200 Mrd. € in 2021 bei leichter Verschiebung zugunsten der Gewerbemieten fast verdoppelt. Die dominierenden Faktoreinkommen aus Unternehmertätigkeit und Vermögen tragen die konjunkturellen Schwankungen; die Wirtschaftskrise 2009 führte hier zu dem bislang größten Einbruch.

Abbildung 4.31: Gesamtmietvolumen (Nettomieten) in der BRD seit 2000

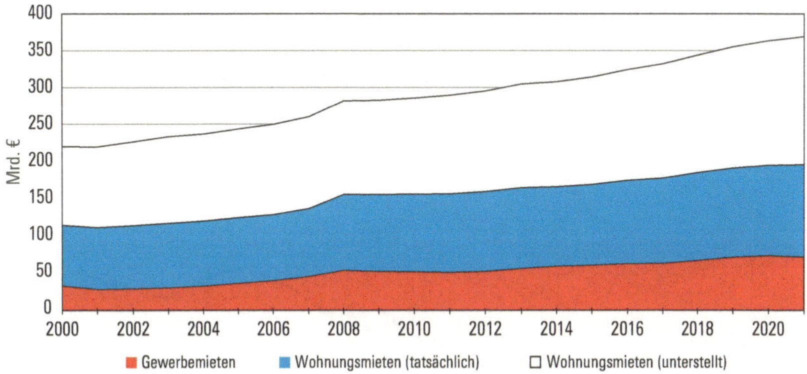

Abbildung 4.32: Faktoreinkommen des Grundstücks- und Wohnungswesens (ohne fiktive Eigentümermieten)

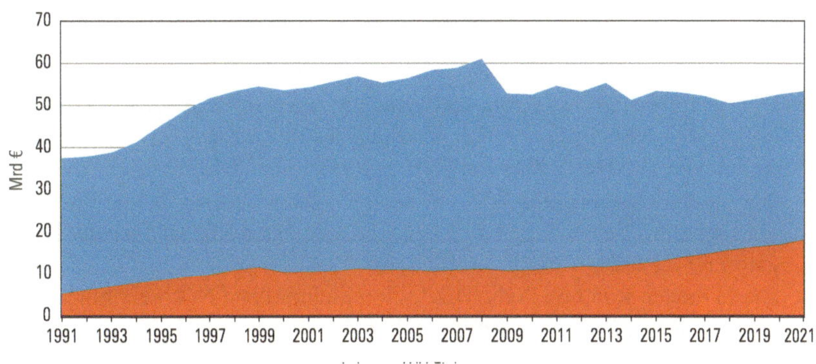

Quellen: Statistisches Bundesamt, VGR

Entwicklung der (Brutto-) Wohnungsmieten

Die Wohnungsmieten pro qm als gesamtgesellschaftliche Durchschnittsgröße haben im Betrachtungszeitraum (seit 1995) kontinuierlich zugelegt. Dabei bewegten sich die Nettokaltmiete und die Umlagen für die Nebenkosten ohne Energie bis 2021 noch relativ eng an der Entwicklung des allgemeinen Verbraucherpreisindexes. Die sog. zweite Miete für Strom und Heizung ist demgegenüber seit dem Jahrtausendwechsel der Kaltmiete enteilt und liegt im Jahr 2022 bei fast dem 3-Fachen des Niveaus von 1995 – Treiber waren 2022 die massiv gestiegenen Energiekosten infolge der EU-Wirtschaftssanktionen gegenüber dem Hauptenergielieferanten Russland.

Abbildung 4.33: Nettokaltmiete, Neben- und Energiekosten sowie Verbraucherpreise, Index 1995 = 100

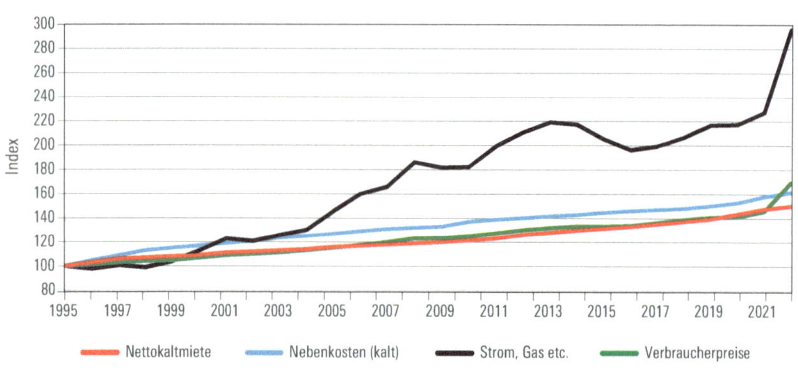

Quellen: Statistisches Bundesamt, Bundesverband deutscher Wohnungs- und Immobilienunternehmen e.V., Wohngeld- und Mietenberichte des Bundesministeriums für Umwelt, Naturschutz, Bau und Reaktorsicherheit (BMUB)

- Die Energiekosten für Strom und Heizung haben sich dabei nicht kontinuierlich gesteigert. Es lassen sich innerhalb des Betrachtungszeitraums Preiswellen von 1999 bis 2001, von 2005 bis 2008, von 2011 bis 2013 sowie ab 2017 und insbesondere in 2022 ausmachen. Dazwischen gab eine Entspannungsphasen, die von Stagnation bis zu ausgeprägten Rückgängen der Energiepreise reichten.
- Am aktuellen Rand blieb die bundesdurchschnittliche Netto-Kaltmiete pro qm um 1,8% in 2022 gegenüber dem Vorjahr noch deutlich hinter der Steigerung des Verbraucherpreisindexes (+8,7%) zurück. Da der Wohnungsmarkt ein regional äußerst differenzierter Markt ist, werden damit die teilweise extremen Mietsteigerungen in den städtischen Metropolen nicht erfasst.

Vermietungsrenditen

Die Vermietungsrendite ist gegenüber der Profitrate des reproduktiven Kapitals (auch des kommerziellen und Anlagekapitals der Unternehmen des Finanzsektors) eine irrationelle Größe. Sie verschleiert nicht nur wie die Profitrate den Ursprung des Mehrwerts aus bloß dem variablen Kapital entsprungen, sondern bezieht das Erträgnis, also die Nettomiete ohne Nebenkosten, nicht allein auf den Wert der Immobilie als durch Arbeit erzeugtes Produkt, sondern zusätzlich auf den anteiligen Preis des Bodens, auf dem die Immobilie steht. Dieser Bodenpreis ist kein durch Arbeit erzeugter Wert, sondern die zum herrschenden Zinssatz kapitalisierte Grundrente, die ihrer Natur nach einen Teil des Mehrwerts bzw. Profits darstellt. Gleichwohl drückt die Vermietungsrendite den Tatbestand aus, dass der Vermieter nicht nur das Gebäude, sondern auch den Grund und Boden erwerben musste, um die Immobilie zu verwerten.

Abbildung 4.34: Vermietungsrenditen für Wohnungen und Gewerbegebäude

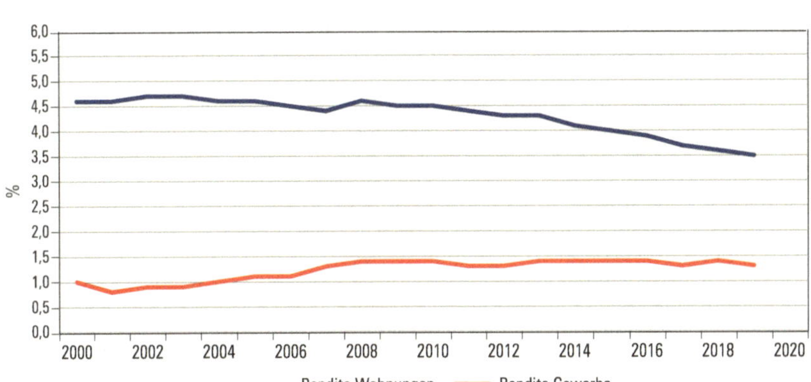

Quellen: Statistisches Bundesamt, Gesamtwirtschaftliche Vermögensrechnung und VGR sowie Deutsche Bundesbank und eigene Berechnungen

- Die zusammengesetzte Größe des Nenners der Vermietungsrendite erklärt ihr Niveau, welches grundsätzlich die Vermietung eines Gebäudes als zinstragende Kapitalverwertung qualifiziert.
- Während die bundesdeutsche Rendite für Gewerbevermietungen stabil ist bzw. sogar im Betrachtungszeitraum leicht ansteigt, fällt die gesamtgesellschaftliche Durchschnitts-Vermietungsrendite für Wohnungen im 2010er-Jahrzehnt um einen Prozentpunkt. Zu erklären ist diese Entwicklung durch die steigenden Bodenpreise, insbesondere in den Großstädten, während dieser Zeit.

Bodennutzungsarten und -preise in der BRD

Bodennutzungsarten und Bodenpreise der verschiedenen Nutzungen stehen in einer gegensätzlichen Beziehung zueinander: Bei den Nutzungsarten dominiert in dem Flächenstaat BRD die Landwirtschafts- und Waldfläche mit über 80% gegenüber den Siedlungs- und Verkehrsflächen. Bei den Bodenpreisen sind die Siedlungs- und Verkehrsflächen mit leicht unter 90% dominierend, während die Preise der land- und forstwirtschaftlich genutzten Fläche es nur auf einen Anteilswert von 12 % bringen. Diese gegensätzliche Beziehung zwischen Flächen und Preisen ist das Ergebnis unterschiedlicher Grundrentenarten: die agrikole Rente ist als landwirtschaftlicher Surplusprofit trotz des »falschen sozialen Werts« der Preisregulation durch den Grenzproduzenten dem Ausgleichungsprozess zur allgemeinen Profitrate unterworfen, während die (städtische) Baulandrente Monopolpreischarakter besitzt, je größer die Stadt und je höher ihre Stellung auf der nationalen Rangskala bzw. je lukrativer das betreffende städtische Quartier ist.

Abbildung 4.35: Anteile der Bodennutzungsarten und ihrer Preise in der BRD im Jahr 2012, jeweils in %

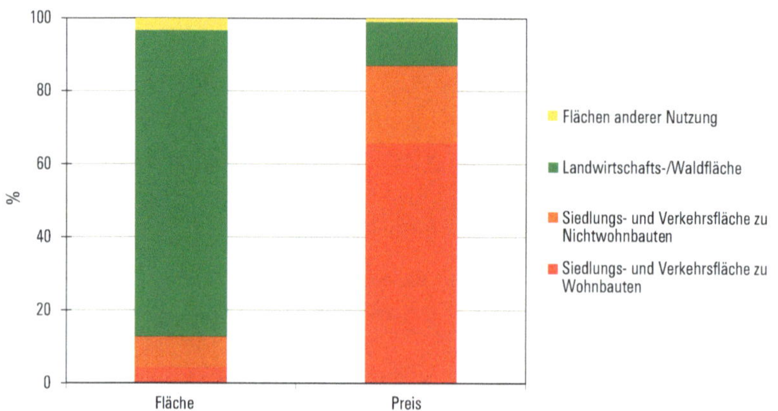

Quelle: Statistisches Bundesamt, Wirtschaft und Statistik 6/2015

- Die Anteile der verschiedenen Bodennutzungsarten sind im Zeitablauf innerhalb eines Landes relativ stabil; selbst die Erweiterung der Bundesrepublik durch den Anschluss der Ex-DDR hat keine nennenswerte Veränderung des Verhältnisses der Nutzungsarten erbracht.
- Der gesamtwirtschaftliche BRD-Bodenpreis betrug 2020 2,8 Bio. €, davon 2,5 Bio. € für bebautes Land.

Entwicklungsverhältnis von Zins und Rente innerhalb der Wohnungsmieten

Die Miete für Immobilien ist ein zusammengesetztes Verhältnis von einem Zins für die Überlassung des Hauses bzw. der Wohnung für eine bestimmte Zeit (Verleih von zinstragendem Kapital in Warenform) und der Grundrente für die Bodenparzelle, auf der die Immobilie steht. Beide Bestandteile der Immobilienmiete sind nach eigenen Gesetzmäßigkeiten geregelt: Der Zinsteil richtet sich neben dem jeweiligen Zinsfuß für Hypothekenkredite nach der Beschaffenheit der Immobilie (Gewerbe/Wohnung, Ausstattung), der Preis für den Grund und Boden nach der Baulandrente für das betreffende Bodenareal. Beide Komponenten der Miete haben in den vergangenen zwei Jahrzehnten zugenommen; dabei hat insbesondere der Grundrententeil seit 2015 steigernd für die Wohnungsmieten gewirkt.

Abbildung 4.36: Entwicklungsverhältnis von Zins und Rente innerhalb der Wohnungsmieten, Index 2000 = 100

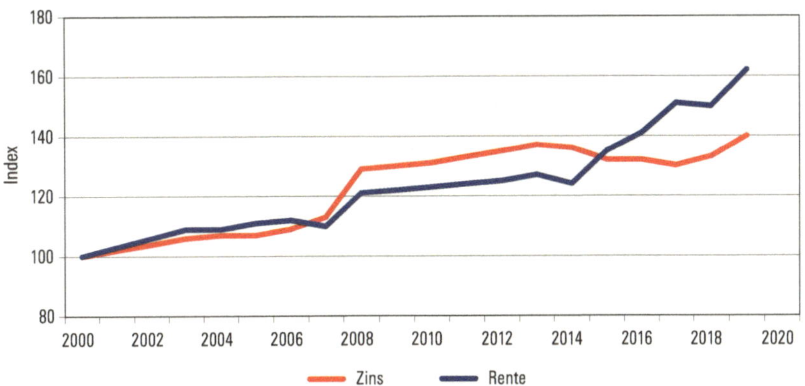

Quellen: Statistisches Bundesamt, Grundstücks- und Wohnungswesen (FS 9, Reihe 4.3) und eigene Berechnungen

- Der Grundrentenanteil am Gesamtvolumen der BRD-Wohnungsmieten ist von gut einem Drittel im Jahr 2000 auf knapp 40% in 2019 (letzt verfügbare Daten) gestiegen.
- Das Gesamtrental der BRD-Baulandrente hat sich im vorliegenden Betrachtungszeitraum nach 2000 auf das 1,75-Fache von 36 Mrd. € auf 63 Mrd. € erhöht.
- Demgegenüber beträgt das agrikole Rental, ausgedrückt durch das gesamtwirtschaftliche Pachtvolumen, am Ende des zweiten Jahrzehnts nach dem Jahrtausendwechsel nur rd. ein Fünftel des Baulandrentals.

Immobilien-Eigentümerstruktur in Europa

Die Bundesrepublik ist ein Mieterland; deutlich weniger als 50% der Bevölkerung besitzt Wohnungseigentum. Im Vereinigten Königreich sind es rd. 62%, in den USA sind es 59% (jeweils 2020). Im Ranking des Immobilieneigentums liegen Länder wie Rumänien, Ungarn, Slowakei, Estland und Bulgarien, alles Länder mit einer realsozialistischen Vergangenheit nach dem Zweiten Weltkrieg, auf vorderen Plätzen in Europa. Ihre stärker ländlich geprägte Bevölkerung dürfte neben der Tolerierung von privatem Immobilieneigentum während der realsozialistischen Zeit die wesentliche Ursache dafür sein.

Abbildung 4.37: Anteil Immobilieneigentümer 2011, in % der Haushalte

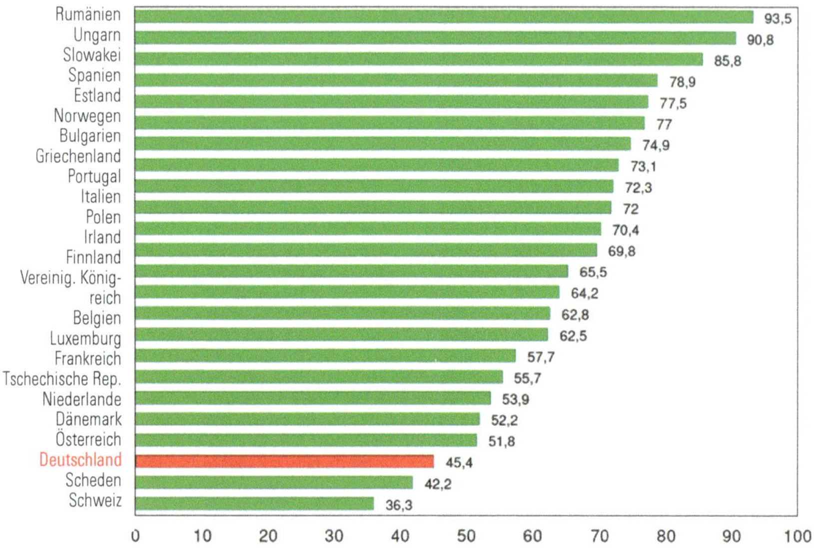

Quelle: Eurostat und statista

- Dass sowohl die aktuelle als auch die vergangene stärker städtisch oder ländlich geprägte Siedlungsstruktur eines Landes der wesentliche Faktor für die gesamtgesellschaftliche Wohungseigentümer-Quote ist, wird durch die Daten der eigentümergenutzten Wohnungen in Stadtregionen verschiedener Länder unterstrichen: abgesehen von Stadtstaaten wie Singapur (Eigentümeranteil rd. 85%) oder Hongkong (Eigentümeranteil rd. 53%), liegen mit Spanien und Italien sowie Norwegen Länder an der Spitze des Rankings, in denen die Verstädterung (noch) geringer ausgeprägt ist.

5. Produktive Basis, Mehrwert, Profitrate und Akkumulation

5.1 Produktive Basis

Das jährlich flüssig gemachte Arbeitsvolumen der produktiven Lohnarbeiter bildet die Basis der Wertschöpfung. Die Anzahl der produktiven Lohnarbeiter hat sich von knapp 9 Mio. auf rd. 12,5 Mio. Personen bis zum Ende der alt-BRD erhöht; aktuell liegt sie im vereinigten Gesamtdeutschland bei rd. 20 Mio. Personen. Gleichzeitig hat sich kontinuierlich eine Reduzierung der durchschnittlich verausgabten Arbeitsstunden pro Lohnarbeiter und Jahr vollzogen, und zwar von 2,2 Tsd. Stunden im I. Zyklus auf zuletzt 1,3 Tsd. Stunden im XI. Zyklus. Die nominelle Größe des produktiven Arbeitsvolumens stieg in den ersten Zyklen von 20,7 Mrd. auf 24,8 Mrd. Stunden und fiel bis zum Ende der alten BRD auf 17,9 Mrd. Stunden im VIII. Zyklus. Ab 1991 verharrt es in den Zyklen IX bis XI zwischen 22,9 und 23,6 Mrd. Stunden im Jahr.

Abbildung 5.1: Produktive Basis – Lohnarbeiter und Arbeitsvolumen

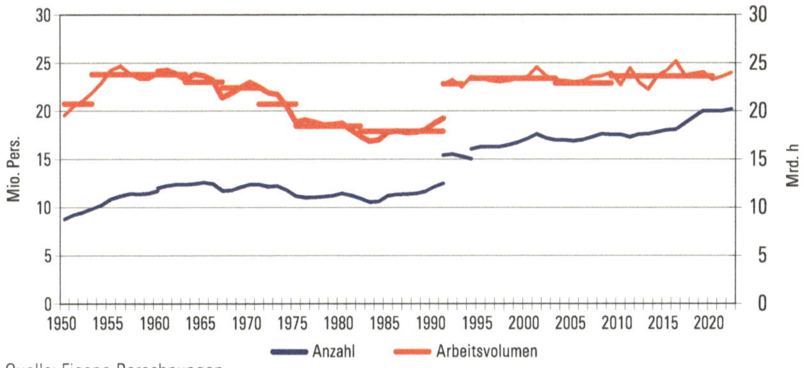

Quelle: Eigene Berechnungen

- Werttheoretisch ist es entscheidend, zwischen abstrakt menschlicher Arbeit und ihren konkret-nützlichen Verausgabungsformen zu unterscheiden. Während die abstrakte Arbeit auch quantitativ die Substanz der Wertschöpfung determiniert, bestimmen ihre konkret-nützlichen Verausgabungsformen mit ihrer Produktivitätsentwicklung den Umfang der Produkte/Leistungseinheiten, die in gegebener Zeit hergestellt werden.
- Das Bruttoinlandsprodukt bzw. der Produktionswert zu konstanten Preisen sollen Indikatoren für die Produktausbeute (Anzahl der Gebrauchswerte) der flüssig gemachten produktiven Arbeit, bewertet in Geldgrößen, sein.

5.2 Gewichtung der Wertschöpfung des produktiven Arbeitsvolumens

In jedem industriellen Zyklus wird die Maßeinheit der abstrakten Arbeit sowohl im Sinne der Intensität ihrer Verausgabung pro Zeiteinheit als auch im Sinne ihrer Qualität neu einjustiert. Was der Arbeiter im langfristig-überzyklischen Zeitablauf als gesteigerte Arbeitsintensität und erhöhte Qualifikation als erhöhte Leistungsanforderung an sein Arbeitsvermögen erfährt, zählt nicht als extensive Größe für die Wertschöpfung, sofern Intensität und Qualität der Arbeit als neue gesamtwirtschaftliche Durchschnittsgrößen verallgemeinert sind. Extensiv für die gesamtwirtschaftliche Wertschöpfung zählen jedoch ein langfristig verändertes Verhältnis von einfacher Durchschnittsarbeit und komplizierten Arbeiten (binnenwirtschaftliche Gewichtung) sowie eine veränderte Stellung der produktiven Nationalarbeit in der internationalen Stufenleiter der Nationalarbeiten auf dem Weltmarkt (außenwirtschaftliche Gewichtung). Bei Letzterer zählt eine im internationalen Vergleich überdurchschnittliche Produktivität der nationalen produktiven Arbeit dauerhaft als extensive, mehr Wert in gegebener Zeit bildende Größe, auch wenn sie binnenwirtschaftlich verallgemeinert ist (Modifikation des Wertgesetzes in seiner internationalen Anwendung).

Abbildung 5.2: Produktives Arbeitsvolumen – Gewichtungen

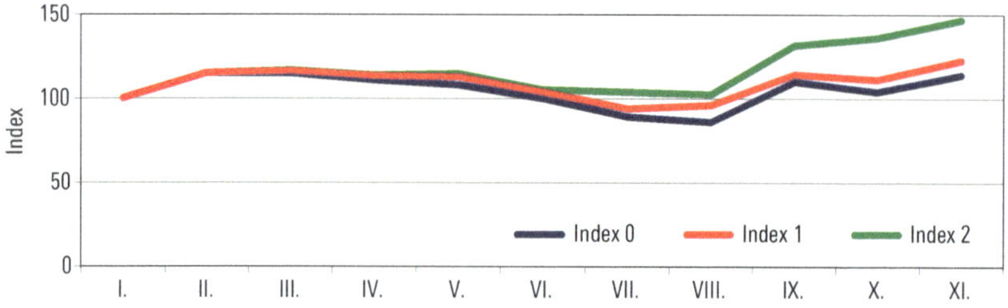

150
100
50
0
Index
Index 0
Index 1
Index 2
I. II. III. IV. V. VI. VII. VIII. IX. X. XI.

Quelle: Eigene Berechnungen

- Die binnenwirtschaftliche Gewichtung der BRD-Nationalarbeit (Index 1) ist durch den steigenden Anteil technischer Angestellter gegenüber produktiven Gewerblichen gegeben, quantitativ bestimmt durch das Entgeltdifferenzial zwischen dem Ecklohnsatz und dem Durchschnittsgehalt eines technischen Angestellten pro Stunde. Sie wirkt seit dem II. Zyklus durchgängig wertschöpfungssteigernd.
- Die außenwirtschaftliche Gewichtung der BRD-Nationalarbeit (Index 2), ermittelt durch den binnenwirtschaftlichen Anteil der Exportproduktion und der Entwicklung des multilateralen Wechselkurses von D-Mark/Euro, nimmt seit Freigabe der Wechselkurse zu und steigert die inländische Wertschöpfung.

5.3 Produktivitätsentwicklung

Die Entwicklung der Arbeitsproduktivität als Produktionsergebnis je Arbeitsstunde im Produzierenden Gewerbe weist im langfristigen Trend zwei unterschiedliche Steigerungsraten bzw. Durchschnittsgeschwindigkeiten auf: Während der Periode der beschleunigten Akkumulation des BRD-Kapitals bis Mitte 1970er-Jahre (I. bis VI. Nachkriegszyklus) ist ihr Trendwachstum deutlich höher als in der nachfolgenden Überakkumulationsperiode. Abgesehen vom Niveauunterschied hat die Vergrößerung des Wirtschaftsraumes durch die Übernahme der DDR-Industrie ab 1991 daran nichts geändert.

Abbildung 5.3: Entwicklung der Arbeitsproduktivität, Index 1950=100 (log. Maßstab)

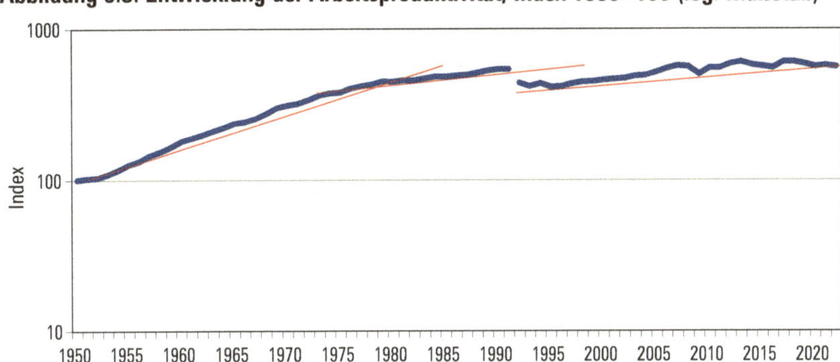

Quelle: Eigene Berechnungen auf Basis von Daten des Statistischen Bundesamtes

- Da die Produktivkraft der Arbeit auf der Seite der konkret-nützlichen Arbeit wirkt, ist das beste Maß für die Arbeitsproduktivität und ihre Entwicklung ein weitestgehend mit stofflichen Größen operierender Produktionsindex (Index der industriellen Nettoproduktion). Allerdings wird mit dem verwendeten Index nur das Produzierende Gewerbe (ohne Baugewerbe) erfasst.
- Anhand des unterschiedlichen Trendwachstums der Arbeitsproduktivität zeigt sich zum einen der gewichtige Einfluss des Wachstums auf die Produktivitätsentwicklung in gesamtwirtschaftlicher Dimension. Darüber hinaus kommen die spezifischen Verwertungsbedingungen der kapitalistischen Überakkumulation zum Tragen, wenn stagnierende Arbeitslöhne den in der Konkurrenz der Einzelkapitale durchgesetzten Zwang zur Ersetzung von lebendiger Arbeit durch Maschinerie lockern, die Produktion von absolutem Mehrwert steigern und damit die Entwicklung der Arbeitsproduktivität bis zu einem gewissen Grad verlangsamen.
- Die Steigerung der gesamtwirtschaftlichen Arbeitsproduktivität wird zudem durch den Strukturwandel – Tertiarisierung der Ökonomie – gebremst.

5.4 Wertprodukt

Die langfristige Entwicklung des Wertprodukts zu Marktpreisen zeigt für die Nachkriegszeit einen ausgeprägt sinkenden Wachstumstrend. Die hohen, wenngleich fallenden zyklendurchschnittlichen Zuwachsraten in der Periode der beschleunigten Akkumulation des BRD-Kapitals bis zur Mitte der 1970er-Jahre (I. bis VI. Zyklus) haben sich in der nachfolgenden Phase der strukturellen Überakkumulation immer weiter vermindert. Im X. Nachkriegszyklus sind sie auf 1,3% p.a. zurückgegangen. Im XI. Zyklus haben sie sich allerdings wieder auf durchschnittlich 2,8% p.a. erhöht, liegen damit aber auch nur auf dem Niveau des IX. Zyklus.

Abbildung 5.4: Wertprodukt, in % gg. Vorjahr

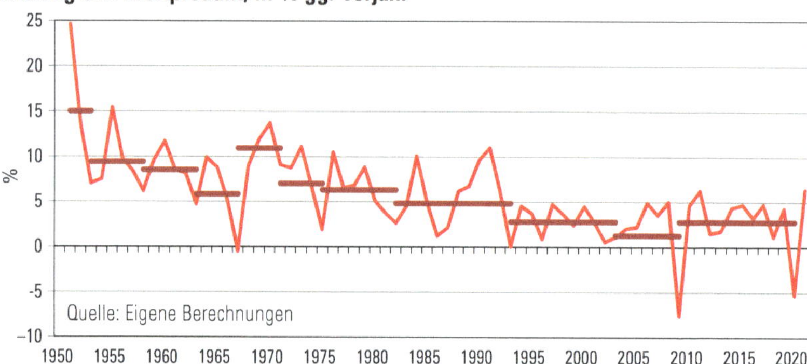

- Die Veränderungsraten des Wertprodukts zu Marktpreisen werden durch inflationäre Preisbewegungen mitbestimmt. Phasen hoher Inflation – zum Teil importinduziert, zum Teil binnenwirtschaftlich verursacht – haben die Wachstumsraten namentlich in den 1970er-Jahren bis zum Anfang der 1980er-Jahre gesteigert; hinzu kommt die Sonderkonjunktur im Zuge des DDR-Anschlusses am Ende des VIII. Nachkriegszyklus.
- Langfristig sinkende Wachstumsraten des Wertprodukts sind zunächst gesetzmäßig wirkende Entwicklungen einer beschleunigten Kapitalakkumulation, die trotz des Zusammenspiels von Wert- und Stoffvermehrung im Produktionsprozess eine abnehmende Fähigkeit besitzen, den immanenten Widerspruch der Mehrwertproduktion überzyklisch durch ein bestimmtes Akkumulationstempo zu überlisten.
- Am Ende einer Periode beschleunigter Akkumulation des gesellschaftlichen Gesamtkapitals steht notwendig der Übergang in eine strukturelle Überakkumulation, in der sich der Widerspruch der Mehrwertproduktion im gleichzeitigen Überfluss von Kapital und lebendiger Arbeitslosigkeit überzyklisch Ausdruck verschafft.

5.5 Mehrwertrate (der aktiven produktiven Lohnarbeiter)

Die Mehrwertrate als innerer Ausdruck der Verwertung des Kapitals bewegt sich auf den ersten Blick atypisch innerhalb der beiden Akkumulationsperioden vor und nach dem Strukturbruch Mitte der 1970er-Jahre. Sie sinkt während der Phase beschleunigter Akkumulation trotz einer höheren Produktivitätssteigerung deutlich um rd. ein Drittel vom I. bis zum VI. Zyklus und steigt unter Überakkumulationsbedingungen ab dem VIII. Zyklus bei einem langfristig geringeren Produktivitätswachstum wieder deutlich an. Die Hauptursache für beide Entwicklungen ist eine über der Mehrwertsteigerung liegende Erhöhung der Arbeitslöhne (bei einer gleichzeitig sukzessiv durchgesetzten Verkürzung der Jahresarbeitszeit) während der Prosperitätsperiode und ein fortwährender Druck auf die Löhne, d.h. forcierte absolute Mehrwertproduktion nach der Konsolidierung einer Massenarbeitslosigkeit. Nach der Weltwirtschaftskrise 2008/09 fällt die Mehrwertrate im XI. Zyklus wieder auf das Niveau der 1980er-Jahre (VIII. Zyklus) zurück, weil ein neuerlicher massiver Anstieg der Arbeitslosigkeit vermieden werden konnte und die Reallöhne mit stabilisierter Beschäftigung und geringen Preissteigerungen die Verteilung relativ zugunsten der Lohnarbeit absicherten.

Abbildung 5.5: Allgemeine Mehrwertrate (aktive produktive Lohnarbeiter)

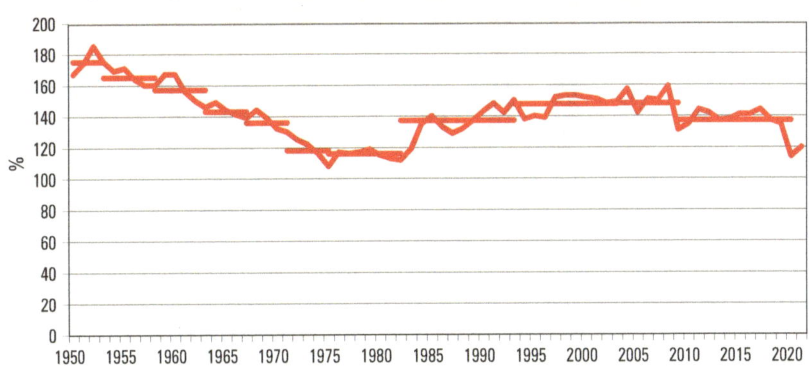

Quelle: Eigene Berechnungen

- Die vorstehend ausgewiesene Mehrwertrate berücksichtigt nur die aktiven produktiven Lohnarbeiter und nicht die Umverteilung zugunsten der ehemals aktiven Produktiven, die Teil der Rentnerbevölkerung sind.
- Dies bedeutet, dass der Umverteilungssaldo für die Produktiven zwar einerseits alle Belastungen durch Sozialbeiträge und Steuern enthält, andererseits aber nur die den aktiven Produktiven zukommenden monetären und Realtransfers.

5.6 Exploitationsgrad der Arbeit

Der Ausbeutungsgrad der produktiven Arbeit zeigt für die durchschnittliche Jahresarbeitszeit der aktiven wertschöpfenden Lohnarbeiter des industriellen Kapitals das Teilungsverhältnis zwischen notwendiger Arbeitszeit, d.h. der für die Reproduktion des Werts ihrer Arbeitskraft aufgewandten Arbeitszeit sowie der Surplusarbeitszeit, die unentgeltlich für das Kapital gearbeitet wird. Die Abnahme der extensiven Größe der Jahresarbeitszeit von durchschnittlich 2.250 Std. p.a. im I. Nachkriegszyklus auf 1.312 Std. im XI. Zyklus geht mit einer Reduzierung der notwendigen Arbeitszeit um 232 Std. (–29,4%) und einer Reduzierung der Mehrarbeitszeit um 681 Std. (–47,4%) einher. Damit hat sich das Teilungsverhältnis des Jahresarbeitstages nur um 7 Prozentpunkte zulasten der Mehrarbeitszeit vom I. auf den XI. Zyklus verschoben.

Abbildung 5.6: Exploitationsgrad der Arbeit

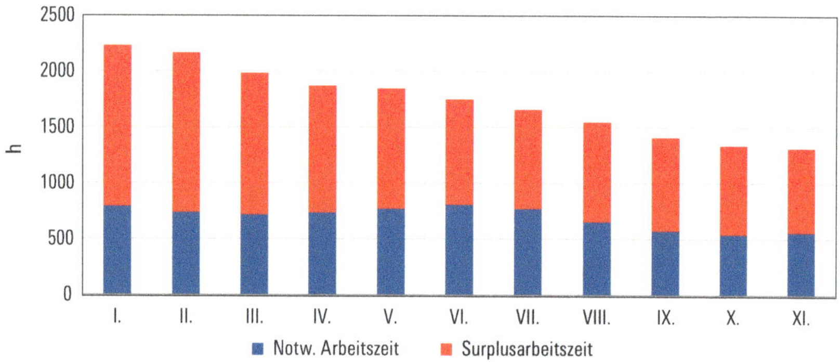

Quelle: Eigene Berechnungen

- Bis einschließlich zum VII. Nachkriegszyklus, d.h. dem ersten Überakkumulationszyklus geht die Verkürzung der Jahresarbeitszeit ausschließlich zulasten der Surplusarbeitszeit; erst danach sinkt auch der Umfang der notwendigen Arbeitszeit und der Exploitationsgrad steigt wieder deutlich an.
- Nicht erfasst in den vorliegenden Daten ist die gleichzeitige Steigerung der Arbeitsintensität, die im Regelfall mit der Produktivitätserhöhung einhergeht und dem Arbeiter trotz der Verringerung der extensiven Größe seiner geleisteten Arbeitszeit eine durchgängige Steigerung seiner Arbeitsleistung abverlangt hat.
- Wenn auch die Steigerung der Arbeitsintensität nach Verallgemeinerung in den Produktionssphären für das Kapital im Inland nicht mehr als extensiver Faktor zählt, wirkt sie belastend für den Arbeiter; die Verkürzung der Arbeitszeit ist daher zunächst eine Kompensation für die gestiegene Arbeitsverdichtung.

5.7 Akkumulationsquote und Akkumulationsrate

Während die Akkumulationsquote die Rückverwandlung von Profit in zusätzliches (fixes) Kapital misst, drückt die Akkumulationsrate das Wachstum des vorgeschossenen (fixen) Kapitals aus. Die Akkumulationsrate des BRD-Gesamtkapitals sinkt kontinuierlich. In der Prosperitätsperiode dokumentiert die sinkende Akkumulationsrate eine graduell nachlassende Dynamik der beschleunigten Kapitalakkumulation, bedingt auch durch das Wachstum des vorgeschossenen Originalkapitals als Bezugsgröße der Nettoinvestitionen als Akkumulationsfonds für fixes Kapital (Basiseffekt). Mit dem Übergang in die Überakkumulation drückt das fortschreitende Sinken der Akkumulationsrate jedoch ein tendenzielles Erlahmen der reproduktiven Kapitalneubildung aus wie der gleichzeitige Rückgang der Akkumulationsquote in den letzten drei Zyklen (IX. bis XI. Zyklus) eindrucksvoll dokumentiert.

Abbildung 5.7: Akkumulationsquote und Akkumulationsrate

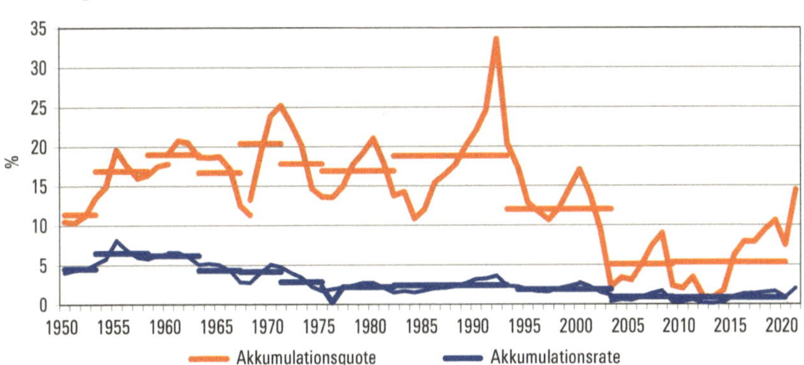

Quelle: Eigene Berechnungen

- Bei der Entwicklung der Akkumulationsquote ist zu berücksichtigen, dass es sich um die Beziehung zweier veränderlicher Größen, Profitmasse und Akkumulationsfonds, handelt, die die höchste Volatilität der ökonomischen Variablen innerhalb der reproduktiven Basis der Volkswirtschaft aufweisen. Spitzenwerte der Akkumulationsquote können daher auch im zyklischen Abschwung vorkommen, wenn die Profitmasse schneller sinkt als die Nettoinvestitionen zurückgehen; dies ist 1970/71, 1980–82 sowie 2019/20 der Fall.
- Die sinkende Akkumulationsdynamik in der Überakkumulationsperiode markiert die Einschnürung der produktiven Basis der Volkswirtschaft durch die überzyklische Geltendmachung des immanenten Widerspruchs der Mehrwertproduktion als letztem Grund dieser Überakkumulation.

5.8 Profitmasse

Ein überzyklisches Wachstum der Profitmasse ist Bedingung einer beschleunigten Kapitalakkumulation. Für die gesamtwirtschaftliche Profitmasse des BRD-Kapitals gelten ausgeprägt sinkende Zuwachsraten in überzyklischer Perspektive bis hin zur zyklendurchschnittlichen Abnahme von –1% im VI. Zyklus. Die Unterbrechungen dieses Trends in einzelnen Zyklen sind jeweiligen Sonderfaktoren geschuldet: im V. Zyklus einer ausgeprägten Exportoffensive des bundesdeutschen Kapitals mit allerdings angestiegenen Inflationsraten; im VIII. Zyklus ergibt die Vergrößerung der Binnennachfrage durch neu hinzukommende 16 Mio. zahlungsfähige Konsumenten infolge des DDR-Anschlusses ein plötzliches Quasi-Konjunkturprogramm für das BRD-Kapital in den Jahren 1990/91. Trotz des durch die Covid-19-Pandemie verstärkten Abschwungs 2019/20 hat sich die Profitmasse im XI. Zyklus gegenüber dem niedrigen Vorzykluswert wieder erholt, ohne allerdings eine Trendumkehr aufzuweisen.

Abbildung 5.8: Entwicklung der Profitmasse, in % gg. Vorjahr

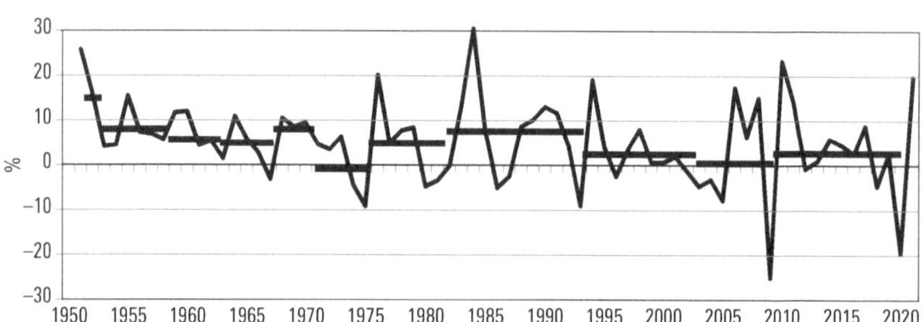

Quelle: Eigene Berechnungen

- Vorliegend wird die Profitmasse des reproduktiven Gesamtkapitals (industrielles und kommerzielles Kapital) abgebildet – nach Berücksichtigung der aus dem Mehrwert zu finanzierenden Zirkulationskosten als Kapitalvorschuss und vor der Aufspaltung in Zins (Vermögenseinkommen) und Unternehmergewinn.
- Die Profitmasse als absolute Größe bestimmt neben ihrer relativen Beziehung zum Kapitalvorschuss als Profitrate die gesamtwirtschaftliche Akkumulationsdynamik: Wenn die Profitrate des gesellschaftlichen Gesamtkapitals längerfristig sinkt, muss diese Verschlechterung der Verwertungsbedingungen durch das Größenwachstum der Profitmasse gesamtwirtschaftlich kompensiert werden. Geschieht dies nicht oder nur in unzureichendem Maße, wird die Kapitalneubildung gehemmt und setzt Brachlegung von Kapazitäten an anderer Stelle voraus.

5.9 Einflussfaktoren der Durchschnittsprofitrate

Entwicklungsverhältnis von allgemeiner Mehrwert- und Profitrate
Der überzyklische Fall der Durchschnittsprofitrate des BRD-Kapitals (vgl. Kapitel 4) wurde in den ersten sechs Nachkriegszyklen durch den Rückgang der Mehrwertrate mitbedingt. Der graduelle Anstieg der Mehrwertrate in den Überakkumulationszyklen VIII, IX und X hat umgekehrt dazu beigetragen, die Durchschnittsprofitrate auf dem Niveau des ersten Überakkumulationszyklus zu halten. Erst der Rückgang der allgemeinen Mehrwertrate im XI. Zyklus (2010–2020) hat dann auch das Profitratenniveau nochmals reduziert.

Abbildung 5.9: Entwicklungsverhältnis von allgemeiner Mehrwert- und Profitrate des BRD-Kapitals, 1950 = 100

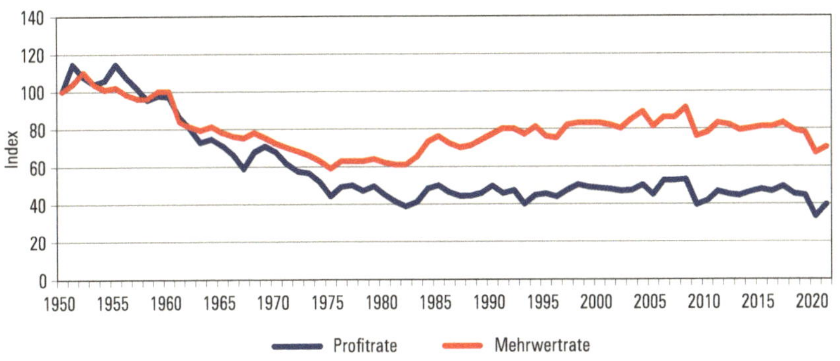

Quelle: Eigene Berechnungen

- Dass die wesentlich durch forcierte absolute Mehrwertproduktion ansteigende Mehrwertrate es nicht vermag, das Niveau der allgemeinen Profitrate zu steigern, dokumentiert die Ausweglosigkeit der naturwüchsigen Umverteilungspolitik von unten nach oben, die durch die neoliberale Wirtschaftspolitik verstärkt wurde. Die Schlussfolgerung lautet: Durch klassische kapitalistisch-immanente Methoden ist die Überakkumulationskonstellation kaum zu überwinden.
- Der Stopp des Reallohnabbaus im XI. Zyklus, der ein neues, niedrigeres Niveau beider kapitalistischen Verwertungsraten etabliert hat, macht zugleich die Grenzen einer auf die Verteilungsverhältnisse begrenzten Politik deutlich. Nur die Umsetzung einer qualitativ neuen Betriebsweise in gesamtgesellschaftlicher Dimension könnte Abhilfe schaffen – allerdings nur bei gleichzeitiger Veränderung auch der Produktionsverhältnisse.

Wertzusammensetzung des Kapitalvorschusses

Die Steigerung der Produktivkräfte der Arbeit hat auf industrieller Grundlage in der Ersetzung der lebendigen Arbeit durch Maschinerie ihren Nukleus und zugleich ihr kausales Prinzip: Die Veränderung des Faktoreinsatzes zwischen Maschinerie und Arbeit bestimmt auch die Preise dieser Faktoren und damit die oberflächlich erscheinende Art des technischen Fortschritts (kapital-, arbeitssparend, mit oder ohne Kapitalmehraufwand). Das allgemeine Gesetz eines langfristigen Anstiegs der organischen Kapitalzusammensetzung CC / [V + M] im Produktionsprozess und der Wertzusammensetzung des produktiven Kapitalvorschusses PC = [Ccfix + Cczirk] / Cv kann allerdings durch Preisentwicklungen bei eingesetzten Produktionsfaktoren, die nicht im nationalen Reproduktionsprozess erzeugt worden sind – Importe namentlich von Elementen des zirkulierenden konstanten Kapitals (Rohstoffe) – oder ein Überwiegen nichtindustrieller, auch politischer Wirkungsfaktoren modifiziert werden.

Abbildung 5.10: Wertzusammensetzung des BRD-Kapitalvorschusses (Cc : Cv)

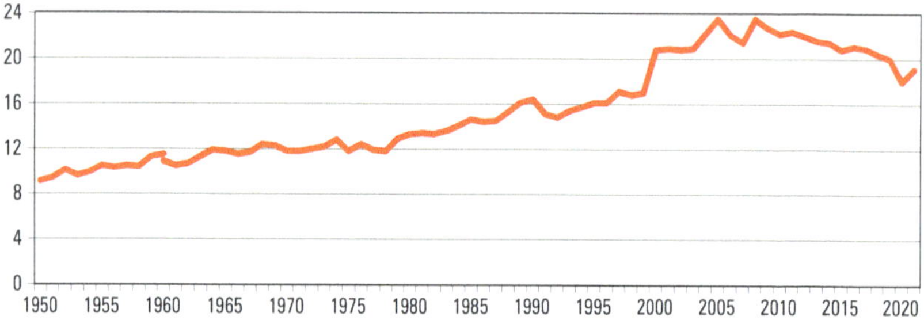

24
20
16
12
8
4
0

1950 1955 1960 1965 1970 1975 1980 1985 1990 1995 2000 2005 2010 2015 2020

Quelle: Eigene Berechnungen

- In den Prosperitätszyklen im I. bis VI. Zyklus war der langfristige Anstieg der Wertzusammensetzung des BRD-Kapitalvorschusses moderat; er wurde durch unterdurchschnittliche Preissteigerungen von agrikulturellen, energetischen (Erdöl) und mineralischen Rohstoffen gebremst.
- Danach entfiel in den Überakkumulationszyklen VII bis IX, diese Bremswirkung der Rohstoffpreisentwicklung. Der Anstieg der Wertzusammensetzung wurde nun stark durch niedrige Löhne befördert.
- Im X. Zyklus (2004–2009) gaben die Preisexplosionen bei importierten Rohstoffen der Wertzusammensetzung des Kapitalvorschusses weiteren Auftrieb.
- Im XI. Zyklus kommen per Saldo wieder sinkende Rohstoffpreise und Preisrückgänge auch bei anderen Elementen des konstanten Kapitals (importierten sonstigen Vorprodukten) einerseits sowie wieder stärker steigende Löhne andererseits zusammen: die Wertzusammensetzung geht zurück.

Kapitalumschlag

Der Gesamtumschlag des vorgeschossenen Kapitals als Durchschnittsumschlag seiner verschiedenen Bestandteile zeigt die Anzahl der Rückflüsse (returns) pro Zeiteinheit (Jahr) und damit die multiplikative Wirkung des Kapitalvorschusses. Als direkte Einflussgröße für die Profitrate wirkt nur der Umschlag des zirkulierenden Kapitals, weil er die Anzahl der Reproduktionsperioden für die Produktion des Jahresmehrwerts mitbestimmt. Die Anzahl dieser Umschlagsperioden des zirkulierenden Kapitals weist mehr als eine Verdoppelung bis zum Höhepunkt im IX. Zyklus auf. Hiervon geht eine steigernde Wirkung für die Durchschnittsprofitrate des BRD-Kapitals bzw. eine ihre sinkende Tendenz abschwächende Wirkung aus. Der Gesamtumschlag des vorgeschossenen Kapitals bleibt demgegenüber in etwa konstant; dies bedeutet, dass die Beschleunigung des zirkulierenden Kapitalumschlages das anteilige Wachstum des fixen Kapitalanteils mit seinen längeren Umschlagszeiten in etwa kompensiert.

Abbildung 5.11: Kapitalumschlag

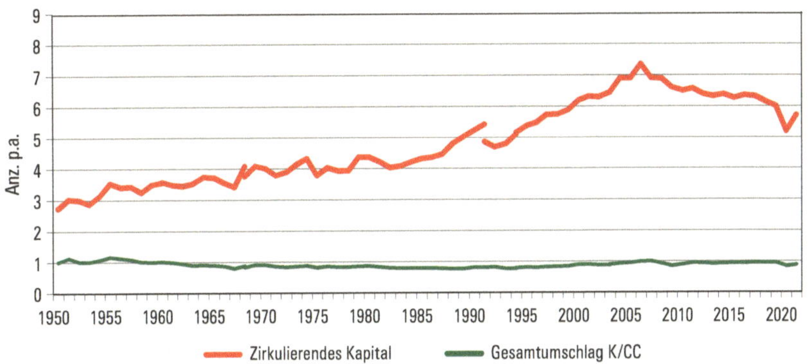

Quelle: Eigene Berechnungen

- Die Erhöhung der jährlichen Umschlagszahl des zirkulierenden Kapitals seit dem VIII. Nachkriegszyklus offenbart die Verringerung der gesamtwirtschaftlichen Vorräte im Verhältnis zum Umsatz bzw. zum Kostpreis. Neue Logistik-Konzepte und die bessere Vernetzung und Steuerung der Zulieferer-Abnehmer-Beziehungen erlauben eine Reduzierung der Kapitalbindung im Vorprodukten- und Warenlager. Dadurch wird die produktive Potenz gegebener Kapitalsummen gesteigert.
- Dagegen hebt sich die Entwicklung seit 2007 ab: Zunächst ist es unfreiwillige Lagerbildung während der Weltwirtschaftskrise, sodann zeigen sich aber auch Grenzen der just-in-time-Logistik bei globalisierten Lieferketten.

Zirkulationskosten

Die sachlichen und persönlichen Zirkulationskosten sind als »faux frais«, wenngleich notwendige Aufwendungen innerhalb der (kapitalistischen) Marktwirtschaft, ein bedeutender Posten in einer entwickelten Ökonomie mit Käufermärkten. Da sie ex definitione keine Vermehrung der Gebrauchswerte bewirken, daher auch keine Wertschöpfung beinhalten können, sind sie aus vorhandenen Wertbestandteilen, d.h. der Mehrwertmasse zu tragen. Die Belastung des Mehrwerts durch Zirkulationskosten verdoppelt sich bis zum VII. Zyklus und verharrt seitdem anteilig etwa auf dem erreichten Niveau von rd. 60% – bei kurzfristigen Schwankungen infolge der zyklischen Bewegung der Bezugsgröße. Damit gelingt bis zur Gegenwart eine bedeutsame Ökonomisierung unproduktiver Arbeiten mit Entlastungseffekten für Profitmasse und Profitrate.

Abbildung 5.12: Zirkulationskosten, Anteil am Mehrwert in %

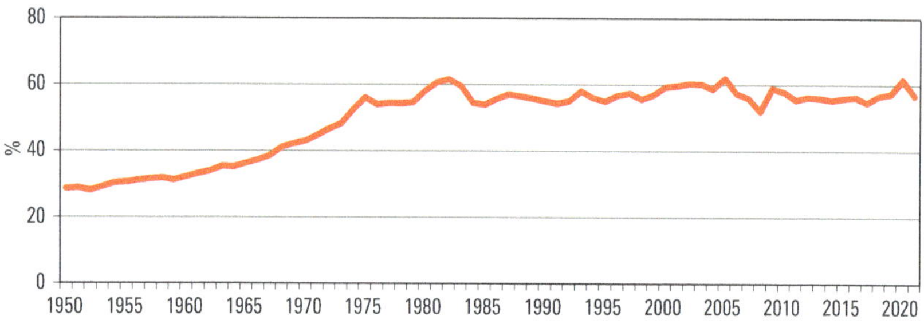

Quelle: Eigene Berechnungen

- Neben erhöhten Marktbearbeitungskosten durch Werbung und andere Marketing-Maßnahmen ist die absolute Erhöhung der Zirkulationskosten neben den zunehmenden Warenmengen auch steigenden Transaktionsaufwendungen infolge erhöhter Regulierungsanforderungen sowie durch die Vermehrung der Marktprozesse infolge der Neugruppierung der Einzelkapitale (Outsourcing, Mergers & Acquisitions etc.) geschuldet.
- Die Begrenzung des Anstiegs der Zirkulationskostenquote seit Anfang der 1980er-Jahre beruht auf einer bis dato nicht möglichen Rationalisierung kommerzieller Tätigkeiten durch den Einsatz der elektronischen Datenverarbeitung (Computer) im großen Stil, mit dem quasi-industrielle Prinzipien der Effektivitätssteigerung auch in den Büros Einzug gehalten und die kommerzielle Arbeit als ursprünglich komplizierte Arbeit in weiten Bereichen auf einfache Arbeit reduziert haben.

6. Zins, Kredit und fiktives Kapital

6.1 Kredite und Zins beim reproduktiven Kapital

Kurzfristige Kredite

Kurzfristige Kredite zwischen Unternehmen und von Banken an Unternehmen sind, wenn es sich nicht um später umzufinanzierende Investitionsvorhaben handelt, in der Regel Betriebsmittelkredite für das laufende Geschäft.

Abbildung 6.1: Kurzfristige Kredite, jährliche Veränderungen

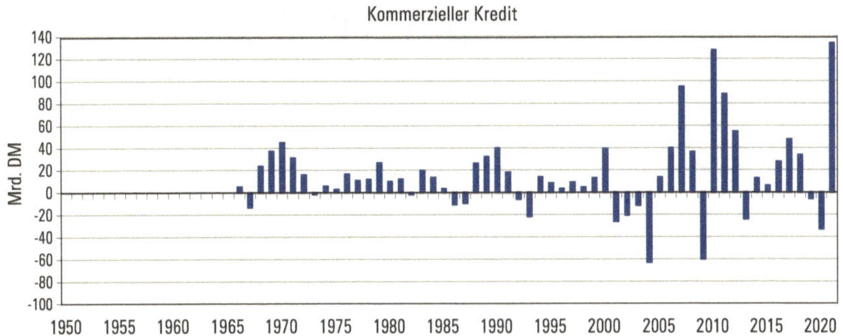

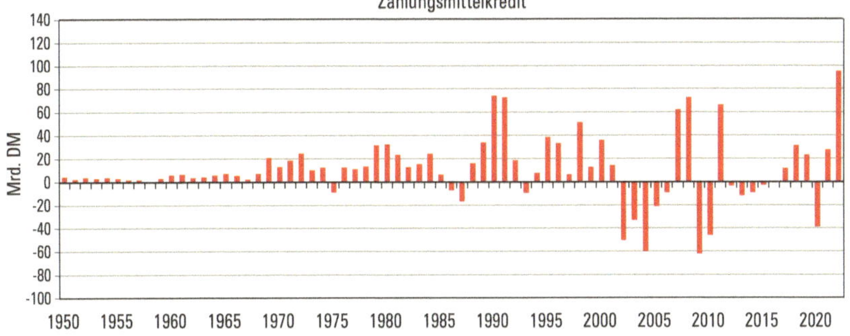

Quelle: Deutsche Bundesbank und eigene Berechnungen

- Der Umfang der kommerziellen Kredite drückt die Zahlungsziele innerhalb der Beziehungen zwischen den Unternehmen aus und bewegt sich prozyklisch.
- Der Zahlungsmittelkredit in Geldform soll die Liquiditätsanspannung namentlich im zyklischen Abschwung mildern. Dies hat vielfach nicht funktioniert, denn der Zahlungsmittelkredit bewegte sich oftmals prozyklisch.

Geldkredite an reproduktives Kapital

Neben dem bankvermittelten Zahlungsmittelkredit umfassen die Geldkredite an reproduktive Unternehmen den i.d.R. längerfristigen Investitionskredit, der neben Bankkrediten seit den 2000er-Jahren auch eine Zunahme der Begebung von Anleihen umfasst.

Abbildung 6.2: Geldkredite an reproduktives Kapital, jährliche Veränderungen

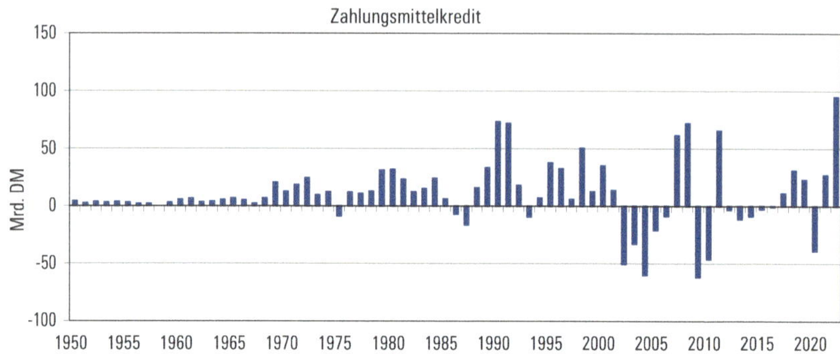

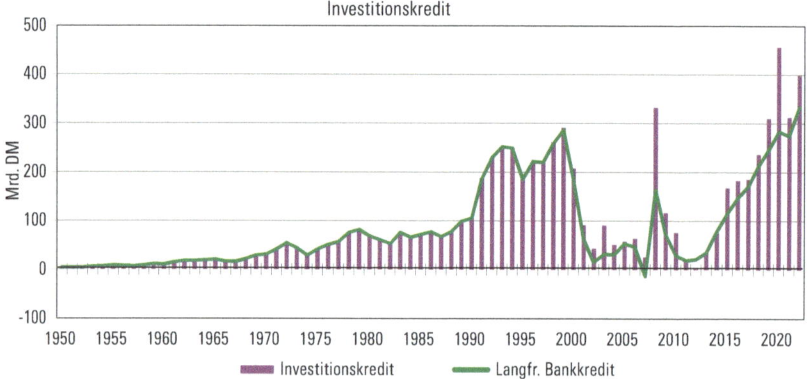

Quelle: Deutsche Bundesbank und eigene Berechnungen

- Die grundsätzlich prozyklische Bewegung des Investitionskredits trifft seit der Jahrtausendwende auf eine gestiegene Eigenfinanzierung der Unternehmen. Sonderentwicklungen sind der DDR-Anschlussboom sowie die Dotcom-Blase im IX. Zyklus.
- Schwachen Zunahmen in der ersten Hälfte des XI. Zyklus folgt in dessen zweiter Phase (ab 2016) nochmals ein deutlicher Anstieg mit verstärkten Anleiheemissionen in einzelnen Jahren.

Verwendungsformen des Profits (nach Kostensteuern)

Die Verwendung des Profits nach Kostensteuern für die Dotierung des Akkumulationsfonds sowie Zinszahlungen für Fremdkapital zeigen für die Überakkumulationsperiode seit Mitte der 1970er-Jahre im VII. bis X. Zyklus eine höhere Belastung durch Zinsen als für die externe Mittelbereitstellung für Erweiterung/Erneuerung des fixen Kapitals. Dies bedeutet: Je krisenhafter die reproduktive Kapitalakkumulation verläuft, desto weniger wird in den einzelnen Zyklen investiert bei einem trotz sinkender Zinssätze seit dem VIII. Zyklus fortbestehenden Anspruch des Kapitaleigentums. Erst im XI. Zyklus kehrt sich das Bild wieder um: Jetzt sind es aber weniger steigende Investitionen, sondern eine im Zuge der Niedrigstzinsen massiv zurückgehende Zinsbelastung, die die Zinsquote auf ein historisch niedriges Niveau drückt.

Abbildung 6.3: Profitverwendung

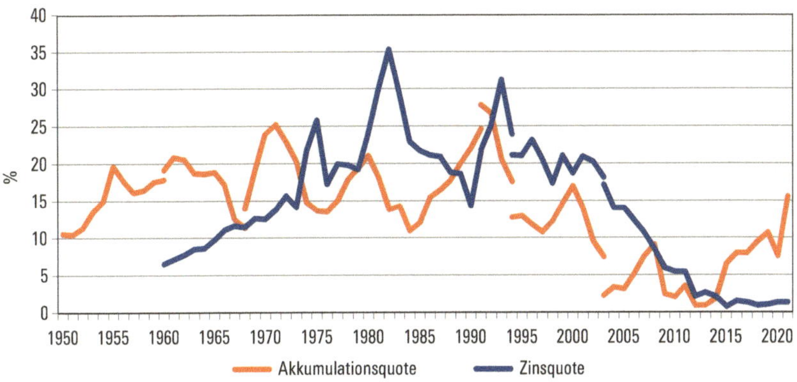

Quelle: Eigene Berechnungen auf Basis der VGR

- Die um Kostensteuern (d.s. indirekte Steuern) verminderte Profitmasse ist die Basis der Zahlung von Zinsen und Pachten für die Nutzung von geliehenem Kapital. Es werden nur tatsächlich gezahlte Zinsen ausgewiesen, keine kalkulatorischen Größen, und zwar als Saldo von empfangenen und geleisteten Zinsen und Pachten.
- Die sich in letzter Instanz aus den Wertstrukturen des unmittelbaren Produktionsprozesses her ergebenden Schranken einer beschleunigten Kapitalakkumulation werden enger gezogen durch die Verwertungsansprüche des Kapitaleigentums, weil sie die für produktive Zwecke disponible Profitmasse reduzieren.
- Eine Disproportion zwischen Akkumulations- und Zinsquote ist ein deutlicher Ausdruck für Fehlallokationen von Kapital in gesamtwirtschaftlicher Dimension zugunsten unproduktiver und zulasten produktiver Verwendungen.

Profitrate und Kapitalzinsfuß als alternative Ertragsrate

Die Profitrate (nach Kostensteuern und vor Ertragssteuern) steht dem langfristigen Zinsfuß als alternative Ertragsrate gegenüber; erstere muss im einzelwirtschaftlichen Kalkül in der Regel eine positive Risikoprämie gegenüber dem sicheren Zinsertrag gewährleisten. Mit dem Übergang in die Überakkumulation zur Mitte der 1970er-Jahre liegen Profitrate und Kapitalzinsfuß zunächst auf gleicher Höhe und geraten nur kurzfristig-zyklisch auseinander. Seit den 1990er-Jahren schafft der gesunkene Zinssatz wieder mehr Raum für die reproduktive Kapitalakkumulation. Dies reicht jedoch nicht für eine durchgreifende Belebung der Investitionstätigkeit, da in der Binnenwirtschaft die anderen Variablen, insbesondere die effektive Nachfrage, schwach bleiben; dies gilt auch noch für die Niedrigstzinssätze im XI. Zyklus.

Abbildung 6.4: Profitrate (nach Kostensteuern), Rendite und Kapitalzins

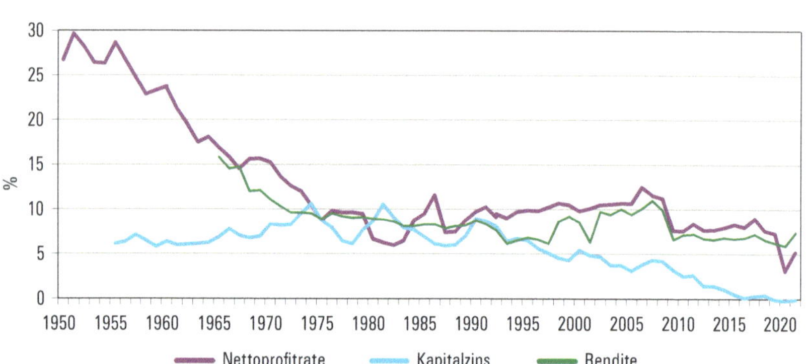

Quelle: Statistisches Bundesamt, VGR; Deutsche Bundesbank und eigene Berechnungen

- Im VI. und VII. Zyklus öffnete sich auf gesamtwirtschaftlicher Ebene nur in den Aufschwungsphasen ein Zwischenraum für eine Risikoprämie oder einen Unternehmergewinn, der jedoch in den Abschwungphasen 1974/75 und 1980–82 gänzlich beseitigt wird.
- Die Rendite als Jahresüberschuss (vor Steuern) im Verhältnis zur Bilanzsumme ist die aus den Jahresabschlüssen ermittelbare Basis für investitionsrelevante Erwartungswerte: Grenzleistungsfähigkeit des Kapitals. Sie verläuft im Großen und Ganzen sowohl vom Niveau als auch von ihren zyklischen Bewegungen wie die ausgewiesene Nettoprofitrate.
- Die Niedrigstzinsen im XI. Zyklus haben entgegen der wirtschaftspolitischen Hoffnung keineswegs die reproduktiven Investitionen entfesselt, sondern umgekehrt neue Blasenbildungen an den Finanzmärkten erzeugt.

Unternehmergewinn

Die »Netto-Netto-Verwertung« des reproduktiven Kapitals nach Kostensteuern und Zinsen als Rate des Unternehmergewinns weist nach dem zyklischen Tiefpunkt des VII. Zyklus (1980–82) wieder eine Steigerung durch graduell gestiegene Gewinne und vor allem eine verminderte Zinsbelastung auf. Im X. und XI. Zyklus werden vor den Kriseneinbrüchen in den Jahren 2006–2008 und 2017/18 sogar relative Spitzenwerte erreicht, die sich zuletzt Ende der 1960er-/ Anfang der 1970er-Jahre, also in der Hochzeit der beschleunigten BRD-Kapitalakkumulation, ergeben hatten – allerdings müssen sie als bloße Intermezzi gewertet werden, die (noch) keine Revitalisierung der reproduktiven Kapitalakkumulation erzeugt haben.

Abbildung 6.5: Unternehmergewinnrate

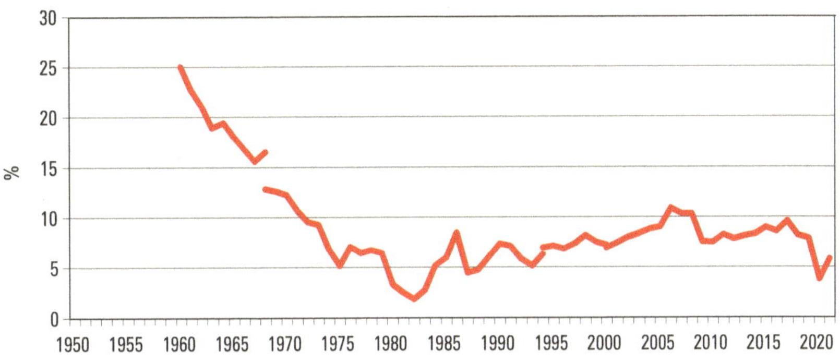

Quelle: Statistisches Bundesamt, VGR und eigene Berechnungen

- Nur auf den ersten Blick scheint die Entwicklung der Unternehmergewinnrate seit 1982 die Einschätzung nahe zu legen, dass die neoliberale Wirtschaftspolitik der Verbesserung der Angebotsbedingungen durch restriktive Geldpolitik, Re-Kommodifizierung der Arbeitskraft und steuerliche Entlastung der Unternehmen eine Entwicklung hervorgebracht hat, die mit der Verbesserung der Verwertungsbedingungen den Weg zu einer besseren Zukunft gewiesen hat.
- Dieser Politik standen jedoch Deflationsgefahren und verstärkte Nachfragedefizite im Inland entgegen, die sich trotz Niedrigstzinsen im XI. Zyklus deutlich in der schwachen Investitionsentwicklung ausdrücken. Die tiefe, durch die Auswirkungen der Covid-19-Pandemie verschärfte Krise am Ende des XI. Zyklus hat die vorangegangene Entwicklung weitgehend als Scheinblüte der Ökonomie entlarvt und das Scheitern dieser Politik manifestiert.
- Durch diese Entwicklung hat sich ein begonnener Paradigmenwechsel der Wirtschaftspolitik zugunsten wieder stärkerer Staatsinvestitionen vollzogen.

6.2 Fiktives Kapital

Reproduktives Kapital und Geldvermögen

Das gesamtwirtschaftliche Geldvermögen (Kurswert) verhundertfacht sich von 1960 bis 2021, während sich der reproduktive Gesamtkapitalvorschuss im selben Zeitraum nur knapp verdreißigfacht. In denselben gut 60 Jahren steigt die gesamtwirtschaftliche Wertschöpfung um rd. das 19-Fache. Der massive Anstieg des Geldvermögens erfolgt, nachdem die reproduktive Akkumulation des Kapitals im Überakkumulationsmodus verlangsamt verläuft und erhält ab der zweiten Hälfte der 1980er-Jahre mit dem im internationalen Vergleich späten »Erwachen« der Wertpapierbörsen in der Bundesrepublik einen besonderen Sporn. Erst seit dieser Zeit tritt die Entwicklung der reproduktiven Variablen (Kapitalvorschuss und Wertprodukt) und des Geldvermögens auch immer mehr auseinander. Damit werden die Rückwirkungen des zinstragenden Kapitals auf die reproduktive Entwicklung durch eigenständige, insbesondere volatile Kursbewegungen und Bewertungen stärker sowie in Form der Zinsansprüche gewichtiger und damit restriktiver für die Wertschöpfung.

Abbildung 6.6: Geldvermögen, reproduktiver Kapitalvorschuss und Wertprodukt, Index 1960 = 100 (log. Maßstab)

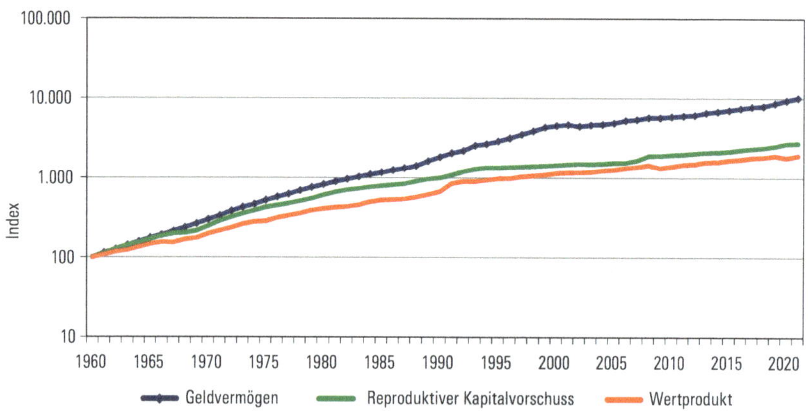

Quelle: VGR, Deutsche Bundesbank und eigene Berechnungen

- Das Geldvermögen umfasst neben Geld und Geldkapital zum größten Teil fiktives Kapital: dies sind verschiedenste Anlageformen des Geldkapitals, die verbrieft sind und mit eigenem Preisausdruck (Kurs) während ihrer Laufzeit am Sekundärmarkt ge- und verkauft werden können. Es ist fiktives Kapital, weil es Verdoppelungen bzw. Vervielfachungen der zugrundeliegenden wirklichen Wertsummen darstellt.

Fiktives Kapital I: Renditen und Kurse festverzinslicher Wertpapiere (Bonds)
Fiktives Kapital 1. Ordnung besteht aus festverzinslichen Wertpapieren, die eine Kreditaufnahme durch Anleihebegebung seitens des Emittenten darstellen oder aus variabel verzinslichen Dividendenpapieren (Aktien), die Eigenkapital darstellen und diesbezügliche Rechte einräumen. Bei beiden Formen handelt es um eine Verdoppelung der reproduktiv fungierenden Wertsumme durch das Wertpapier, das einen eigenständigen Preisausdruck (Kurs) erhält und auf dem Sekundärmarkt der Börse ge- und verkauft werden kann. Der Kurs festverzinslicher Anleihen verhält sich invers zu den Zinsen, die sie dem Zeichner/Inhaber verschaffen. Der REX-Kursindex aller börsennotierten, in der BRD emittierten festverzinslichen Anleihen hat sich sowohl zyklisch als auch langfristig-überzyklisch unmittelbar gegenläufig zum Kapitalmarktzins, der als Kapitalisierungsfaktor des jeweiligen Zinserträgnisses fungiert, entwickelt.

Abbildung 6.7: REX-Kursindex, Jahresschlusskurse und Umlaufsrendite

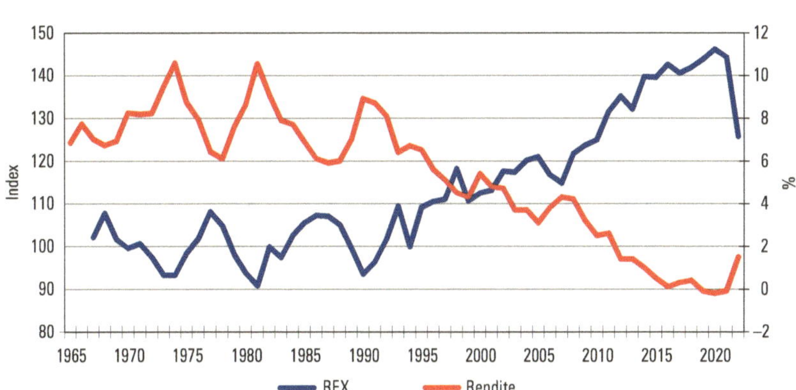

Quelle: Deutsche Bundesbank

- Im langfristigen Zinssenkungsprozess seit dem letzten zyklischen Zinshöhepunkt im VIII. Zyklus 1990–92 hat der Kursindex bis 2020 um 56% zugelegt. Der Anstieg verlief dabei kontinuierlich, nur durch zyklische Oszillationen bei jeweiligen Zinsspitzen am Kapitalmarkt 2000 und 2007/08 kurzzeitig unterbrochen.
- Das ab 2016 am Kapitalmarkt im Gefolge der ultralockeren Geldpolitik der EZB durchgesetzte Niedrigzinsniveau, das sich im XI. Zyklus in den Jahren 2019–2020 sowie 2021 sogar ins Negative mit jahresdurchschnittlichen Renditen von –0,1 und –0,2% verkehrte, hat 2020 das Kursmaximum erbracht.
- Der Umschwung der Zinsentwicklung (ab) 2022 führte zu einem Kursrutsch von 18,5 Punkten des REX-Indexes.

Fiktives Kapital II: Aktien

a) Deutscher Aktienkursindex (DAX) und Kurs-Gewinn-Verhältnis

Die deutsche Aktienbörse hat bis zur ersten Hälfte der 1980er-Jahre keine überragende gesamtwirtschaftliche Bedeutung besessen. Erst mit zunehmender »Finanzialisierung« reproduktiver wirtschaftlicher Transaktionen hat sich dies geändert und die Kurse der Aktienunternehmen ansteigen lassen. Naturgemäß bewegen sich die Kurse des (fiktiven) Aktienkapitals als Kapitalisierung der Gewinn- bzw. Dividendenerwartungen des unterliegenden reproduktiven Kapitals zyklisch. Der Kapitalisierungszins der variablen, durch die Aktie begründeten Erträgnisse ist der zweite fundamentale Einflussfaktor für die Kursentwicklung. Das Kurs-Gewinn-Verhältnis als Multiplikationsfaktor des tatsächlich erzielten Gewinns zu den stark erwartungsbestimmten Aktienkursen ist ein wesentlicher Indikator für Stärke und Umfang der Spekulation an der Aktienbörse.

Abbildung 6.8: Aktienkursindex (1980=100) und Kurs-Gewinn-Verhältnis (KGV)

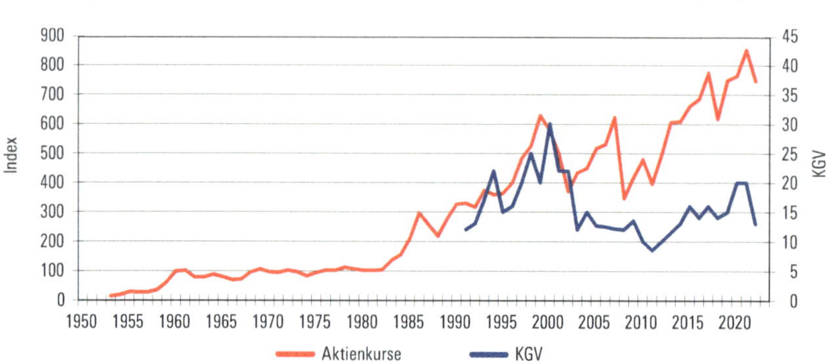

Quelle: Deutsche Bundesbank, boerse.de

- Das Kursniveau der im Leitindex DAX erfassten sog. »Blue Chips« hat sich seit Beginn der Kurssteigerung in der ersten Hälfte der 1980er-Jahre bis zum jahresdurchschnittlichen Allzeit-Hoch 2021 unter zyklischen Schwankungen etwas mehr als verachtfacht. Dabei war seit Beginn der 1990er-Jahre das sinkende Zinsniveau ein durchgängiger Treiber.
- Das jahresdurchschnittliche Kurs-Gewinn-Verhältnis aller im DAX zusammengefassten Aktien hat bis zur Jahrtausendwende im Zuge der sog. Dotcom-Blase ein Allzeit-Hoch für die BRD-Nachkriegsentwicklung gehabt. Danach ist diese Kennzahl wieder gesunken, d.h. abgesehen vom Ende des XI. Zyklus war der spekulative Einfluss für die Aktienkurse neben den Fundamentalfaktoren relativ begrenzt.

b) Europäische und US-Aktienindizes

Der Vergleich europäischer und US-amerikanischer Aktienkursindizes (vorliegend ab 1994) zeigt bis zum Ende des X. Zyklus, der mit der Finanzmarkt- und Weltwirtschaftskrise 2007–09 abgeschlossen wurde, einen ziemlichen Gleichklang, der sowohl die zeitliche Zyklusperiodisierung als auch die Amplitude der Aktienkursbewegungen umfasst. Erst im XI. Zyklus entwickeln sich beide Kurven auseinander. Der DJ Euro STOXX verzeichnet wie auch der deutsche DAX vom zyklischen Tiefpunkt im ersten Halbjahr 2009 bis zum Ende des Jahres 2021 in etwa eine Verdreifachung, während der amerikanische Standard & Poor's 500 im selben Zeitraum mehr als eine Versechsfachung erfährt. Die unterschiedlichen Verläufe der Gesamtökonomien in den USA und der Euro-Zone werden in diesen Kursentwicklungen beide Male überhöht, in den USA deutlich stärker.

Abbildung 6.9: Europäische und US-Aktienindizes, 1994/I = 100

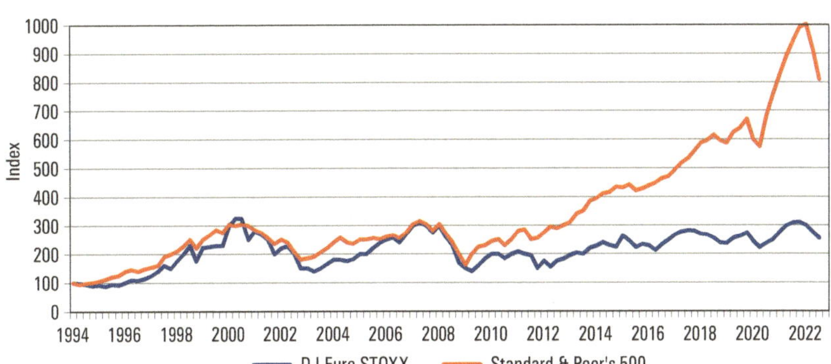

Quelle: Europäische Zentralbank

- Die Euro-Zone hatte im Anschluss an die Große Krise 2007–09 mit der Euro-Krise zu kämpfen, die über die ökonomischen Verflechtungen nicht nur die südeuropäischen Krisenstaaten sowie Irland traf, sondern auch deren europäische Außenwirtschaftspartner, wenn auch in unterschiedlichem Ausmaß.
- Zu den unmittelbaren Konsequenzen der Euro-Krise bei Leistungsbilanzen und Staatshaushalten kam die von der BRD-Regierung durchgesetzte Austeritätspolitik hinzu, die die Wachstumspotenziale in der Euro-Zone beschränkte. Demgegenüber verfolgte die US-Wirtschaftspolitik einen expansiveren Kurs.
- Der steile Anstieg der US-Aktienkurse von Anfang 2019 bis Anfang 2022, d.h. im Abschwung des XI. Zyklus, der durch die Covid-19-Pandemie gerade auch in den USA wegen der von der Trump-Administration praktizierten Politik verschärft wurde, ist zum größten Teil jedoch nicht durch Fundamentalverhältnisse bestimmt.

Börsenumsätze

Die deutschen Wertpapierbörsen spielen erst ab Mitte der 1980er-Jahre eine nennenswerte Rolle. Vorher war die Bundesrepublik eine Börsendiaspora gewesen, in der lediglich festverzinsliche Wertpapiere (Schuldverschreibungen verschiedener Emittenten) eine größere Rolle gespielt haben. Aktien von Unternehmen wurden zudem überdies von ihren Inhabern überwiegend langfristig gehalten. Am Emissions- oder Primärmarkt dominieren bis heute die Rentenwerte sowie die ausgegebenen Anteile an verschiedenen Investmentfonds. Erst mit der strukturellen Überakkumulation und noch mehr mit dem Finanzmarktkapitalismus stiegen mit den Aktienkursen auch die Umsätze an den Sekundärmärkten für Aktien und Anleihen; diese befeuerten rückwirkend wiederum namentlich die Aktienkursentwicklung.

Abbildung 6.10: Wertpapier-Absatz an deutschen Börsen (Primärmarkt)

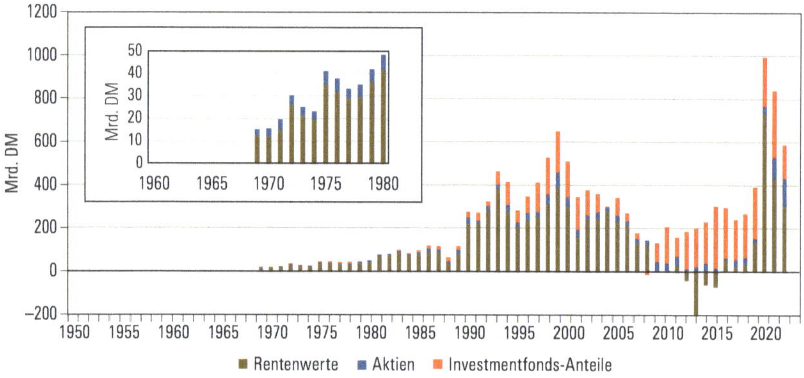

Mrd. DM

■ Rentenwerte ■ Aktien ■ Investmentfonds-Anteile

Quelle: Deutsche Bundesbank

- Die negativen Werte beim Absatz festverzinslicher Papiere in der ersten Hälfte der 2010er-Jahre ergeben sich aus Tilgungen von Bankschuldverschreibungen während der Euro-Krise, die die Neuemissionen überwiegen.
- Die Spitzenwerte der Neuemissionen von Schuldverschreibungen zu Beginn der 2020er-Jahre folgten verstärkter Kreditaufnahme der öffentlichen Hand im Zuge der Covid-19-Stützungsmaßnahmen sowie der Auflage von Sondervermögen.
- Investment-Zertifikate stellen ein fiktives Kapital 2. Ordnung dar, da ihre Portfolios neben Anteilen an Immobilienfonds die umlaufenden Rentenwerte und Aktien enthalten, über die wiederum Anteile ausgegeben werden.
- Nicht erfasst sind vorliegend die Derivate (fiktives Kapital 3. Ordnung), die wiederum die fiktiven Kapitale 1. und 2. Ordnung zu ihrer Grundlage haben.

7. Öffentliche Haushalte und politische Umverteilung

7.1 Gesellschaftliche Assekuranzfonds (Sozialversicherungen)

Sozialbeiträge und Sozialleistungen

Die Assekuranzfonds der verschiedenen Sozialversicherungsträger sichern Reproduktionsrisiken der Arbeitskraftbesitzer ab, vermitteln Umverteilungsprozesse innerhalb der arbeitenden Klassen bzw. zwischen abhängig Beschäftigten und nicht bzw. nicht mehr Beschäftigten und wirken unter konjunkturzyklischen Aspekten nachfragestabilisierend. Sie sind der wesentliche Kern des bundesdeutschen Sozialstaats und haben in den rd. 7 vorliegend erfassten Jahrzehnten ihr Gesamtvolumen von 4,5 Mrd. DM in 1950 auf 1,57 Bill. DM bzw. gut 800 Mrd. € in 2022 gesteigert.

Abbildung 7.1: Sozialbeiträge und Transfers der Sozialversicherung (SV), in % gg. Vorjahr

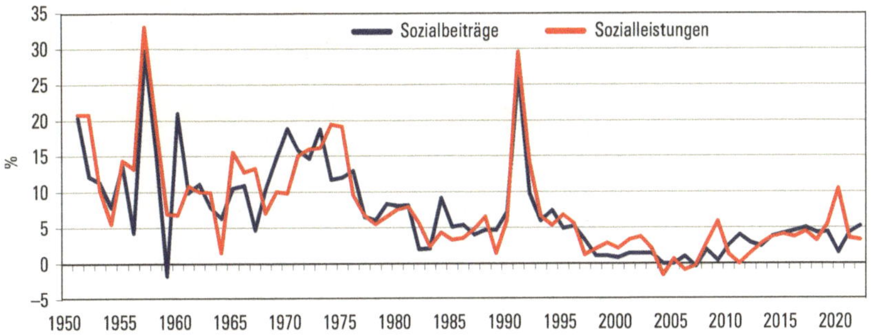

Quelle: Statistisches Bundesamt, Volkswirtschaftliche Gesamtrechnungen

- Nachdem erste Formen der Kranken-, Unfall- sowie Invaliditäts- und Altersversicherung bereits in den 1880er-Jahren und eine Arbeitslosenversicherung in den 1920er-Jahren installiert worden waren, stellten die Rentenreform mit Einführung der dynamischen Rente 1957, in den 1970er-Jahren vielfältige Erweiterungen bestehender Strukturen und 1995 die Etablierung der Pflegeversicherung markante Ereignisse des institutionellen Ausbaus des bundesdeutschen Sozialstaats dar. Die Vergrößerung der Bevölkerung durch die Übernahme der Ex-DDR hat den quantitativen Umfang der Sozialversicherung ab 1991 nochmals erheblich gesteigert.
- Trotz vielerlei Maßnahmen des Sozialabbaus seit der verfestigten Überakkumulationssituation sind bedeutende Fundamente des Sozialstaats in der BRD bislang erhalten geblieben.

Leistungen der Sozialversicherungen

Die deutsche Sozialversicherung besteht aus der Gesetzlichen Rentenversicherung (GRV), der Gesetzlichen Krankenversicherung (GKV), der Gesetzlichen Unfallversicherung (UV), der Arbeitslosenversicherung (ALV) und der Gesetzlichen Pflegeversicherung (PfV). Die GRV ist mit einem Anteil von aktuell 47,5% an den gesamten Sozialleistungen der größte Versicherungszweig; es folgt die GKV mit einem Anteil von 40%. Demgegenüber sind die anderen Versicherungszweige deutlich kleiner.

Abbildung 7.2: Sozialleistungen der verschiedenen Sozialversicherungsträger, in DM

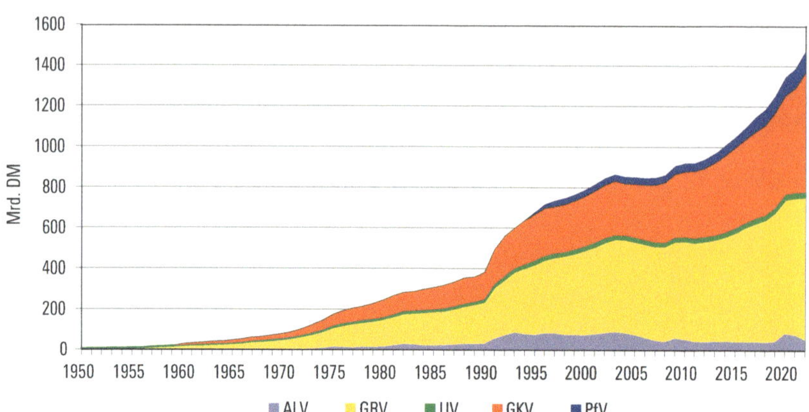

Quellen: Statistisches Bundesamt, Volkswirtschaftliche Gesamtrechnungen [beide Abbildungen]

- Die Klassenbasis besteht bei Renten-, Unfall- und Arbeitslosenversicherung fast ausschließlich in der aktuellen bzw. ehemaligen lohnabhängigen Bevölkerung, bei der Kranken- und Pflegeversicherung ist es die gesamte Bevölkerung; unberührt davon sind die privaten Krankenversicherungen.
- Die Sozialversicherungen beruhen auf dem Umlageprinzip: Die aktuell (lohnabhängig) Beschäftigten zahlen mit ihren Beiträgen die Transfers für die zeitweilig wegen Krankheit oder Arbeitslosigkeit Unbeschäftigten bzw. für die aus dem Erwerbsprozess ausgeschiedenen Rentner und Pflegebedürftigen.
- Die Umverteilung durch die Sozialversicherung verläuft von den (lohnabhängig) Erwerbstätigen zu den nicht oder nicht mehr Erwerbstätigen, zwischen den arbeitenden Klassen und Klassenfraktionen sowie bei Staatszuschüssen zwischen dem Steueraufkommen und den Beziehern von Versicherungsleistungen.
- Mit den Einkommensersatzleistungen sind die Sozialversicherungs-Transfers der bedeutendste konjunkturelle Stabilisator in zyklischen Abschwüngen.

Gesetzliche Renten- und Krankenversicherung

Die beiden großen Sozialversicherungszweige GRV und GKV machen aktuell rd. 85% aller SV-Transfers aus – nach über 90% zu Beginn des Betrachtungszeitraums. Während das Beitragsaufkommen, weil an die Einkommen gekoppelt, sich zyklisch entwickelt, sind die Ausgaben (Transfers) in erster Linie von politischen Entscheidungen abhängig. Sie betreffen Anspruchsberechtigungen der Versicherten, Höhe der Leistungen sowie deren interne Strukturen und Regularien.

Abbildung 7.3: Sozialleistungen der Renten- und Krankenversicherung, in % gg. Vorjahr

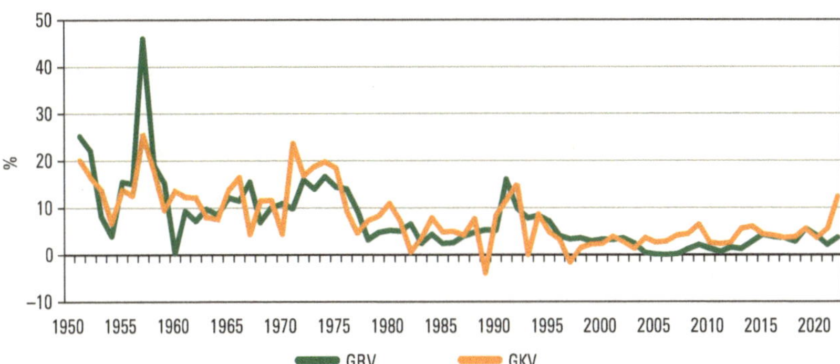

Quelle: Statistisches Bundesamt, VGR

- Die Höhe der Renten folgt grundsätzlich dem Äquivalenzprinzip gemäß der Höhe der Beitragssätze, die sich am Einkommen während der aktiven Zeit der Versicherten bemessen. Der Beitragssatz zur GRV stieg von 14% der Bruttoarbeitsentgelte (Arbeitgeber- plus Arbeitnehmerbeitrag) nach der Rentenreform 1957 auf zuletzt 18,6% seit 2016; jeweils bis zur Beitragsbemessungsgrenze von aktuell rd. 7 Tsd. Euro im Monat. Das sog. Standardrentenniveau für 45 Versicherungsjahre und dem durchschnittlichen Arbeitsentgelt ist von seinem Höhepunkt von rd. 60% (netto) bis 2022 auf 52,9% vor Steuern kontinuierlich gesunken. Einflussfaktoren sind der Altersaufbau der Bevölkerung, ihre Erwerbsquote, die Höhe der Abgabenquote, das durchschnittliche Renteneintrittsalter und die durchschnittliche Lebenserwartung, d.h. die durchschnittliche Länge des Rentenbezugs.
- Bei der GKV beträgt der allgemeine Beitragssatz aktuell 14,6% der Arbeitsentgelte (plus 1,3% durchschnittlicher Zusatzbeitrag aus Bruttolöhnen) nach 6,4% Anfang der 1960er-Jahre. Diese Entwicklung ist Ergebnis der Kostensteigerung im Gesundheitssystem, die neben internen Abrechnungsmodalitäten (Fallpauschalen) der gestiegenen Lebenserwartung mit Zunahme der Krankheitsrisiken im Alter folgt.

7.2 Staatsapparat (Gebietskörperschaften inkl. Sondervermögen)

Beitrag des Staates zum Bruttoprodukt

Der bürgerliche Staat als ökonomisch abgeleiteter Sektor, der eine besondere Sorte unproduktiver Arbeiter beschäftigt – unproduktive Arbeit als Dienst –, ist nur dann auch als Produzent tätig, wenn die in öffentlichen Betrieben/Unternehmen hergestellten Gebrauchswerte (materieller und immaterieller Art) als Waren verkauft werden. Der Preis dieser öffentlich produzierten Waren ist in der Regel ein Kostenpreis, der keinen Profitbestandteil enthält. Der Umfang dieser öffentlichen Warenproduktion geht neben den Löhnen der Staatsbeschäftigten in das Bruttoprodukt der Gesellschaft ein. Neben dem Produktenwert des privatkapitalistischen Sektors der Volkswirtschaft (inkl. traditionelle Warenproduktion) macht dieser staatliche Anteil am Bruttoprodukt durchgängig weniger als 10% aus; eine Ausnahme bildete die Übernahme der in Unternehmensrechtsformen umgewandelten Volkseigenen Betriebe der DDR in der seinerzeitigen Treuhandanstalt, die sodann privatisiert oder abgewickelt wurden.

Abbildung 7.4: Beitrag des Staates zum gesamtwirtschaftlichen Bruttoprodukt, Anteile in %

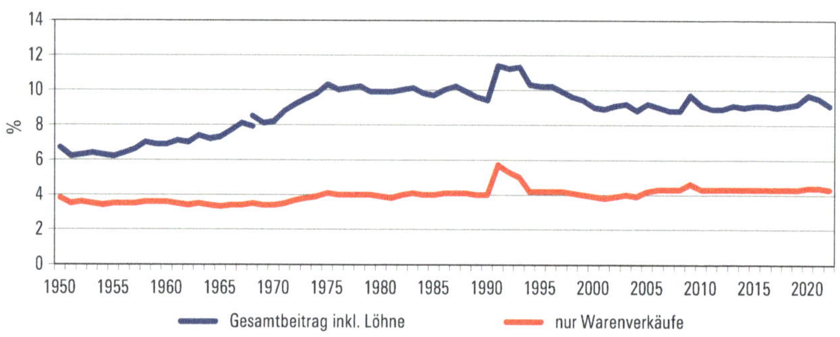

Quellen: Eigene Berechnungen auf Basis der VGR und den Geschäftsberichten von staatlichen Betrieben (Post, Bahn, Treuhand-Unternehmen)

- In der Bundesrepublik Deutschland war der Sektor öffentlicher Unternehmen/Betriebe von jeher im Wesentlichen auf den Bereich öffentlich-kommunaler Versorgungsunternehmen/Betriebe beschränkt: die deutsche Ökonomie war nach dem Kriterium der Eigentumsverhältnisse nur eingeschränkt eine gemischte Wirtschaftsordnung.
- Die Privatisierung öffentlicher Betriebe und Unternehmen betraf auch Post und Telekom sowie kleinere kommunale Versorgungsbetriebe. Bei der Bundesbahn kam es nur zu einer Organisationsprivatisierung als Deutsche Bahn AG.

Steuereinnahmen und Staatsausgaben

Neben den geringen Einnahmen aus Warenverkäufen öffentlicher Unternehmen und Betrieben (inkl. Gebühren) besteht die ökonomische Existenz des BRD-Staates aus Steuern. Ihr Anteil am Wertprodukt betrug zu Beginn des 1950er-Jahre 23%, am Ende der alten Bundesrepublik (1990) waren es 37%; 2021 sind es 33%. Das jährliche Steueraufkommen folgt im Wesentlichen der gesamtwirtschaftlichen Umsatz- (indirekte Steuern) und Einkommensentwicklung (direkte Steuern) und bewegt sich daher im Zeitablauf prozyklisch. Die Staatsausgaben folgen in der Regel den Steuereinnahmen mit einem Time-lag von einem Jahr, wenn nicht durch forcierte öffentliche Kreditaufnahme (oder Entschuldung) dieses Folgeverhältnis modifiziert wird.

Abbildung 7.5: Steuereinnahmen und Staatsausgaben der Gebietskörperschaften (GEB), jeweils in % gg. Vorjahr

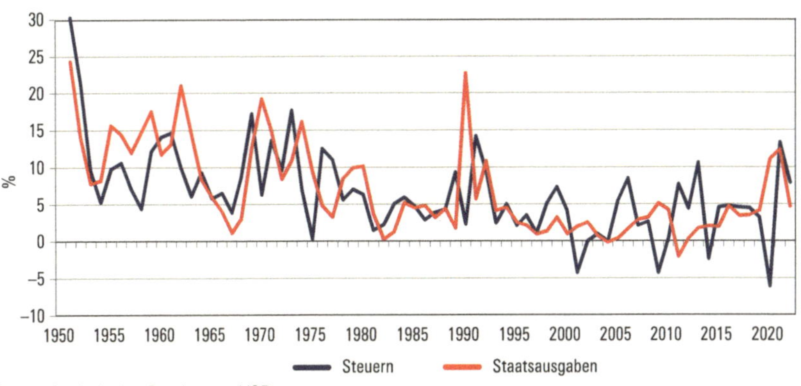

Quelle: Statistisches Bundesamt, VGR

- Die Verbesserung der Lage der arbeitenden Klassen durch höhere Staatszuschüsse an die gesellschaftlichen Assekuranzfonds sowie für Aufbau und Ausrüstung der Bundeswehr sind verantwortlich für steigende Staatsausgaben im III. Zyklus.
- Soziale Reformen durch die SPD-FDP-Regierung zu Beginn der 1970er-Jahre führen zur Ausweitung der staatlichen Ausgaben.
- Das Hoch der Staatsausgaben zu Beginn der 1990er-Jahre ist dem Anschluss der Ex-DDR an die Bundesrepublik geschuldet.
- Zyklische Hochs der staatlichen Ausgaben in den Krisenjahren 2009 und 2020/21 wurden durch die Schutzschirme für Banken, andere Unternehmen und Privathaushalte bedingt.
- Niedrige Steigerungsraten der Staatsausgaben in der 1. Hälfte der 2010er-Jahre dokumentieren die Politik der »Schuldenbremse« und der »Schwarzen Null«.

Steuern

Das Verhältnis zwischen indirekten Steuern (u.a. Mehrwertsteuer, Verbrauchsteuern, Importabgaben) und direkten Steuern (u.a. Lohn- und veranlagte Einkommensteuer, Körperschaftsteuer, Gewerbe- und vermögenswirksame Steuern) hat sich im Betrachtungszeitraum nahezu umgekehrt. Bei dem Steueraufkommen aus direkten Steuern nimmt der Anteil der Lohnsteuer bis zum Jahrtausendwechsel progressiv gegenüber der veranlagten Einkommen- und Körperschaftsteuer zu.

Abbildung 7.6: Indirekte und direkte Steuern, Anteile in %

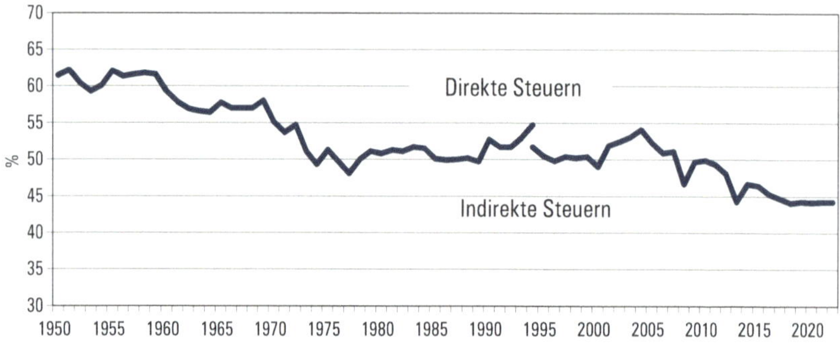

Abbildung 7.7: Direkte Steuern nach Arten, Anteile in %

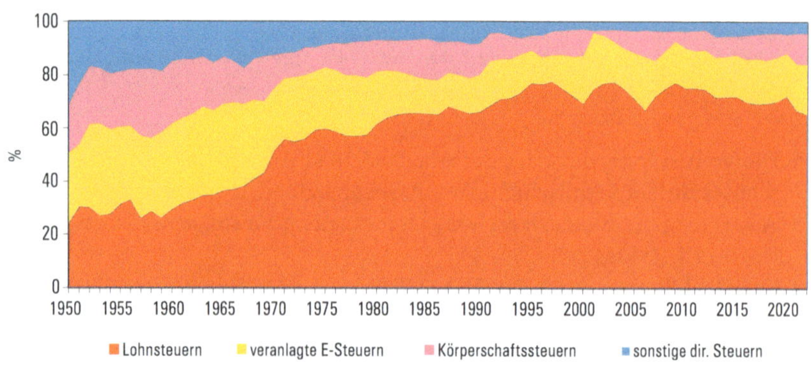

Quellen: Statistisches Bundesamt, VGR

- Die drastische Reduktion des Körperschaftsteueraufkommens 2001/02 war Ergebnis einer der »Großtaten« der damaligen SPD-Grünen-Regierung zur Herstellung der internationalen Wettbewerbsfähigkeit des Wirtschafts- und Finanzstandorts BRD.

Abgabenbelastung der Arbeitslöhne
Die formale Abgabenbelastung der Arbeitslöhne durch Sozialbeiträge und (direkte) Steuern ist von knapp 25% 1950 auf zuletzt 44,4% (2022) gestiegen; dabei waren die Anstiege beider Posten mit rd. 12 bzw. 13 Prozentpunkten etwa gleich hoch.

Abbildung 7.8: Direkte Abgabenbelastung der Arbeitslöhne (Arbeitnehmereinkommen), kumulativ

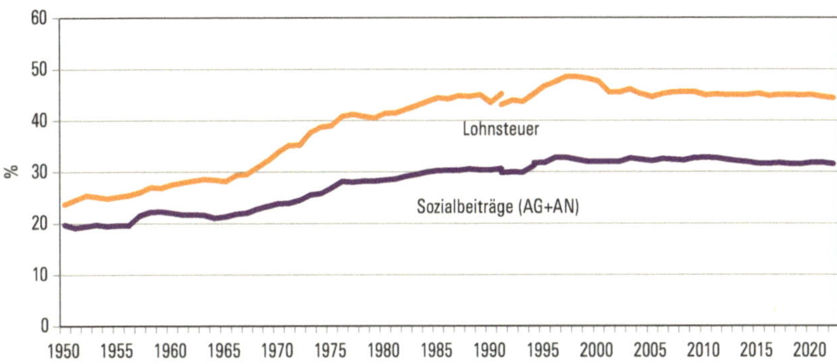

Abbildung 7.9: Belastung der Arbeitnehmereinkommen mit Sozialbeiträgen sowie direkten und indirekten Steuern

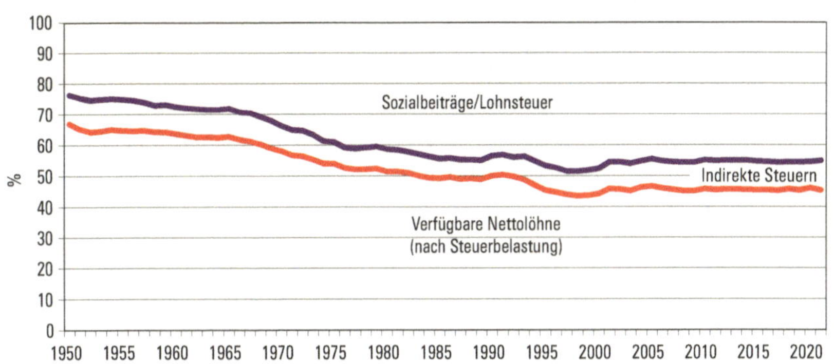

Quellen: Statistisches Bundesamt und eigene Berechnungen

- Werden zusätzlich die auf dem Privatkonsum lastenden indirekten Steuern berücksichtigt, ist die Nettolohnquote am sog. Arbeitnehmereinkommen von 67% (1950) auf 45% (2021) gefallen.

Belastung des Einkommens durch verschiedene Steuerarten

Der Unterschied zwischen formaler und materialer Steuerinzidenz beruht auf dem Umstand, dass letztendlich alle Steuern aus Einkommen zu zahlen sind. Dabei existieren unterschiedliche Grade der Überwälzungsmöglichkeiten bei den verschiedenen Einkommensarten: Für fixe Revenuen fallen formale und materiale Inzidenz zusammen; Profite der Unternehmen als »price-maker« besitzen im Zyklusdurchschnitt wegen der Anpassung der Beschäftigung die Möglichkeit einer zumindest teilweisen Weiterwälzung von Steuersatzänderungen; Arbeitslöhne der abhängig Beschäftigten als »price taker« am Warenmarkt sind zwar als Geldlöhne innerhalb eines Jahres rigide, jedoch als Reallöhne im Ergebnis zyklischer und ggf. langfristig-überzyklischer Entwicklungen die letzte resultierende Variable des Gesamtreproduktionsprozesses.

Abbildung 7.10: Steuerbelastung nach Arten in Abhängigkeit von der Einkommenshöhe im Jahr 2015

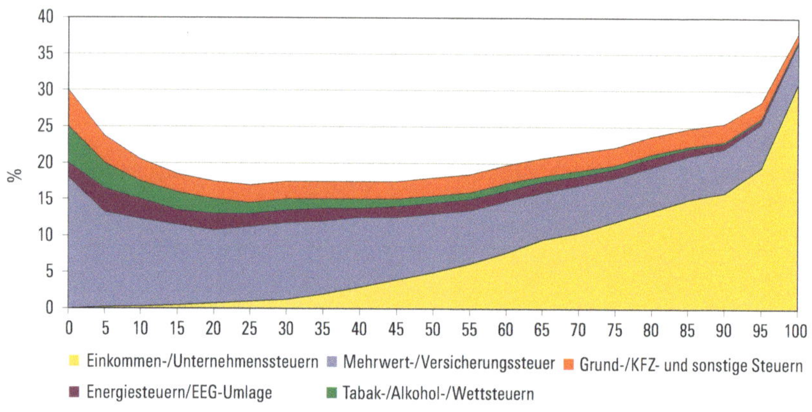

Quelle: Bach 2016

- Jenseits der funktionellen Einkommensformen ist die Einkommenshöhe ein Faktor der (formalen) Belastung der Einkommen durch verschiedene Steuerarten.
- Progressive Tarife der Einkommen- und Unternehmenssteuern wie im bundesdeutschen-Steuersystem lassen die Belastung mit steigendem zu versteuernden Einkommen wachsen: der Durchschnittssteuersatz steigt im Beispieljahr 2015 bis zu mittleren Einkommenshöhen (1. bis 4. Dezil) auf 5%, danach auf knapp 25% im 10. Dezil und auf 35% für die Top-Einprozent der Einkommen.
- Bei niedrigen Einkommen dominieren die indirekten Steuern die Steuerlastverteilung, weil kaum Einkommensteuern gezahlt werden und die Sparquote niedrig ist.

Ausgaben des Staates nach Aufgabenarten

Die staatlichen Ausgaben, monetäre und Realtransfers (inkl. öffentliche Investitionen), sind funktionell öffentliche oder öffentlich vermittelte individuelle Konsumtion. Dabei ist zu unterscheiden, ob es sich um Dienste des eigentlichen Staatszwecks (inkl. des Repressionsapparats zur Sicherung des kapitalistischen Gesamtsystems) handelt, die nicht in die individuelle Konsumtion der Privathaushalte eingehen (nicht-reproduktive Ausgaben), oder ob die Transfers haushalts- oder unternehmens-reproduktive Staatsausgaben beinhalten; ein Teil der Ausgaben für öffentliche Sicherheit und Ordnung ist dabei auch als reproduktiv zu werten. Eine Sonderrubrik stellen die Zinsen auf die öffentliche Schuld dar.

Abbildung 7.11: Ausgaben des Staates nach Aufgabenarten, in Mrd. DM

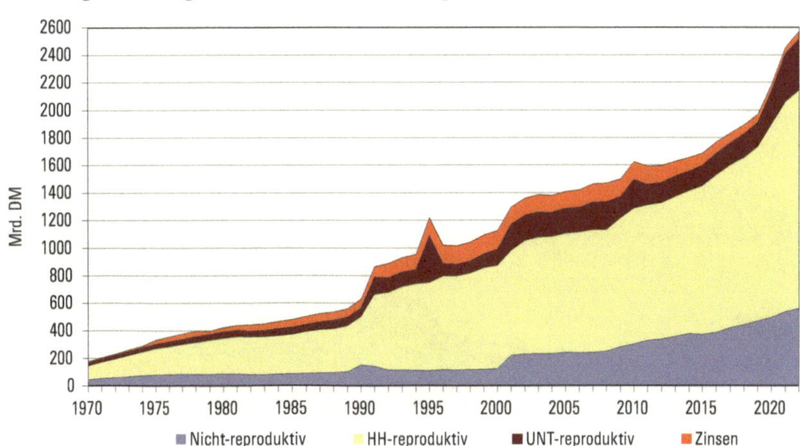

Quellen: Statistisches Bundesamt, VGR

- Der Anteil der haushalts-reproduktiven Ausgaben in Höhe von 62% im Jahr 2022, der seit 1970 um rd. 4 Prozentpunkte angestiegen ist, charakterisiert auch die Gebietskörperschaften neben den gesellschaftlichen Assekuranzfonds als Sozialstaat.
- An zweiter Stelle kommen die nicht-reproduktiven Staatsausgaben – öffentliche Verwaltung (Exekutiv- und Legislativorgane, Finanz- und Steuerwesen etc.), Verteidigung sowie öffentliche Sicherheit und Ordnung, soweit ihr potenziell repressiver Charakter überwiegt – mit einem Anteil von knapp 22% (2022).
- Unternehmens-reproduktive Staatsausgaben für einzelne Wirtschaftszweige sind mit maximal 14% ebenso nachgeordnet wie die Zinskosten, die in der zweiten Hälfte des XI. Zyklus mit weniger als 2% nur eine marginale Größe ausmachen, ab 2022 aber wieder zunehmen.

Haushalts-reproduktive Ausgaben des Staates

Im Einzelnen enthalten die haushalts-reproduktiven staatlichen Ausgaben das staatliche Bildungswesen, die Ausgaben für das staatliche Gesundheitswesen (vor allem staatliche Krankenhäuser), Ausgaben für soziale Sicherung (Bundeszuschüsse für die Gesetzliche Rentenversicherung, Versorgung der Staatsbeschäftigten im Alter [Sozialleistungen und Beamtenpensionen]) bei Krankheit und Erwerbsunfähigkeit, Leistungen für Familien und Kinder sowie Sozialhilfe inkl. Wohngeld, schließlich Ausgaben für Freizeitgestaltung, Sport, Kultur und Religion (christliche Kirchen als Staatskirchen) und Ausgaben für das Wohnungswesen und für kommunale Einrichtungen (Raumplanung, Wasserversorgung, Straßenbeleuchtung).

Abbildung 7.12: Haushaltsreproduktive Ausgaben des Staates, in Mrd. DM

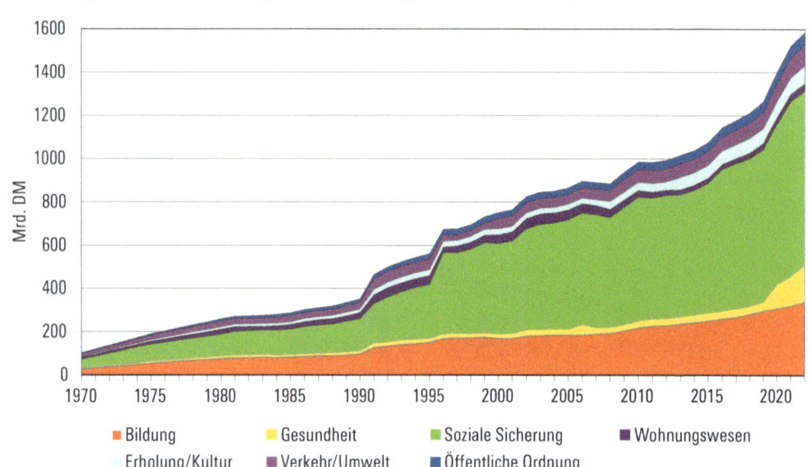

Quellen: Statistisches Bundesamt, VGR und eigene Berechnungen

- In einigen Bereichen ist die Zuordnung von Sozialtransfers auf die Sozialversicherungszweige einerseits und die Haushalte der Gebietskörperschaften andererseits durch jeweilige politische Entscheidungen gewachsen und verweist auf die historischen Konstitutionsbedingungen des deutschen (Sozial-)Staats aus Armenfürsorge und öffentlichen Wohlfahrtseinrichtungen.
- Auch müssen von Zeit zu Zeit Finanzdefizite der Sozialversicherungen durch Staatszuschüsse ausgeglichen werden. Am gewichtigsten sind die Bundeszuschüsse für die GRV, die 2020/21 auf über 100 Mio. € angewachsen sind und damit 43,6% von deren jährlichen Regel-Sozialbeiträgen ausgemacht haben.
- Die Spuren der Covid-19-Pandemie zeigen sich im Anstieg der Gesundheitsausgaben in den drei letzten vorstehend erfassten Jahren.

Staatsverschuldung

Nach dem Zusammenbruch des Nazi-Staates und der Währungsreform in der BRD 1948, mit der die öffentliche Verschuldung annuliert wurde, war vor dem Hintergrund der beschleunigten Kapitalakkumulation in den ersten zweieinhalb Jahrzehnten Staatsverschuldung kein Thema. Auch bis zum Ende der Alt-BRD hielt sich die jährliche öffentliche Kreditaufnahme noch in Grenzen. Abgesehen von der Übernahme des sog. »Erblastentilgungsfonds« in den Staatshaushalt im Jahr 1995, baute sich die Brutto-Neuverschuldung des BRD-Staates erst im X. und XI. Zyklus auf.

Abbildung 7.13: Öffentliche Kreditaufnahme (Brutto-Neuverschuldung), in Mrd. DM

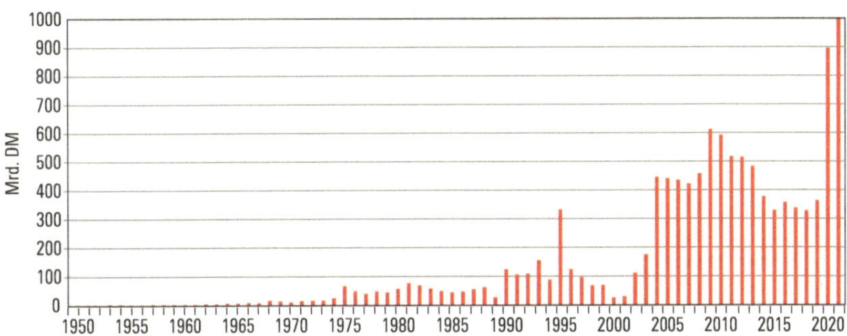

Abbildung 7.14: Entwicklung der öffentlichen Verschuldung (Gebietskörperschaften), in % gg. Vorjahr

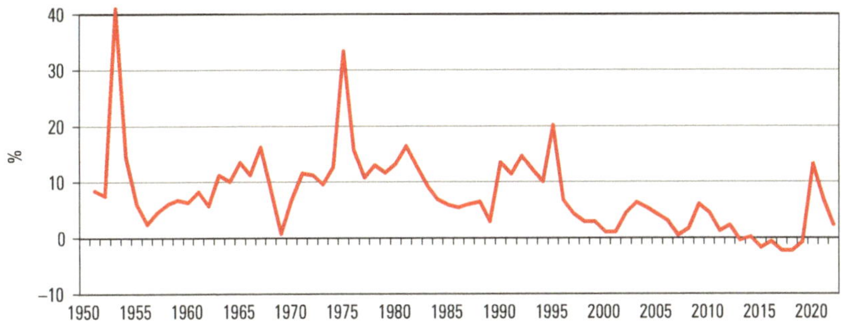

Quellen: Deutsche Bundesbank

- Die Entwicklung des öffentlichen Schuldenstandes erscheint nur wegen der anfänglich durch Basiseffekte bedingten hohen Veränderungsraten langfristig abnehmend.

Zinsen und Vermögenseinkommen der öffentlichen Haushalte

Der Vergleich der bezogenen Vermögenseinkommen des Staates mit seinen Zinszahlungen für die öffentliche Verschuldung weist bei niedriger Neuverschuldung und noch geringem Gesamtschuldenstand in den Zyklen beschleunigter Kapitalakkumulation einen geringen positiven Saldo für die öffentlichen Haushalte aus. Privatisierungen öffentlicher Betriebe standen in dieser Zeit noch nicht auf der Agenda und die Finanzierungsbedingungen des öffentlichen Kredits waren noch günstig. Mit dem Eintritt des BRD-Reproduktionsprozesses in die strukturelle Überakkumulation von Kapital kehren relativ sinkende Einnahmen bei erhöhten Ausgabeansprüchen den jährlichen Gesamtfinanzierungssaldo der öffentlichen Haushalte ins Defizit um.

Abbildung 7.15: Geleistete Zinsen und empfangene Vermögenseinkommen der Öffentlichen Haushalte (GEB/SV), in Mrd. DM

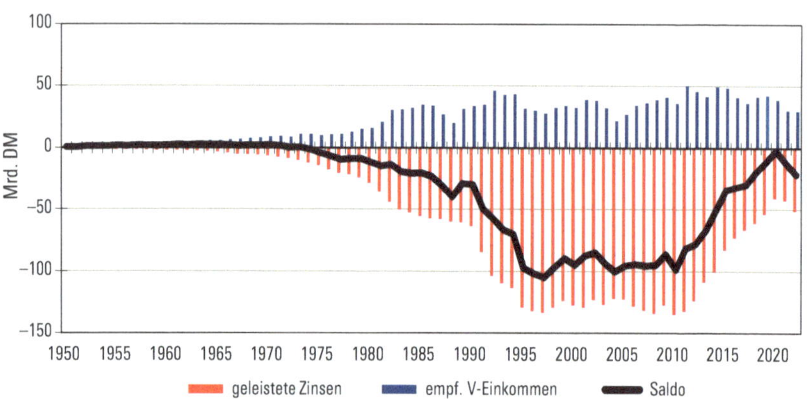

Quelle: Statistisches Bundesamt und eigene Berechnungen

- Mit gestiegener Kreditaufnahme und wachsender Gesamtverschuldung steigt der negative Umverteilungssaldo des Staates aus Vermögenseinkommen ab der zweiten Hälfte der 1990er-Jahre und verharrt bis zum Ende des ersten Jahrzehnts nach der Jahrtausendwende auf rd. –100 Mrd. DM oder knapp –50 Mrd. €.
- Erst als die Neukreditaufnahme nach dem akuten Höhepunkt der Euro-Krise zurückgeht und die sinkenden Zinsen eine immer geringere Durchschnittsverzinsung der öffentlichen Schuld erbringen, wird der negative Umverteilungssaldo des Staates geringer und ist 2020 bei Null; seit 2021 nimmt er jedoch wieder zu.

Maastricht-Kriterien

Die sog. Maastricht-Kriterien des Europäischen Stabilitäts- und Wachstumspaktes weisen Verfehlungen des 3%-Kriteriums im Abschwung des IX., X. und XI. Zyklus auf. 2022 wird das Defizitkriterium mit –2,6% des BIP wieder eingehalten.

Abbildung 7.16: Einhaltung des Maastricht-Defizit-Kriteriums

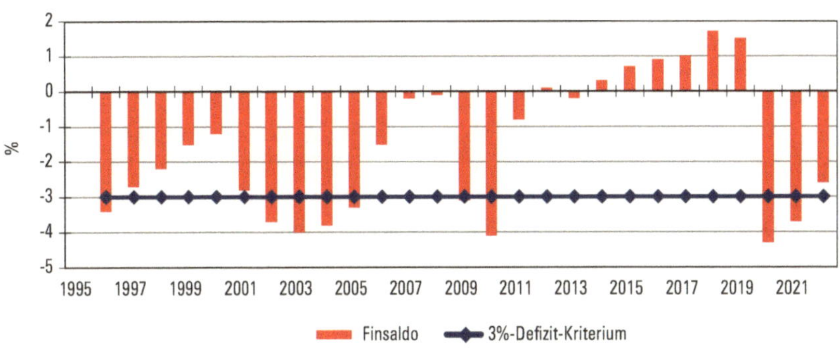

Abbildung 7.17: Einhaltung des Maastricht-Verschuldungs-Kriteriums

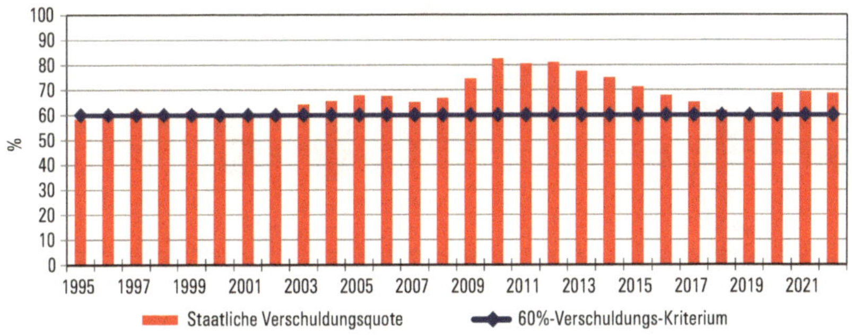

Quelle: Deutsche Bundesbank

- Zugleich hatte die BRD infolge der Erhöhung der öffentlichen Verschuldung in der Finanzmarkt- und Weltwirtschafts- sowie der anschließenden Euro-Krise das 60%-Gesamtverschuldungs-Kriterium gerissen.
- Die Politik der »Schwarzen Null« in der Zeit zwischen 2014 und 2019 hatte diese Verfehlung bis zum Abschwung des XI. Zyklus wieder beseitigt. Covid-19-Krise und Interventionen des BRD-Staates im Kriegsjahr 2022 führen erneut zur Überschreitung

7.3 Politisch bestimmte Einkommensumverteilung und gesamtgesellschaftliche Surplusrate

Aktive produktive Arbeiter

a) Struktur

Die aktiven produktiven Lohnarbeiter sind der wertschöpfende Kern der Volkswirtschaft. Ihr Geldlohnfonds (Arbeitnehmereinkommen inkl. Arbeitgeber-Sozialbeiträge) sind die Ausgangsvariable der politisch vermittelten Umverteilung über Sozialversicherungen und Haushalte der Gebietskörperschaften. In beiden Haushalten ist der Saldo für die aktiven Produktiven aus Sozialbeiträgen/Steuern und bezogenen Transfers negativ: die aktiven Produktiven zahlen mehr ein als sie empfangen.

Abbildung 7.18: Umverteilung über Sozialversicherung und Staatshaushalt für aktive Produktive (Jahr 2010)

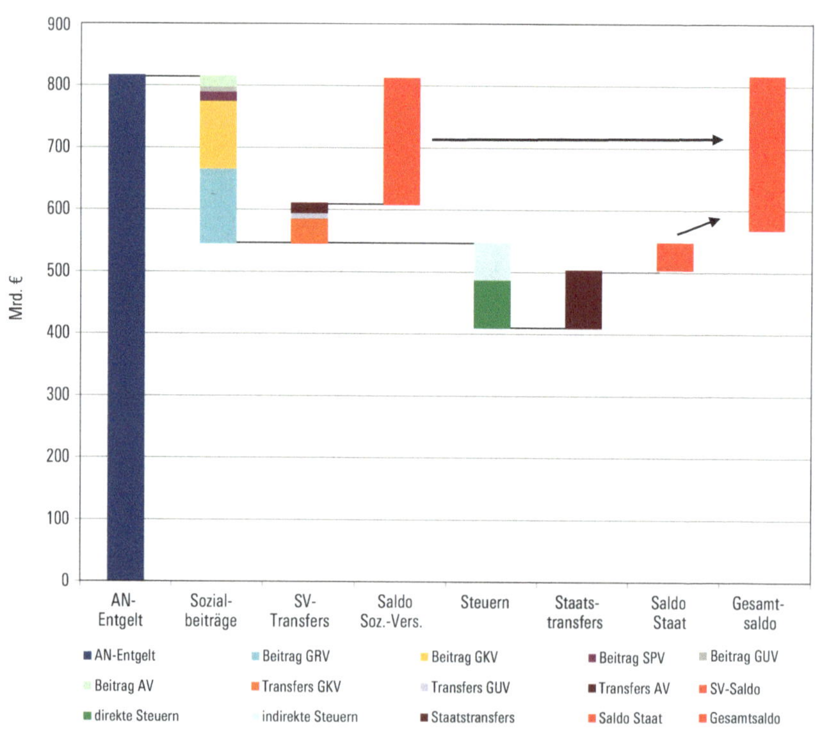

Quelle: Eigene Berechnungen

b) SV-Umverteilungssaldo für die aktiven Produktiven

Der Saldo zwischen gezahlten Sozialbeiträgen und empfangenen Leistungen der Sozialversicherungen für die aktiven produktiven Lohnarbeiter ist während der gesamten Betrachtungszeit negativ. Mit ihren Sozialbeiträgen sind die Produktiven ein wesentlicher Finanzier des Sozialstaats. Nennenswerte Transferleistungen erhalten die Aktiven nur bei Krankheit aus den Gesetzlichen Krankenkassen, der Unfallversicherung sowie bei Arbeitslosigkeit von der Arbeitslosenversicherung.

Abbildung 7.19: SV-Umverteilungssaldo für die aktiven produktiven Arbeiter, in Mrd. DM

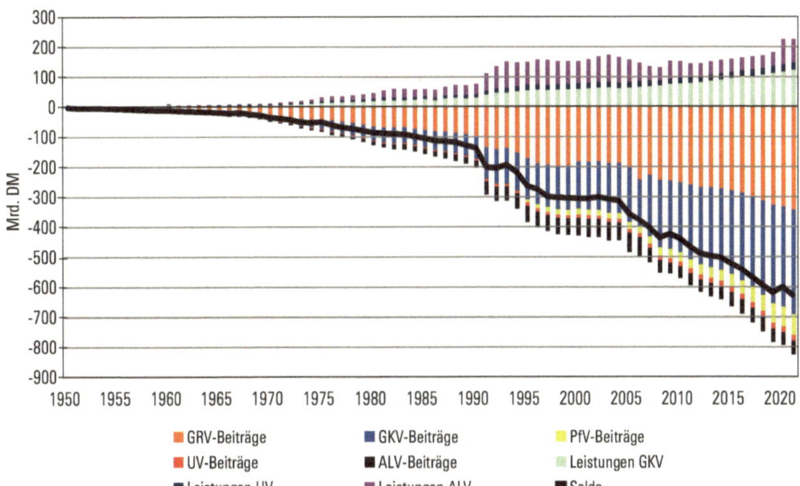

Quellen: Statistisches Bundesamt und eigene Berechnungen

- Der gesamte SV-Saldo der aktiven produktiven Lohnarbeiter steigt von –4 Mio. DM in 1950 bis auf –200 Mio. DM in 1991 und beträgt 2021 –630 Mio. DM (–322 Mio. €).
- Während sie aus der Renten- (und Pflege-) Versicherung keine (nennenswerten) Transfers während ihrer aktiven Zeit erhalten, empfangen sie aus der Kranken- und Unfallversicherung Geld- und Realtransfers. Der Saldo der GKV ist durchgängig negativ, während der Saldo der Unfallversicherung sogar überwiegend positive Werte, allerdings auf einem geringen Niveau, aufweist.
- Bei der Arbeitslosenversicherung gibt es nur in den 1960er- und einigen 1970er-Jahren positive Salden für die aktiven Produktiven; ansonsten ist die ALV gegenüber den am ehesten von Arbeitslosigkeit betroffenen Produktiven Nettoleister.

c) Staatlicher Umverteilungssaldo für die aktiven Produktiven

Auch gegenüber den Haushalten der Gebietskörperschaften zahlen die aktiven produktiven Lohnarbeiter mehr an Steuern ein als sie an Geld- und Sachtransfers wieder herausbekommen. Allerdings liegt hier der Saldo auf einem geringeren Niveau, denn zum einen ist das von den aktiven Produktiven erbrachte Steueraufkommen geringer als die Summe ihrer Sozialbeiträge, zum anderen partizipieren sie (inkl. ihrer Kinder) im Wesentlichen von den Bildungs-, Sozial- und Gesundheitsleistungen des Staatshaushalts. Auch ein Teil der Staatsausgaben für öffentliche Sicherheit (z.B. Feuerwehr) und materieller Infrastruktur (Straßen etc.) ist den Privathaushalten und daher auch den aktiven Produktiven zuzurechnen.

Abbildung 7.20: Staatlicher Umverteilungssaldo für die aktiven produktiven Arbeiter, in Mrd. DM

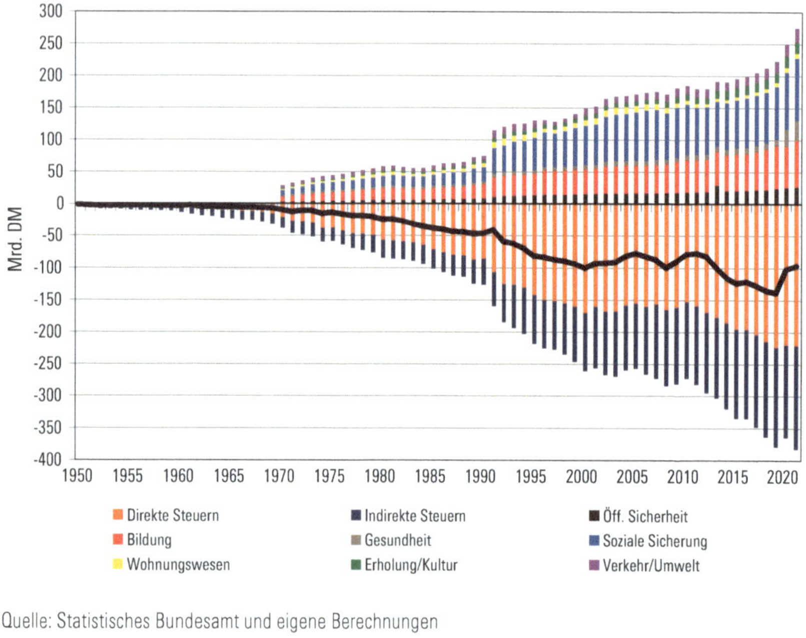

Quelle: Statistisches Bundesamt und eigene Berechnungen

- Der staatliche Umverteilungssaldo verläuft wegen zyklisch schwankender Steuereinnahmen und fortlaufenden Leistungen prozyklisch.
- Ausgaben für soziale Sicherung bringen in den Krisenjahren 2009 und 2020/21 einen erniedrigenden Einfluss des Konjunkturzyklus auf den negativen Umverteilungssaldo.

Ehemalige aktive produktive Lohnarbeiter

a) Struktur

Die Sozialrente bildet die ökonomische Basis für die aus dem Produktionsprozess ausgeschiedenen produktiven Lohnarbeiter. Diese werden einmal durch die GRV-Sozialbeiträge der aktiven Produktiven, zum anderen durch die GRV-Beiträge unproduktiver Lohnarbeiter sowie aus dem Steueraufkommen (Bundeszuschuss für die GRV) finanziert. In diesem Sinne stellt die Sozialrente bereits abgeleitetes Einkommen für die ex-produktiven Rentner dar. Auch Renten unterliegen der Abgabepflicht durch Sozialbeiträge (für die GKV/PfV) und der Besteuerung; anderseits erhalten die Rentner Transfers sowohl aus den Sozialversicherungen als auch dem eigentlichen Staatshaushalt. Ihr Gesamtumverteilungssaldo ist ex definitione schon wegen der Sozialrenten sowie auch wegen des Überwiegens sonstiger Transfers gegenüber ihren Abgaben positiv.

Abbildung 7.21: Umverteilung über die Sozialversicherung und den Staatshaushalt für ehemalige Produktive (Jahr 2010)

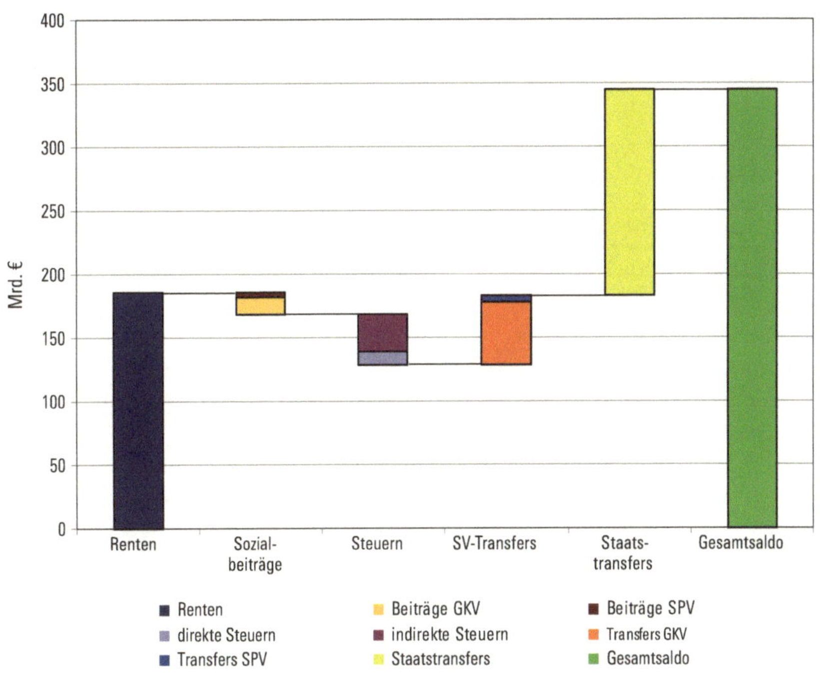

Quelle: Eigene Berechnungen

b) Umverteilungssaldo für ehemalige Produktive

Der positive Umverteilungssaldo der ehemals produktiven Rentner wurde lange Zeit durch die Renten bestimmt. Namentlich seit 1991 nehmen jedoch darüber hinaus die empfangenen Staatstransfers immer mehr zu. Dabei waren die Bereiche Gesundheit und soziale Sicherung die wesentlichen Treiber. Beide Bereiche haben am Ende des Betrachtungszeitraums mit je 150 Mio. € (rd. 290 Mio. DM) Spitzenniveaus insbesondere in und durch die Covid-19-Krise 2020/21 erreicht.

Abbildung 7.22: Umverteilungssalden für ehemalige Produktive, in Mrd. DM

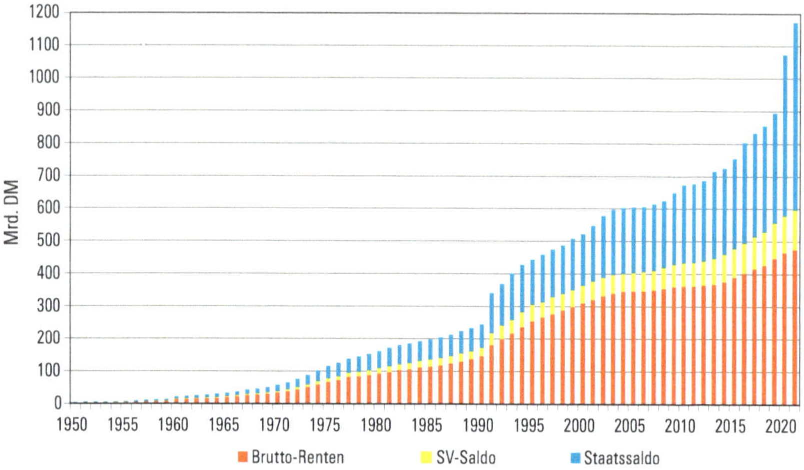

Quelle: Eigene Berechnungen

- Die Renteneinkünfte (netto, nach Abzug der direkten Steuern auf den sog. Ertragsanteil der Renten sowie der indirekten Steuern auf den Konsum, insgesamt 24% am aktuellen Rand) betrugen zuletzt nur noch gut 40% des gesamten Einkommens der ex-Produktiven.
- Der Staatsaldo der ehemals Produktiven lag 2020/21 mit 250 bzw. 290 Mio. € (490 bzw. 570 Mio. DM) bei 45 bzw. 49% am Einkommen dieser Rentnerrubrik. Damit erhielten die ehemals Produktiven das 8-Fache ihrer (geringen) Steuerzahlungen zurück.
- Mit dem Bundeszuschuss für die Gesetzliche Rentenversicherung wurden somit die Ex-Produktiven in wachsendem Umfang durch das Finanzaufkommen des gesamten BRD-Gemeinwesens finanziert.

Gesamtumverteilungssaldo

Der Wert der Arbeitskraft enthält neben dem Netto-Geldlohn ein sog. historisch-moralisches Element, welches in entwickelten bürgerlichen Gesellschaften nicht nur die Partizipation des aktiven Teils der (produktiven) Arbeiterklasse an den Leistungen des Sozialstaats, sondern vor allem auch die eigenständige Versorgung ihres inaktiven Teils einschließt. Letzterer besteht aus den zumeist eigenständigen Privathaushalten der Sozialrentner. War der politisch über Sozialversicherungen und Staatshaushalt bestimmte Umverteilungssaldo für die aktiven Produktiven strukturell negativ, so ist er für die gesamte (produktive) Arbeiterklasse strukturell positiv.

Abbildung 7.23: Gesamt-Umverteilungssaldo für die aktiven und ehemaligen produktiven Arbeiter, in Mrd. DM

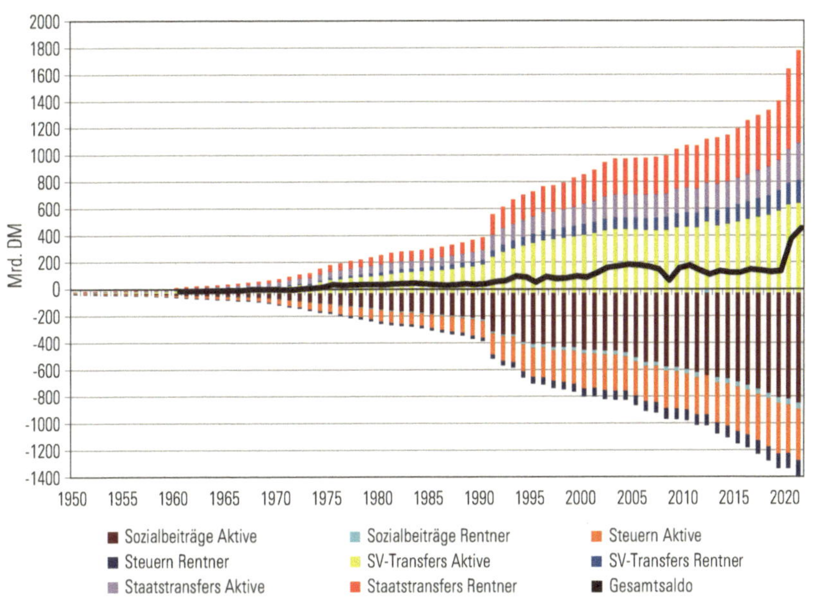

Quelle: Eigene Berechnungen

- Dieser positive Umverteilungssaldo zeigt, dass der BRD-Sozialstaat mehr ist als der sprichwörtliche »Sozialismus in einer Klasse«.
- Neben Umverteilungen aus anderen Fraktionen der Arbeiter- und lohnabhängigen Mittelklasse kommt der Hauptstrom der Finanzmittel für die produktiven Arbeiter aus dem Steueraufkommen der gesamten Bevölkerung.

Gesellschaftliche Surplusrate

Die Mehrwertrate misst das Verhältnis zwischen Mehrarbeitszeit und notwendiger Arbeitszeit der aktiven produktiven Lohnarbeiter. Das variable Kapital als sog. Arbeitnehmereinkommen (inkl. Sozialbeiträge der Arbeitgeber) enthält bereits den (negativen) Umverteilungssaldo der aktiven Produktiven, sodass die Mehrwertrate nach der öffentlichen Umverteilung höher ist als vor derselben. Für die gesamten aktiven und ehemaligen produktiven Arbeiter, d.h. inklusive des Konsumtionsfonds der ex-produktiven Rentner, wird der Umverteilungssaldo jedoch positiv: die gesellschaftliche Surplusrate nach der gesamten sozialstaatlich vermittelten Umverteilung ist dementsprechend niedriger als die Mehrwertrate der aktiven produktiven Lohnarbeiter.

Abbildung 7.24: Mehrwertrate und gesellschaftliche Surplusrate

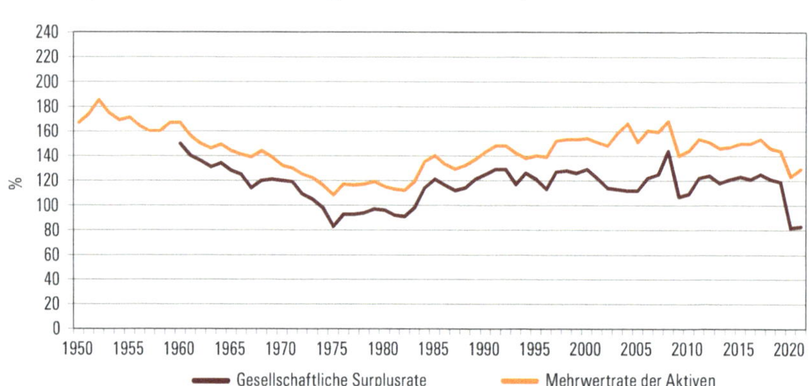

Quelle: Eigene Berechnungen

- Die Mehrwertrate für die aktiven produktiven Lohnarbeiter gibt sowohl die zyklischen Schwankungen als auch die großen Auf- und Abwärtsbewegungen der gesellschaftlichen Surplusrate vor.
- Der Abstand zwischen beiden Größen zeigt das Ausmaß der Umverteilung. Es ist in akuten Krisenphasen jeweils am größten, so in der zweiten Hälfte der 1970er-Jahre (VII. Zyklus), in der die Verluste der Überakkumulation zunächst die Verwertungsposition des Kapitals schwer belasten; sodann im ersten Jahrzehnt nach dem Jahrtausendwechsel (X. Zyklus), in dem der Umverteilungssaldo zugunsten der aktiven und ehemaligen Produktiven höher liegt als vorher sowie in der ersten Phase des Folgezyklus; schließlich in den akuten Krisenphasen des X. und XI. Zyklus 2009 und 2020, die auch das Niveau beider Raten berühren und die Surplusrate auf ihr Allzeit-Tief von 1975 zurückführen.

8. Klassenstruktur und Einkommensverhältnisse der Privathaushalte

8.1 Klassen- und Sozialstruktur der BRD

Bevölkerung und Erwerbstätigkeit
Die Bevölkerungszunahmen durch die Gebietssprünge 1960 und 1991 sind neben positiven Zuwanderungssalden, geburtenstarken Jahrgängen namentlich in den 1960er-Jahren sowie einer trotz steigender durchschnittlicher Lebenserwartung seit Anfang der 1970er-Jahre höheren Sterbe- als Geburtenrate die wesentlichen Grundlagen für die Bevölkerungsentwicklung von anfänglich 47 Mio. (1950) auf zuletzt 84,3 Mio. Personen (2022).

Abbildung 8.1: Bevölkerung und Erwerbstätigkeit

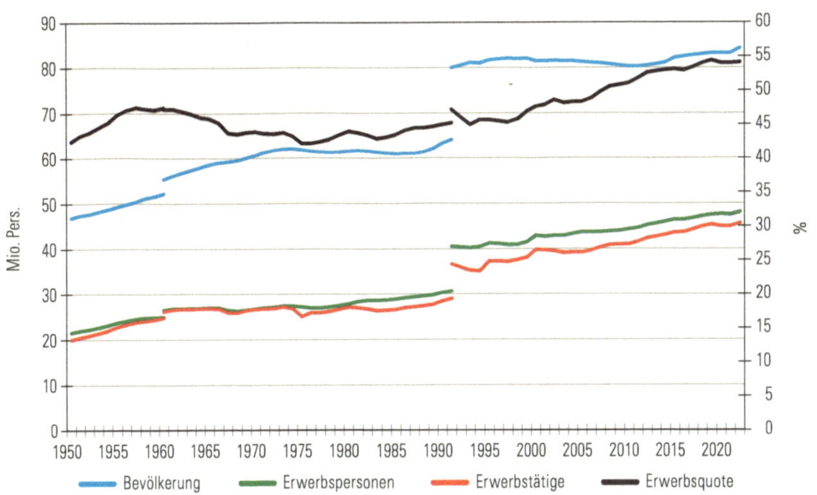

Quelle: Statistisches Bundesamt

- Diese Entwicklung der Bevölkerung im Inland führt zu mehr als einer Verdopplung der Erwerbspersonen (18- bis 65-Jährige); diese nehmen von 21,5 Mio. (1950) auf rd. 48 Mio. Personen im Jahr 2022 zu.
- Die sich daraus ergebende Erwerbsquote steigt in den rd. 70 Jahren um rd. 11 Prozentpunkte von anfangs 42,6 auf 54,1%. Dabei sind die Anstiege auf die 1950er-Jahre sowie die Entwicklung seit Mitte der 1990er-Jahre verteilt.

Klassenstruktur der abhängig Beschäftigten

Die Klassenstruktur der Lohnabhängigen gliedert sich in produktive und unproduktive Lohnarbeiter des Kapitals, Lohnarbeiter bei der nichtkapitalistischen Warenproduktion und -zirkulation – beide machen zusammen die Arbeiterklasse aus –, und lohnabhängige, nicht unter das Kapitalverhältnis subsumierte Mittelklassen beim Staat und privaten Non-Profit Organisationen. Hinzu kommt die (offizielle) Unterbeschäftigung mit atypisch Beschäftigten und Arbeitslosen.

Abbildung 8.2: Struktur der abhängig Beschäftigten sowie Arbeitslose, in Mio. Personen

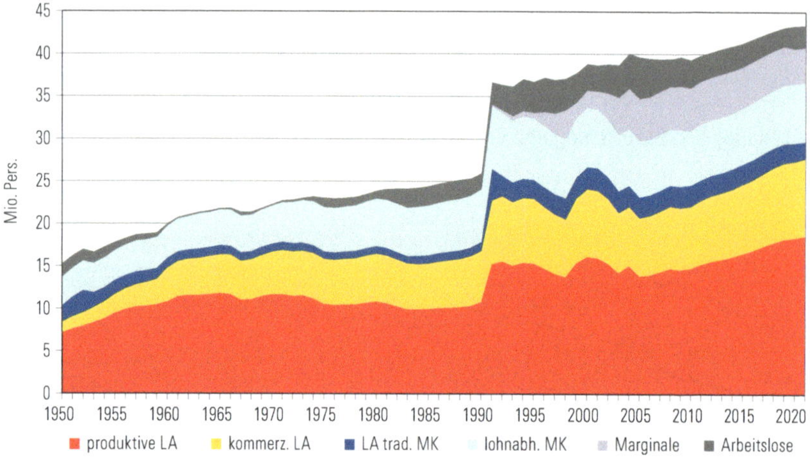

Quelle: Eigene Berechnungen

- Die produktiven Lohnarbeiter des Kapitals nehmen in den 1950er- und 1960er-Jahren absolut zu, in den 1970er- bis in die 2000er-Jahre tendenziell ab und verzeichnen erst im XI. Zyklus wieder Zuwächse.
- Die unproduktiven Lohnarbeiter beim Handel und im Finanzsektor entwickeln sich durchgängig positiv; dies ist käufermarktgetrieben und Resultat einer verselbstständigten sich expansiv entwickelnden Geldkapitalakkumulation.
- Die Lohnarbeiter in kleinen Betrieben der nichtkapitalistischen Warenproduktion und -zirkulation wurden in der Alt-BRD zunehmend reduziert und erfahren seit 1991 eine Renaissance durch vermehrte Unternehmensgründungen (u.a. Start-ups).
- Die lohnabhängige Mittelklasse wächst, abgesehen von den Jahren des verstärkten Abbaus der Beschäftigung beim Staat, vor und nach der Jahrtausendwende.

Branchenstruktur der abhängig Beschäftigten

Die Zuordnung der Lohnabhängigen auf die Wirtschaftsbereiche offenbart den Charakter der BRD-Volkswirtschaft als Industrieland und zeigt an ihrer Oberfläche den Übergang zu einer mehr und mehr durch Dienstleistungen geprägten Erwerbsgesellschaft. Nach der Jahrtausendwende stellen Dienstleistungen im Sinne einer Residualkategorie stets mehr als die Hälfte der abhängigen Beschäftigung.

Abbildung 8.3: Branchenstruktur der abhängig Beschäftigten

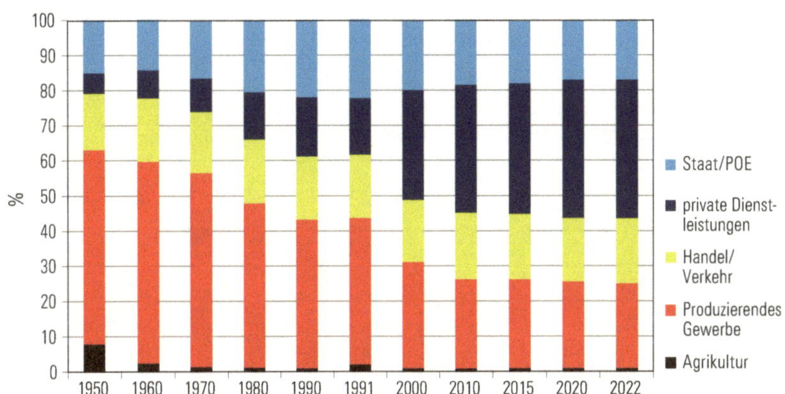

Quelle: Eigene Berechnungen auf Basis der VGR

- Der deutliche Rückgang der dem Produzierenden Gewerbe zugeordneten Beschäftigung relativiert sich, wenn berücksichtigt wird, dass ein Teil des industriellen Kapitals wie Transport/Logistik und Kommunikationsindustrie statistisch als Dienstleistungen gefasst wird.
- Auch ehemals bei industriellen Unternehmen angesiedelte produktive Bereiche, die outgesourct worden sind und nun als selbstständige Dienstleistungen figurieren, gehören ebenso wie viele andere unternehmensbezogene Dienstleistungen organisch zum industriellen Sektor bzw. zum industriellen Kapital.
- Die Kategorie der Dienstleistungen ist also formbestimmt zu differenzieren.
- Deutlich wird der relative Rückgang der Beschäftigung beim Staat (sowie den privaten Organisationen ohne Erwerbszweck) seit 1991. Dies ist zum einen auf die Privatisierungen öffentlicher Einrichtungen, zum anderen auf die betriebene Politik öffentlicher Haushaltsrestriktionen und der »Verschlankung des Staates« zurückzuführen. Letzteres ist mittlerweile aber bereits wieder überholt.
- Die Landwirtschaft spielte nur zu Beginn der 1950er-Jahre eine Rolle bei den abhängig Beschäftigten; mittlerweile liegt deren Anteil unter 1%.

Klassenstruktur der Erwerbstätigen

Die die Sozialstruktur der lohnabhängig Beschäftigten einbegreifende und gewissermaßen hinter ihrer Zuordnung zu Wirtschaftsabteilungen und Branchen liegende Klassenstruktur der gesamten Arbeitsbevölkerung konturiert die aufgewiesenen Entwicklungstrends: Zunahme der Arbeiterklasse durch Anstieg der beschäftigten produktiven und kommerziellen Lohnarbeiter des Kapitals; hinzu kommt ein zwischenzeitlicher Anstieg der Mitglieder der lohnabhängigen Mittelklasse, wodurch die eindeutige Dominanz der lohnabhängigen Arbeitsbevölkerung die Klassenstruktur der BRD-Gesellschaft als hochentwickeltes kapitalistisches Land charakterisiert. Eigentumsbegründete Herrschaftsverhältnisse üben demgegenüber nur rd. 3% der Erwerbsbevölkerung (sowie eine kleine Zahl nichterwerbstätiger Geldkapitalisten) aus.

Abbildung 8.4: Klassenstruktur der Erwerbstätigen, in Mio. Personen

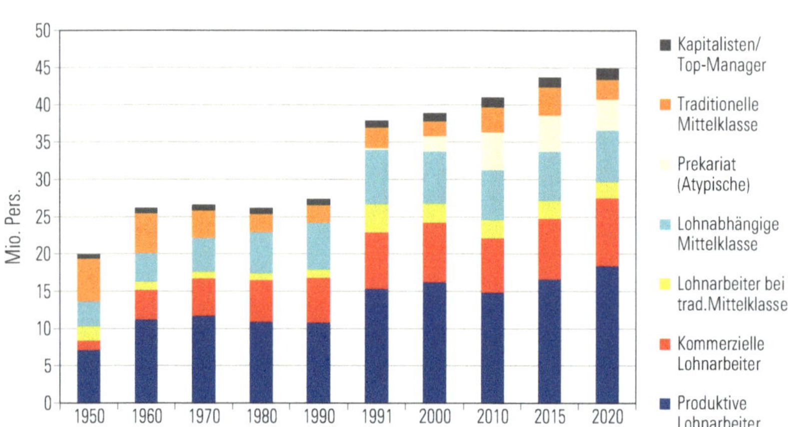

Quelle: Eigene Berechnungen auf Basis der VGR, Daten der Beschäftigtenstatistik der Bundesarbeitsagentur sowie PKA 1974 und Bischoff u.a. 1982

- Dass bei diesem eindeutigen Übergewicht der Lohnabhängigen in der ökonomischen Anatomie der Klassengliederung (Klasse an sich) nicht ein einheitliches Bewusstsein über die eigene soziale Lage und die hieraus entspringenden Interessen besteht, hängt zunächst mit typischen Ausdifferenzierungen der ökonomischen Lage der lohnabhängigen Haushalte im Spätkapitalismus zusammen.
- Als weiteres wichtiges Moment kommen mit der Erweiterung der Lebensbereiche und -tätigkeiten jenseits der Arbeit weitere Einflüsse aus den gesellschaftlichen Überbauten für das Alltagsbewusstsein hinzu.

- Als neue Rubrik hat sich seit der Jahrtausendwende ein jenseits des Normalarbeitsverhältnisses existierendes Prekariat herausgebildet, dessen Mitglieder als stigmatisierte Personen an der (offiziellen) Politik vielfach nicht aktiv teilnehmen.

Sozialstrukturdaten der BRD

Im Einzelnen bestehen folgende Klassen- und Sozialstrukturdaten für die BRD im Jahr 2020:

Abbildung 8.5: Sozialstrukturdaten der Bundesrepublik im Jahr 2020, Angaben in Mio. Personen

	absolut Mio.	Anteile %
Wohnbevölkerung	83,2	100
Kinder- und Jugendliche (0–15-Jährige)	11,7	14,1
Personen im erwerbsfähigem Alter (15–65-Jährige)	53,2	63,9
Personen im Rentenalter (über 65-Jährige)	18,3	22,0
Erwerbspersonen	47,6	100
Arbeitslose	2,7	5,7
Erwerbstätige	44,9	94,3
Fungierende Kapitalisten	1,5	3,2
Eigentümerkapitalisten	1,3	2,7
Angestellte Top-Manager	0,2	0,5
Traditionelle Mittelklasse (inkl. mithelfende Familienangehörige)	2,8	5,9
Arbeiterklasse	29,6	62,1
Lohnarbeiter des Kapitals	27,4	57,5
.Produktive	18,3	38,4
.Unproduktive (kommerzielle Lohnarbeiter)	9,1	19,1
Lohnarbeiter der nichtkapitalistischen Produktion/Zirkulation	2,2	4,6
Lohnabhängige Mittelklasse	6,9	14,5
Staatsbeschäftigte	4,9	10,3
Beschäftigte bei Privathaushalten und POE	2,0	4,2
Prekarisierte (atypische Hauptbeschäftigung)	4,1	8,6

Quelle: Statistisches Bundesamt, Bundesarbeitsagentur und eigene Berechnungen

8.2 Markteinkommen, Transfers und verfügbares Einkommen der Privathaushalte

Markteinkommen und empfangene Transfers

Die Gesamteinkommen der Privathaushalte setzen sich aus marktbestimmten Einkommen und verschiedenen Formen von Transfereinkommen zusammen. Zu Ersteren gehören Einkommen aus Unternehmertätigkeit (Entnahmen) und Vermögen (Ausschüttungen/Zinsen) sowie die Arbeitslöhne, die sich in Primärlöhne aus dem privatkapitalistischen Sektor sowie Sekundärlöhne aus den steuer- und abgabenfinanzierten Bereichen (i.w. Staat) differenzieren. Bei den Transfereinkommen dominieren die Sozialtransfers von Sozialversicherungen und Staat (Gebietskörperschaften). Sonstige Transfers sind laufende Übertragungen z.B. aus privaten Versicherungsverträgen sowie einmalige Übertragungen (Vermögensübertragungen),

Abbildung 8.6: Markteinkommen und empfangene Transfers der privaten Haushalte nach Arten, Anteile am Gesamteinkommen in %

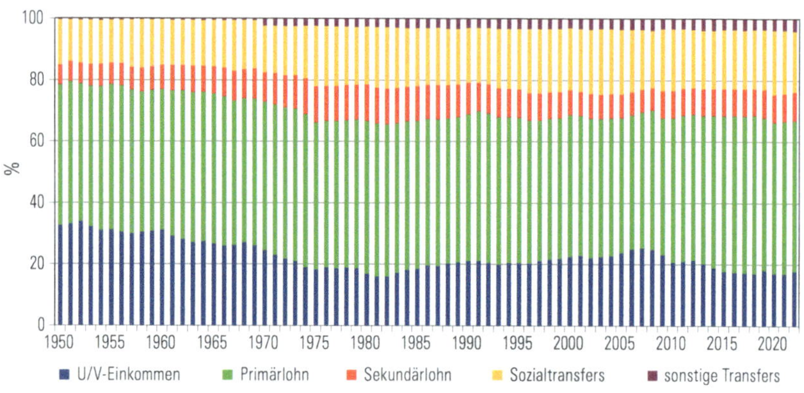

Quelle: Statistisches Bundesamt, Volkswirtschaftliche Gesamtrechnungen und eigene Berechnungen

- Das (Brutto-) Gesamteinkommen der Privathaushalte hat sich in den vergangenen rd. 70 Jahren von 84,3 Mio. DM (1950) auf 6,79 Bio. DM (= 3,47 Bio. €) in 2022 vermehrt; dies ist eine (nominelle) Steigerung auf rd. das 80-Tsd.-fache.
- Anteilig haben sich die U/V-Einkommen nahezu halbiert, der Anteil der Arbeitslöhne hat sich von 52 auf knapp 60% erhöht und die Sozialtransfers haben um 5 Prozentpunkte im erfassten Zeitraum zugelegt.

Vermögenseinkommen der Privathaushalte

Die Position der privaten BRD-Haushalte innerhalb der marktbestimmten Einkommensumverteilung durch Vermögenseinkommen (Zinsen) hat auf der Einnahmeseite neben den Zinsen aus der Anlage von Ersparnismitteln bei Banken und in Wertpapieren auch die zugeflossenen Kapitalerträge aus Lebensversicherungen zu berücksichtigen. Auf der Ausgabenseite sind die Zinsen der beiden Formen des Konsumkredits der Privathaushalte, Konsumentenkredite sowie Wohnungsbaukredite, gegenzurechnen. Die Zinserträge der Privathaushalte stiegen bis zum Ausbruch der Finanzmarktkrise 2007/08 an, allerdings verlangsamt mit der Durchsetzung sinkender Zinsen seit Beginn der 1990er-Jahre. Mit der durch die Europäische Zentralbank durchgesetzten ultralockeren Geldpolitik nehmen die Zinseinnahmen auf traditionelle Sparformen weiter ab. Da gleichzeitig auch die Zinskosten für Konsumenten- und Wohnungsbaukredite seit der Finanzmarktkrise deutlich zurückgangen sind, geht der positive Umverteilungssaldo der Privathaushalte nur leicht zurück.

Abbildung 8.7: Geleistete Zinsen und empfangene Vermögenseinkommen der Privathaushalte, in Mrd. DM

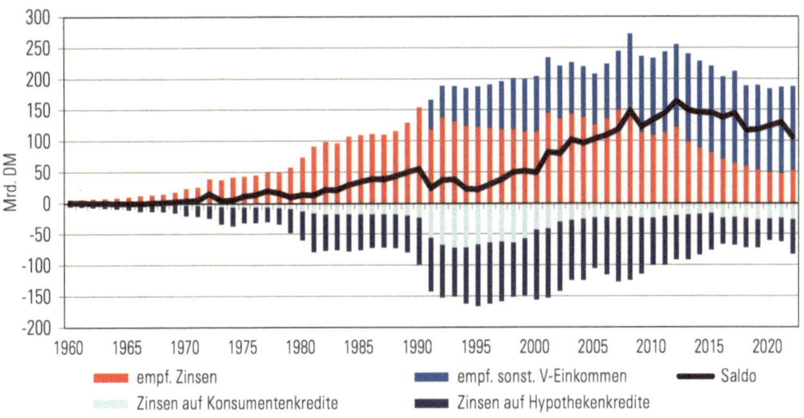

Quellen: Statistisches Bundesamt, Deutsche Bundesbank und eigene Berechnungen

- Etliche Privathaushalte haben die Niedrigstzins-Phase namentlich in der zweiten Hälfte der 2010er-Jahre zum Erwerb von Wohnungseigentum genutzt; der Bestand an Wohnungsbaukrediten stieg um rd. 1 Bio. € an und trieb die Immobilienpreise zu einer Blase.
- Der Bestand an Konsumentenkrediten verblieb demgegenüber auf niedrigeren Werten.

Einkommen und Konsum der Privathaushalte

Den Zusammenhang von den empfangenen Markteinkommen der Privathaushalte über die monetären Sozialtransfers zum Gesamteinkommen sowie dessen Belastung durch Steuern, Sozialbeiträge und sonstige Transfers zum verfügbaren Einkommen ist nachstehend mit den Daten des Jahres 2015 beispielhaft dargestellt. Aus dem verfügbaren Einkommen werden der private Konsum und die private Ersparnis bestritten. Der Gesamtkonsum setzt sich schließlich aus dem sog. Individualkonsum und dem kollektiven Konsum der öffentlichen Realtransfers zusammen.

Abbildung 8.8: Einkommen und Gesamtkonsum der Privaten Haushalte (Jahr 2015), in Mrd. €

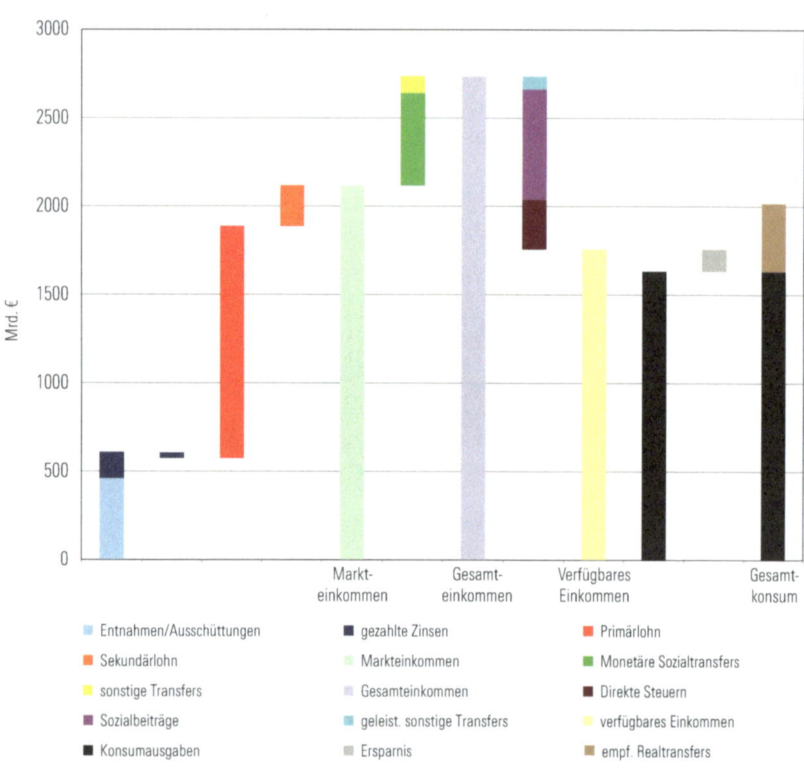

Quelle: VGR und eigene Berechnungen

Markteinkommen und verfügbares Einkommen

Die personelle bzw. personengewichtete Einkommensverteilung der Privathaushalte zeigt durch das Heranrücken der Verteilungskurve des verfügbaren Einkommens an die 45°-Linie der völligen Gleichverteilung, dass über alle Einkommensklassen hinweg – am meisten jedoch in den unteren bis mittleren Dezilen – die Ungleichheit der Verteilung des Markteinkommens durch geleistete Sozialbeiträge und Steuern sowie empfangene monetäre Transfers vermindert wird.

Abbildung 8.9: Personengewichtete Haushalts-Einkommensverteilung vor und nach der Umverteilung (im Jahr 2011)

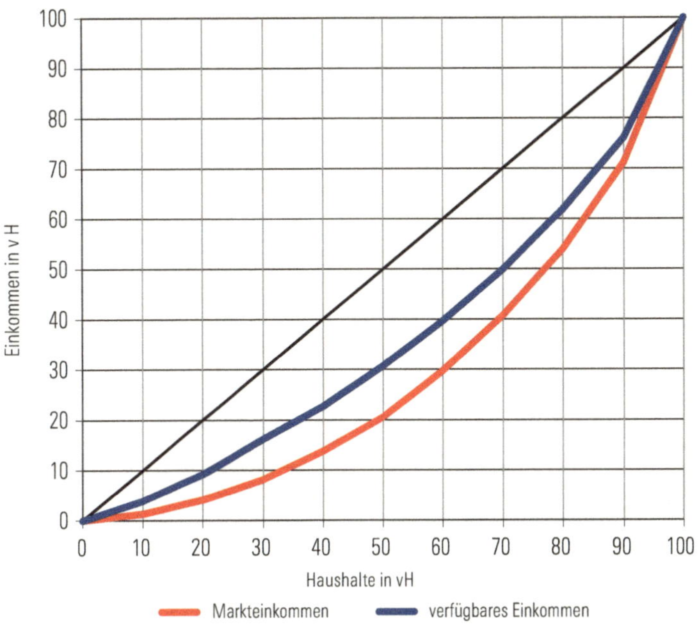

Quelle: Fratscher 2016 nach Bach et al. 2016

- Das Ausmaß der Umverteilung des Markteinkommens im Hinblick auf das verfügbare Einkommen kann auch durch die Differenz in Prozentpunkten zwischen dem Anteilswert des Markt- und dem Anteilswert des verfügbaren Einkommens am Gesamteinkommen der Privathaushalte ausgedrückt werden.
- Dann zeigt sich, dass gegenüber den 1950er- und auch noch gegenüber den 1960er-Jahren diese Differenz zwischen beiden Anteilswerten ab den 1970er-Jahren ansteigt und unter Schwankungen in der gesamten Folgezeit auf dem erreichten Niveau verbleibt. Zyklische Krisen vermindern die Umverteilungswirkung.

Umverteilungsaufkommen

Aufkommensseitig dominieren bei den in die politisch bestimmte Umverteilung einbezogenen Einkommensbestandteilen aller Privathaushalte die Sozialbeiträge sowohl absolut als auch hinsichtlich ihrer relativen Zunahme. Der anteilige Anstieg der Sozialbeiträge ist dabei auf die 1970er-Jahre konzentriert; hier ergibt sich ein Zuwachs um rd. 10 Prozentpunkte, der danach für drei Jahrzehnte beibehalten wird. Erst im zweiten Dezennium nach der Jahrtausendwende ergibt sich nochmals ein weiterer Anstieg dieser Sozialbeiträge, der bis in die Gegenwart anhält. Demgegenüber verharrt die Belastung der Haushaltseinkommen durch direkte Steuern seit den 1960er-Jahren relativ konstant bei rd. 10% und steigt in den 2010er-Jahren um rd. 1 Prozentpunkt an. Nur in den 1950er-Jahren ist diese Steuerbelastung noch etwas geringer.

Abbildung 8.10: Direkte Steuern, Sozialbeiträge und geleistete Übertragungen in % des Gesamteinkommens der Privathaushalte (kumulativ)

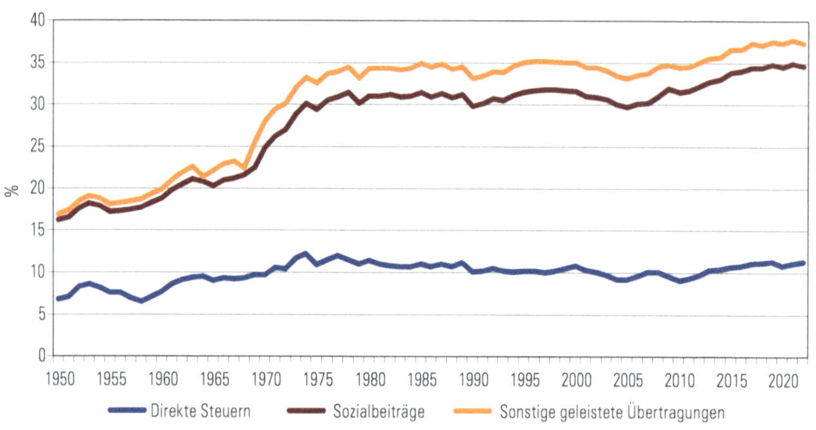

Quelle: Statistisches Bundesamt und eigene Berechnungen

- Die zunehmende Umverteilung von Einkommen wird somit über die Sozialbeiträge finanziert, nicht durch die (direkten) Steuern.
- Auch die sonstigen geleisteten Übertragungen, im Wesentlichen gezahlte Prämien für private Versicherungen (außer Lebensversicherungen), beanspruchen nur einen vergleichsweise geringen Anteil der Gesamteinkommen der Privathaushalte.
- Mit einer Abzugsquote von rd. 30% seit den 1980er-Jahren und zuletzt rd. 35% (2022) wird die Bedeutung der öffentlichen Haushalte für die finale Einkommensverteilung und -umverteilung unterstrichen. Die geleisteten sonstigen Übertragungen akzentuieren diesen Sachverhalt einer gesellschaftlichen gegenüber einer marktbestimmten Einkommensumverteilung.

Umverteilungsverwendung

Die Verwendung der einbezogenen Einkommensbestandteile durch die umverteilenden Institutionen wird ebenfalls durch den Sozialstaat dominiert, und zwar zum Einen durch die Sozialversicherung und zum Anderen durch den eigentlichen Staatshaushalt. Auch hier bestimmen die monetären Sozialleistungen der Sozialversicherungen die Richtung, d.h. einen zweimaligen Anstieg ihrer Quote am Gesamteinkommen in der ersten Hälfte der 1970er- sowie den 1990er-Jahren; nach der Jahrtausendwende geht ihr Anteil zunächst wieder leicht zurück. Verglichen mit den durch öffentliche Instanzen verteilten Sozialleistungen sind sowohl die Sozialtransfers privater Versicherungen als auch die sonstigen Übertragungen an die Privathaushalte von erheblich geringerem Gewicht; allerdings nehmen beide im Laufe der Zeit anteilig leicht zu.

Abbildung 8.11: Sozialtransfers und sonstige Übertragungen in % des Gesamteinkommens der Privathaushalte (kumulativ)

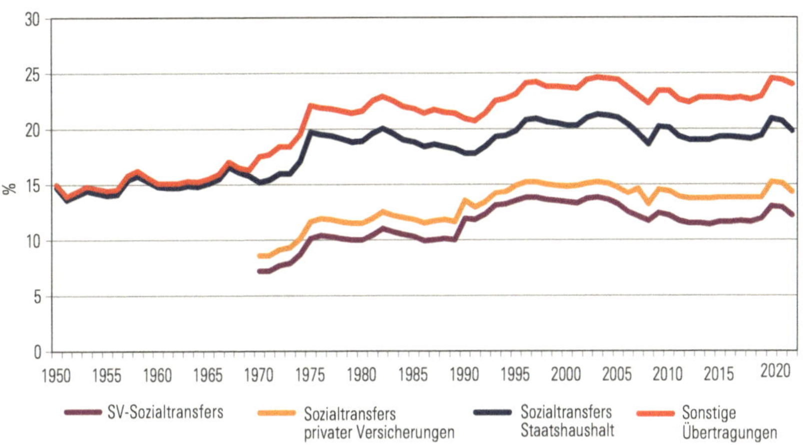

Quelle: Statistisches Bundesamt und eigene Berechnungen

- Die Umverteilung vom Markt- zum verfügbaren Einkommen ist die Domäne des bundesdeutschen Sozialstaats und hier zuvorderst der gesellschaftlichen Assekuranzfonds.
- Private Versicherungen – private Alters- und Krankenversicherungen (inkl. betriebliche Altersvorsorge) und private Sachversicherungen – sind gegenüber den umlage- oder steuerfinanzierten Sozialleistungen nachgeordnet.
- An diesem Befund hat auch der seit Langem (per Saldo) vorgenommene Abbau sozialstaatlicher Leistungen bzw. ihre Verschlechterung nichts Grundlegendes geändert.

Umverteilungswirkung einzelner Komponenten

Der die Ungleichheit der Einkommensverteilung messende Gini-Koeffizient – ein Gini-Koeffizient von 0 würde völlige Gleichverteilung ausdrücken, die Lorenzkurve läge auf der 45°-Linie; ein Gini-Koeffizient von 1 dementsprechend vollständige Ungleichheit, d.h. eine Person hielte das gesamte Einkommen, alle Anderen nichts – sinkt im Beispieljahr 2011 von 0,50 beim Markteinkommen auf 0,29 beim verfügbaren Einkommen. Den bedeutendsten Beitrag zur Senkung des Gini-Koeffizienten leisten die Transfers der Sozialversicherung (Versicherungsleistungen) sowie die progressive Einkommensteuer; beide zusammen machen 80% der Umverteilungswirkung von Markt- zu verfügbarem Einkommen aus. Demgegenüber bleiben private Renten (z.B. Betriebsrenten) und Transfers der Grundsicherung (ALG II, Sozialhilfe, Wohngeld, Kinderzuschlag, Unterhaltsgeld) in ihrer Umverteilungswirkung zurück.

Abbildung 8.12: Gini-Koeffizient für Umverteilungskomponenten (Jahr 2011)

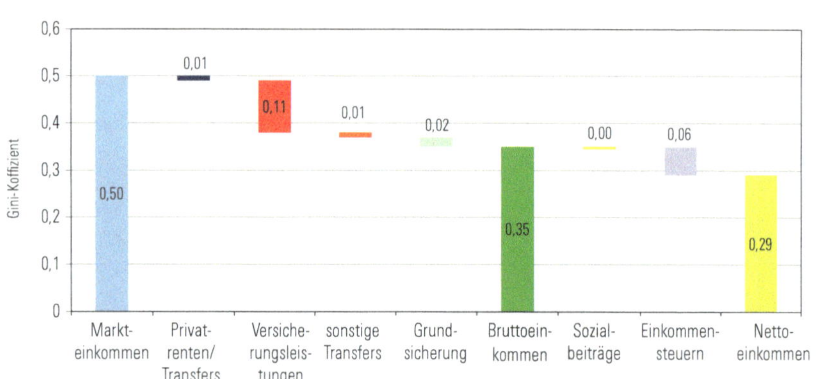

Quelle: Fratscher 2016 nach Bach et al. 2015

- Zwar beziehen sich die vorstehenden Daten nur auf ein Jahr, die Wirkung der einzelnen Komponenten ist aber, wie die Differenzierung des Umverteilungsaufkommens und der Umverteilungsverwendung gezeigt haben, im Grundsatz durchaus repräsentativ.
- Allerdings wird auch ein kausales Abhängigkeitsverhältnis deutlich: die Ungleichheiten in der Verteilung der Markteinkommen geben die Grundlage und Voraussetzung ab, die durch die Wirkung der verschiedenen Umverteilungskomponenten nachträglich nur modifiziert werden können.

Verfügbare Haushaltseinkommen nach Einkommensdezilen
In den letzten rd. 30 Jahren nach 1991 haben sich die Abstände zwischen verschiedenen Einkommensdezilen erhöht. Während das unterste 1. Dezil unter Schwankungen eine stagnative Entwicklung durchlaufen hat, hat das 5. oder mittlere Dezil ab 2014 deutlich zugelegt und seinen Abstand zu den untersten 10% der verfügbaren Haushaltseinkommen gesteigert. Mit Abstand am besten hat das oberste Dezil abgeschnitten: kurz vor der Jahrtausendwende, d.h. bereits im kurzen Aufschwung des IX. Zyklus, begann sein Aufstieg, der nur durch die Finanzmarkt- und Weltwirtschaftskrise 2008/09 sowie die anschließende Eurokrise unterbrochen worden ist. Seit 2016 geht es wieder aufwärts und der Abstand zu den unteren Einkommensdezilen hat sich immer mehr vergrößert.

Abbildung 8.13: Verfügbare Haushaltseinkommen nach Einkommensdezilen, Index 1991 = 100

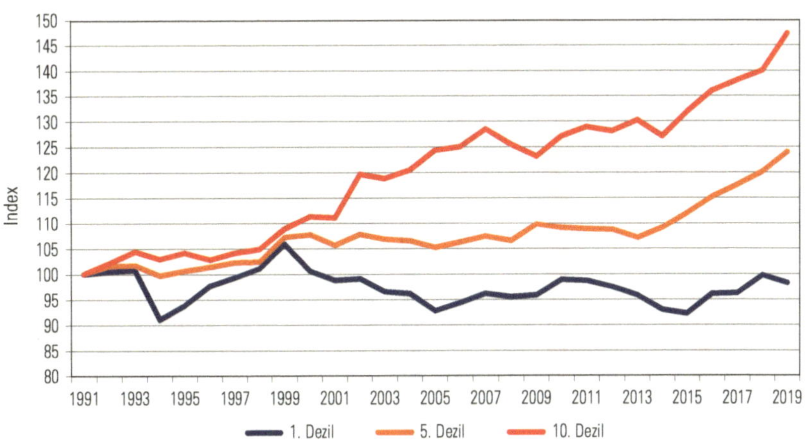

Quelle: Grabka 2022

- Trotz Umverteilungen namentlich durch öffentliche Instanzen (Sozialversicherungen und Staat), welche gesamthaft »von oben nach unten« durch soziale Versicherungsleistungen und eine progressive Einkommensteuer wirken, haben die Bezieher am oberen Ende der Einkommenshierarchie ihre Position massiv ausgebaut.
- Auf der anderen Seite konnten trotz Alimentierung durch sozialstaatliche Leistungen die untersten Einkommensbezieher ihre relative Position nicht verbessern.
- Seit Mitte der 2010er-Jahre hat sich die Ungleichheit der finalen Einkommensverteilung damit nochmals signifikant erhöht.

Funktionelle und personelle Einkommensverteilung nach Haushaltstypen 1983

Hinter der personellen Einkommensverteilung steht die funktionelle Einkommensverteilung nach Unternehmereinkommen, Einkommen aus unselbstständiger Arbeit, Vermögens- und Transfereinkommen (verschiedener Art). Die Pluralität der Einkommensformen für die verschiedenen sozialen Haushaltstypen erklärt Vieles bezüglich differenzierter Bewusstseinsformen innerhalb der arbeitenden Klassen.

Abbildung 8.14: Einkommensarten der Privathaushalte nach Haushaltstypen im Jahr 1983, TDM je Haushalt

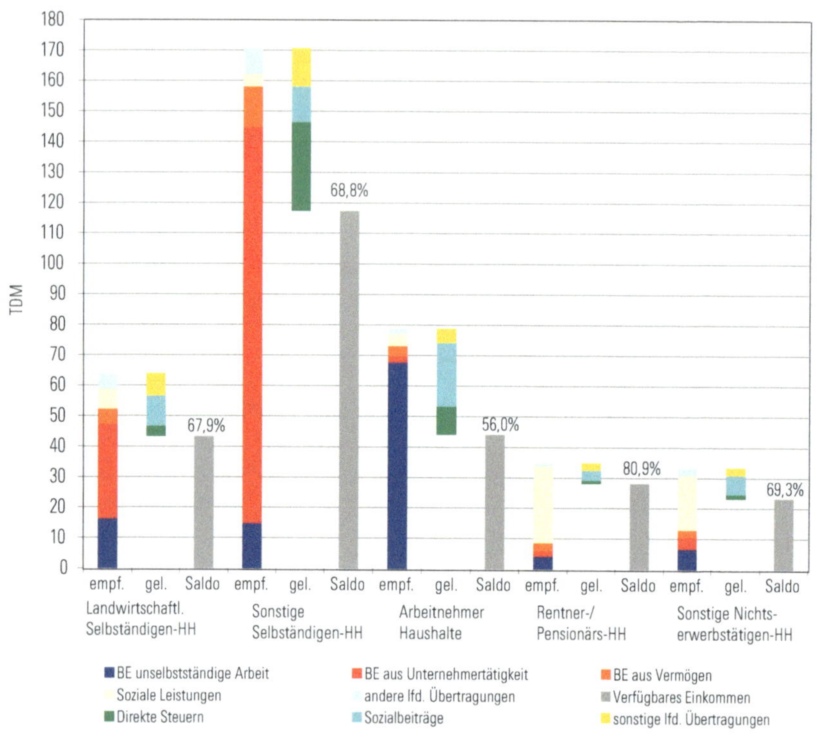

Quelle: Statistisches Bundesamt

- In den 1980er-Jahren der späten Alt-BRD ist das Bruttoeinkommen der Selbstständigen-Haushalte mehr als doppelt so hoch wie das der Arbeitsnehmer-Haushalte.

Funktionelle und personelle Einkommensverteilung nach Haushaltstypen 2018
Bei dem in der Gegenwart geringeren Verhältnis zwischen den Einkommen der Selbstständigen-Haushalte und derjenigen der Arbeitnehmer (1,25 : 1) ist zu berücksichtigen, dass bei den Selbstständigen-Haushalten die geringer verdienenden Landwirte sowie die gegenüber der Alt-BRD angewachsene traditionelle Mittelklasse kleiner Selbstständiger enthalten sind.

Abbildung 8.15: Einkommensarten und Einkommensverwendung der Privathaushalte nach Haushaltstypen im Jahr 2018; T€ je Haushalt

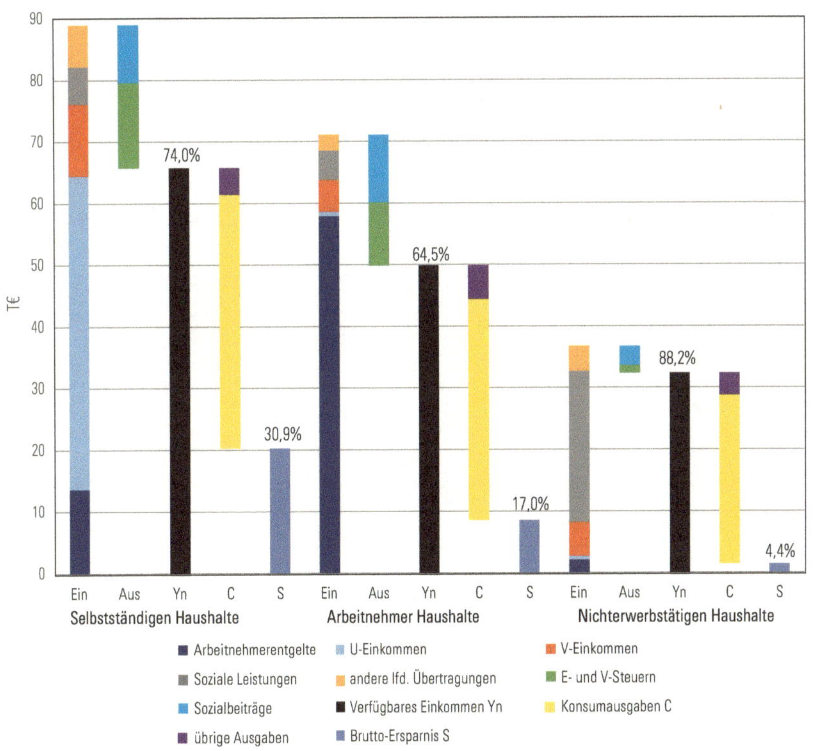

Quelle: Statistisches Bundesamt, Einkommens- und Verbrauchsstichprobe

- Die Prozentanteile der verfügbaren Einkommen am Gesamteinkommen sind für die einzelnen Haushaltstypen im jüngeren Zeitablauf bemerkenswert stabil.

Sparquote der Privathaushalte

Der Nichtkonsum von Teilen des verfügbaren Einkommens, also die private oder Haushaltsersparnis, ist in erster Linie durch die Einkommenshöhe bestimmt. Nachdem die Sparquote der privaten Haushalte im Zuge des Abbaus der Nachkriegsarbeitslosigkeit und rasch steigender (Real-) Löhne in den 1950er-Jahren angestiegen und im darauf folgenden Jahrzehnt auf dem erreichten Niveau gehalten worden war, vollzieht sich in den darauf folgenden 15 Jahren ein durchgängiger Rückgang, der durch die Massenarbeitslosigkeit seit der Weltwirtschaftskrise 1974/75 und durch die durch hohe Inflationsraten bis zum Anfang der 1980er-Jahre bedingten negativen Realzinsen verursacht war. In der Zeit nach 1991 stabilisiert sich die Sparquote zunächst um den Wert von 10%. Der vom Hartz-IV-Regime erzwungene Abbau von früher akkumulierten Ersparnissen bei den niedrigen Einkommen wird für den gesamtgesellschaftlichen Durchschnitt zunächst noch abgemildert durch die gestiegenen Sparbeiträge der hohen Einkommen.

Abbildung 8.16: Sparquote der Privathaushalte, in % des verfügbaren Einkommens

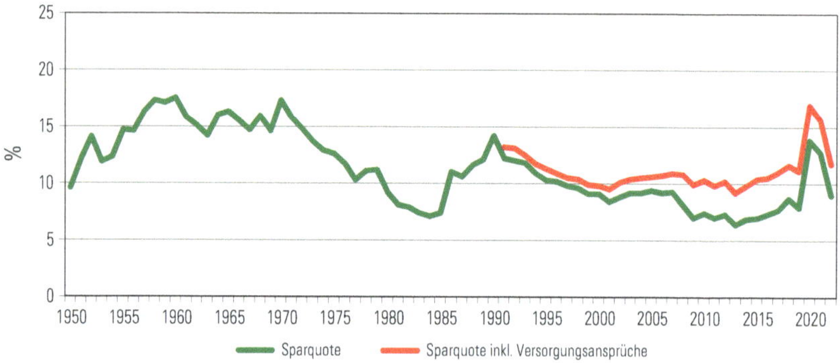

Quelle: Statistisches Bundesamt, VGR

- In den 2010er-Jahren kommt der negative Einfluss der Niedrigstzinspolitik der Europäischen Zentralbank auf das Sparverhalten der Bevölkerung hinzu, bis im Zuge der Covid-19-Krise das Vorsichtssparen einen erneuten Aufwärtssprung erzeugt.
- Die vorstehend ausgewiesene Ersparnis und Sparquote hat eine andere Abgrenzung als bei den Haushaltstypen nach der Einkommens-Verbrauchsstichprobe. Dort war aber deutlich geworden, dass die klassenmäßig bestimmten Einkommenshöhen sehr unterschiedliche Sparquoten erbringen, die durch die durchschnittliche Sparquote verdeckt werden.

8.3 Vermögen der Privathaushalte

Personelle/haushaltsmäßige Vermögensverteilung

Der bei der Einkommensverteilung auf verschiedene soziale Haushaltstypen festgestellte Befund der fundamentalen Prägekraft von Klassenstrukturen kommt bei der Vermögensverteilung noch sehr viel drastischer zum Ausdruck. Schließlich ist die Bildung von Vermögen für die Haushalte der lohnabhängigen Mehrheit der Gesellschaft auf die Sisyphusarbeit der privaten Ersparnisbildung angewiesen, während die Kapitalistenklasse das allgemeine Aneignungsgesetz, nach dem das Eigentum an vergangener vergegenständlichter Arbeit zur Voraussetzung der gegenwärtigen und zukünftigen Aneignung unbezahlter lebendiger Arbeit wird, ausnutzen kann.

Abbildung 8.17: Personelle Verteilung des Nettovermögens (2002 und 2007)

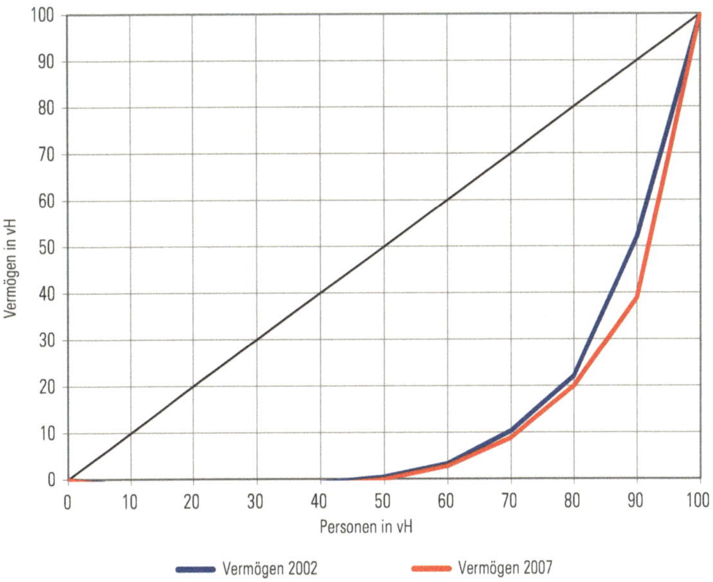

Quelle: Sozioökonomisches Panel (SOEP)

- Im obersten Dezil fächert sich die Vermögensbildung und -konzentration für die Top 1% und weiter die Top 0,1% der Haushalte nochmals extrem aus.
- Angehörige der besitzenden Klassen verfügen durch ihr Betriebsvermögen über das mit Abstand höchste Nettovermögen vor höheren Beamten und Pensionären mit Immobilieneigentum.

Erbschaften

Langfristig weist das Erbvolumen seit Beginn des 20. Jahrhunderts anteilig am Nationaleinkommen in Frankreich, Großbritannien und Deutschland eine u-fömige Entwicklung auf. In der BRD nehmen Erbschaften und Schenkungen nach der Jahrtausendwende sowohl als Gesamtsumme als auch pro Fall wieder deutlich zu.

Abbildung 8.18: Erbvolumen (in % des Nationaleinkommens) in Frankreich, Großbritannien und Deutschland

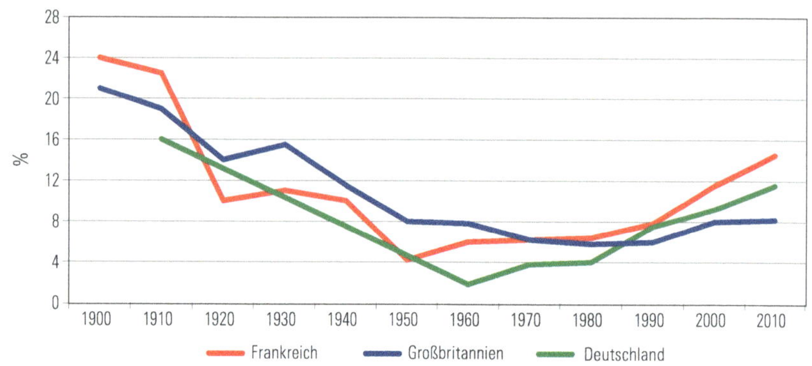

Quelle: Piketty 2014: 566

Abbildung 8.19: Schenkungen und Erbschaften, Gesamtsummen und Summen pro Fall, in Mrd. € bzw. T€ pro Jahr

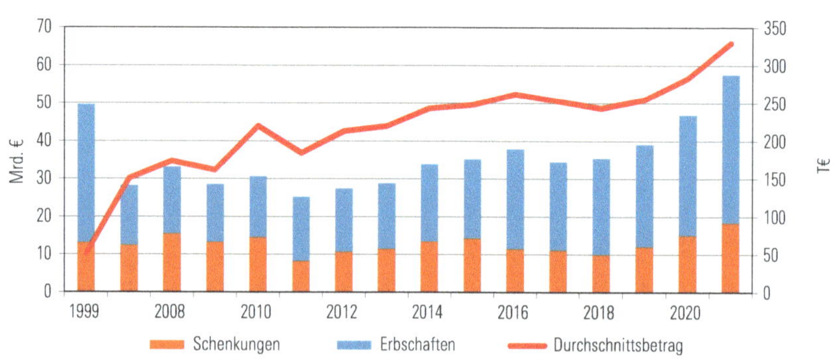

Quelle: Statistisches Bundesamt, Finanzen und Steuern

8.4 Soziale Stellung der arbeitenden Klassen

Lohnquoten

Die anhand der Lohnquote – Anteil der Arbeitnehmerentgelte am Volkseinkommen (vor Umverteilung) – gemessene Verteilung der entstandenen Markteinkommen zeigt einen nur von kurzfristigen Schwankungen unterbrochenen Anstieg des Anteils der Arbeitslöhne um rd. 15 Prozentpunkte während der Prosperitätsperiode bis Mitte der 1970er-Jahre. Ab dem VIII. Zyklus fällt diese Lohnquote wieder und erreicht vor der Weltwirtschaftskrise 2007 ihren Tiefstwert, der nur knapp über dem Ausgangswert vom Anfang der 1950er-Jahre liegt. Wird diese Maßzahl um die sich verändernde Zahl der Lohn- und Profiteinkommensbezieher bereinigt, erhält man ein korrekteres Bild des relativen Arbeitslohns: der Aufschwung der Lohnquote in den ersten 25 Jahren entfällt und es zeigt sich eine weitgehende Konstanz des Lohnanteils am Volkseinkommen. Der Rückgang des relativen Arbeitslohns seit Anfang der 1980er-Jahre ist jedoch sehr viel deutlicher ausgeprägt: 2007 liegt die bereinigte Lohnquote rd. 10 und 2021 rd. 6 Prozentpunkte unter ihrem Ausgangswert vom Beginn der 1950er-Jahre.

Abbildung 8.20: Entwicklung der Lohnquote in der BRD, Ausgangswerte (unbereinigt) und bereinigt, d.h. bei konstant gehaltener Erwerbstätigenstruktur

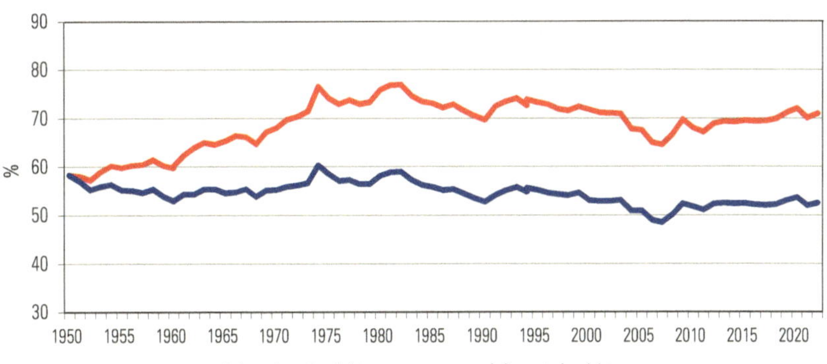

Quelle: Statistisches Bundesamt und eigene Berechnungen

- Nur der relative Arbeitslohn erfasst den Arbeiter in seiner sozialen Bestimmtheit als Klassenindividuum.
- Die bereinigte Lohnquote offenbart, dass der Anstieg des Ausgangswerts während der beschleunigten Kapitalakkumulation ausschließlich auf der Zunahme der Anzahl der Lohnabhängigen beruhte.

Arbeitnehmerentgelt pro Arbeitsstunde und Reallohnentwicklung

Die marktbestimmte Verteilungsstruktur wird aufseiten der Arbeitslöhne durch den Aufweis, wie lange ein abhängig Beschäftigter durchschnittlich für ein bestimmtes Geldäquivalent arbeiten muss bzw. in welchem Geldbetrag sich eine Arbeitsstunde für ihn ausdrückt, charakterisiert. In langfristiger Perspektive steigt dieser Lohnsatz von 1,55 DM in 1950 auf 73,41 DM bzw. 37,53 € in 2022 an; dies ist ein Anstieg um mehr als das 47-Fache. Für die Teilnahme der Lohnabhängigen an der gesellschaftlichen Konsumtion ist aber zusätzlich die Entwertung der Kaufkraft einer Geldeinheit in Rechnung zu stellen: Für die ersten 25 bzw. 30 Jahre ergibt sich eine Ausdehnung des gesamtwirtschaftlichen Arbeitsfonds der Lohnabhängigen. Nach 1991, im IX. bis zum Ende des X. Zyklus setzt sich zunächst eine sinkende Tendenz der Kaufkraft der Arbeitnehmereinkommen durch. Erst mit Ausdehnung der lohnabhängigen Beschäftigung im XI. Zyklus steigt die Kaufkraft der Löhne bis 2021 wieder. 2022 führt die gestiegene Inflation zu einem Reallohnverlust (brutto). Gesamthaft hat die Kaufkraft der Arbeitnehmereinkommen in 70 Jahren um rd. das 4-fache zugenommen.

Abbildung 8.21: Arbeitnehmerentgelt pro Arbeitsstunde (DM/h) und Kaufkraft der Löhne (Index 1950 = 100)

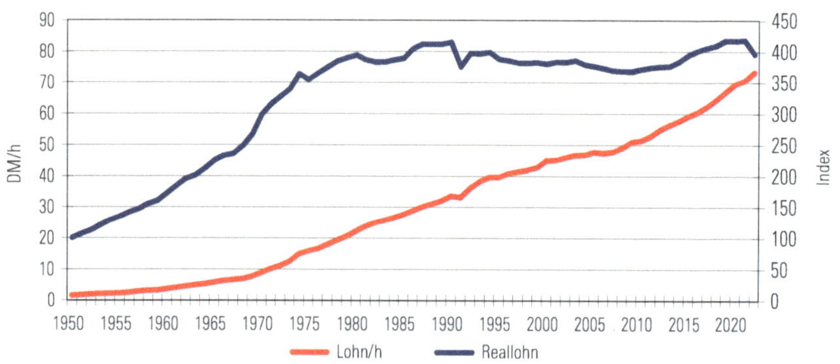

Quelle: Statistisches Bundesamt und eigene Berechnungen

- Der Lohnsatz als Entgelt pro Stunde verschleiert den fundamentalen Sachverhalt, dass nicht die gesamte Arbeitszeit bezahlt wird (Lohnfetisch).
- Eine sinkende Reallohnsumme sowie ein sinkender relativer Arbeitslohn sind typische Ausdrucksformen einer strukturellen Überakkumulation von Kapital, nachdem deren anfängliche Lasten von den Profiten auf die abhängig Beschäftigten weitergewälzt worden sind.
- Aus wieder steigender Kaufkraft der Arbeitslöhne kann aber nicht auf eine Überwindung der Überakkumulationssituation geschlossen werden.

Lohnstückkosten

Die Lohnstückkosten als Relation zwischen dem Geldlohn pro Arbeitsstunde und der Entwicklung der gesamtwirtschaftlichen Produktivität gilt sowohl im internationalen Vergleich als auch für die Entwicklung in der Zeit als wesentliche Größe für die Wettbewerbsfähigkeit einer Volkswirtschaft. Für die BRD-Entwicklung ist in den 1950er und 1960er Jahren eine Konstanz bzw. nur geringe Steigerung der Lohnstückkosten charakteristisch; erst im Zuge der sich beschleunigenden Preisinflation Ende der 1960er-Jahre und der steigenden Geldlöhne setzt eine raschere Steigerung der Lohnstückkosten ein, die sowohl in der Periode der »Stagflation«, d.h. bis zum Ende des VII. Nachkriegszyklus (1982) sowie im folgenden VIII. Zyklus anhält. Nach dem DDR-Anschluss drücken steigende Arbeitslosigkeit und geringere Lohnsteigerungen auf die Entwicklung der Lohnstückkosten; dies hält während des gesamten IX. sowie im X. Zyklus bis zur Weltwirtschaftskrise 2009 an. Erst im folgenden XI. Zyklus nimmt die Entwicklung der Lohnstückkosten bei verbesserter Beschäftigungssituation wieder Fahrt auf. Im internationalen Vergleich hat die deutsche Lohnstückkostenentwicklung auch nach dem Anstieg in den 2010er-Jahren der internationalen Wettbewerbsfähigkeit des BRD-Kapitals keinen Abbruch getan.

Abbildung 8.22: Lohnstückkosten (Personenkonzept), Index 1991 = 100

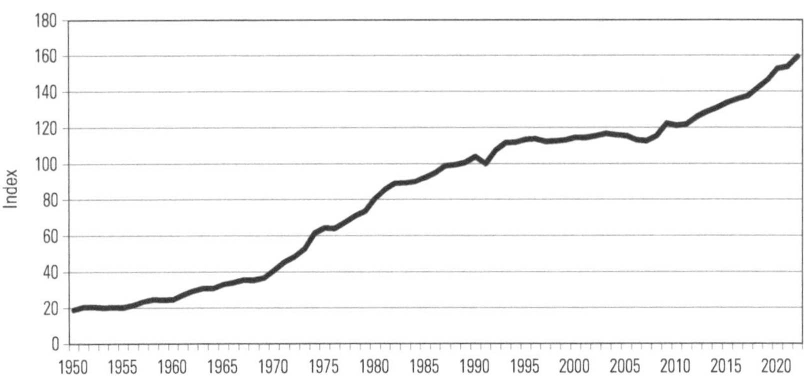

Quelle: Statistisches Bundesamt und eigene Berechnungen

- Bei der Größe Geldlohn/h zu BWS/h wird die Produktivität als preisbereinigte Bruttowertschöpfung pro Erwerbstätigenstunde erfasst und damit strikt genommen als Preis- und nicht als Stoff- oder Gebrauchswertgröße.
- Im Geldlohnanteil an der Bruttowertschöpfung, jeweils auf eine Arbeitsstunde bezogen, ist allenfalls die preisliche Wettbewerbsfähigkeit zu indizieren, keineswegs die Wettbewerbsfähigkeit im umfassenden Sinne.

Tarif- und Effektivlohn

Tarif- und Effektivlohn bewegen sich in den letzten drei Jahrzehnten mit negativer Lohndrift immer weiter auseinander und dies trotz der in diesem Zeitraum niedrigen Tarifabschlüsse, die in vielen Jahren hinter der Preissteigerungsrate zurückgeblieben sind und Reallohnverluste bedeuteten. Ursachen für diese Auseinanderentwicklungen von Tarif- und Effektivlöhnen der abhängig Beschäftigten sind die Abnahme der Reichweite von gewerkschaftlich ausgehandelten Flächentarifverträgen sowie vielfache Abweichungen der tatsächlichen Lohnzahlungen von den tariflich ausgehandelten Abschlüssen (Verbetrieblichung der Tarifpolitik). Vor dem Hintergrund massenhafter Arbeitslosigkeit und der Schwächung der Gewerkschaften ist diese Entwicklung das naturwüchsige Resultat einer langandauernden strukturellen Überakkumulation von Kapital und ihr Ausdruck auf dem Arbeitsmarkt. Daran hat auch die zuletzt positivere Entwicklung im XI. Zyklus seit 2015 nichts Grundlegendes geändert.

Abbildung 8.23: Nominaler Tariflohn und Effektivlohn (Index), Lohndrift

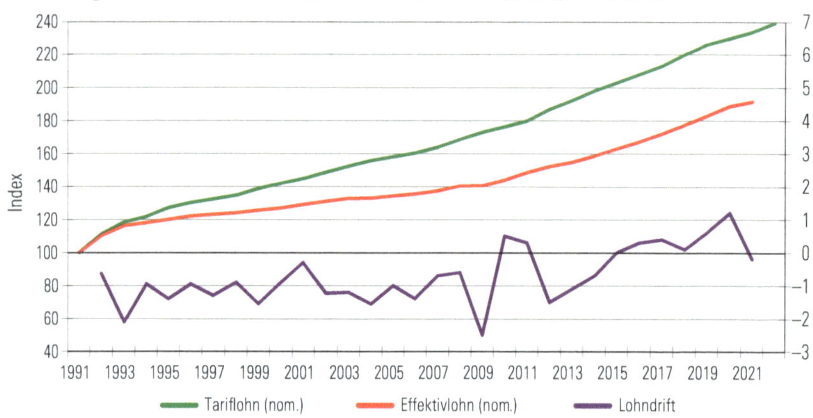

Quellen: Statistisches Bundesamt, WSI-Tarifarchiv

- Die Tarifbindung der Beschäftigten, die Ende der 1990er-Jahre noch bei 76% in Westdeutschland und 63% in Ostdeutschland lag, ist kontinuierlich zurückgegangen und betrug 2021 nur noch 53 bzw. 45% in West- bzw. Ostdeutschland.
- Noch dramatischer ist trotz zuletzt gegenteiliger Entwicklung in einzelnen Jahren die Zunahme sog. atypischer, d.h. nicht-sozialversicherungsrechtlicher Arbeitsverhältnisse durch Mini- und Midi-Jobs sowie erzwungener Teilzeit-Arbeitsverhältnisse und Solo-Selbstständigkeit. Dieser durch das »Agenda 2010-Regime« etablierte Niedriglohnsektor ist nach wie vor ein Merkmal der BRD-industrial relations.

Reale Brutto- und Nettoarbeitsentgelte pro Beschäftigten
Das für die Wertbestimmung der Arbeitskraft charakteristische historisch-moralische Element, welches den Arbeiter als soziales Subjekt auszeichnet und in der partiellen Dekommodifizierung der Arbeitskraft in der Prosperitätsperiode des Fordismus seinen Höhepunkt erreicht hatte, ist seit den Auswirkungen der kapitalistischen Überakkumulation auf den Arbeitsmarkt einer Neubewertung durch Kompression ausgesetzt. In der Bundesrepublik kam verschärfend zu dieser allgemeinen Tendenz für die kapitalistischen Metropolen der wirtschaftlich gescheiterte Anschluss der Ex-DDR als besonderes Moment hinzu. Nach anfänglichen Erfolgen bei der schrittweisen Angleichung der Ostlöhne an das Westniveau wurde das Letztere zunehmend heruntergezogen; das Ergebnis sind Nettoreallohnverluste pro Beschäftigtem seit Anfang der 1990er-Jahre; die Nettoreallöhne hatten erst 2016 wieder das Niveau von 1991 erreicht. Am aktuellen Rand bewirken Krise und Inflation einen neuerlichen Reallohnverlust: die realen Nettoentgelte liegen 2022 auf dem Niveau von 1991.

Abbildung 8.24: Reale Brutto- und Nettoarbeitsentgelte pro abhängig Beschäftigtem, Index 1991 = 100

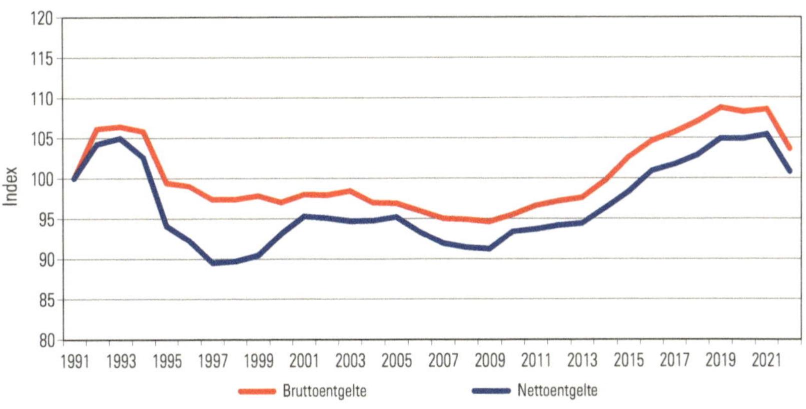

Quelle: Statistisches Bundesamt und eigene Berechnungen

- Die Abgabenbelastung der Arbeitslöhne durch Sozialbeiträge (Arbeitgeber- und Arbeitnehmeranteil) sowie Lohnsteuer ist von 25% Anfang der 1950er-Jahre auf knapp 50% in der 2. Hälfte der 1990er-Jahre angestiegen; seitdem stagniert die Abzugsquote bei rd. 45%.
- Die Differenz in der Entwicklung der Brutto- und Nettoarbeitsentgelte (pro Beschäftigtem) seit Beginn der 1990er-Jahre verdankt sich hauptsächlich einer steigenden Steuerlast bei nur moderat steigenden Sozialabgaben.

8.5 Konsum- und Zeitbudgets

Private Konsumausgaben

Während die ersten Jahrzehnte nach dem Zweiten Weltkrieg noch durch die Befriedigung der Grundbedürfnisse nach Essen/Trinken und Kleidung dominiert wurden, nahm deren Anteil an den gesamten privaten Konsumausgaben danach fortwährend ab. Nach der Jahrtausendwende ist für diese Verwendungsformen ein unteres Niveau mit knapp 20% erreicht. Hierin sind bereits die wohlstandstypischen Ausdifferenzierungen der Elementarbedürfnisse nach Nahrung und Kleidung miterfasst. Gegensinnig zu dieser Entwicklung steigt der Anteilswert der Ausgaben der Privathaushalte für das Wohnen: Betrug er in den 1950er-Jahren infolge umfassender Bewirtschaftungsmaßnahmen nur etwa 10%, so hatte er sich in den beiden nachfolgenden Jahrzehnten verdoppelt, stieg auch nach 1991 nochmals deutlich an und betrug zuletzt rd. ein Viertel der privaten Konsumausgaben mit zukünftig weiter steigender Tendenz. Neben dem Strukturwandel am Wohnungsmarkt – Verschiebung des Verhältnisses von Mieter- und Eigentümer-Haushalten, Zunahme der Gesamtzahl der Haushalte aufgrund sich ändernder Haushaltsgröße – ist dies ein deutlicher Hinweis auf ein bestehendes Ungleichgewicht zwischen Angebot und Nachfrage nach Wohnraum mit den früher aufgewiesenen Tendenzen der Steigerung der Brutto-Mietkosten.

Abbildung 8.25: Privater Konsum nach Verwendungsformen, Anteile in %

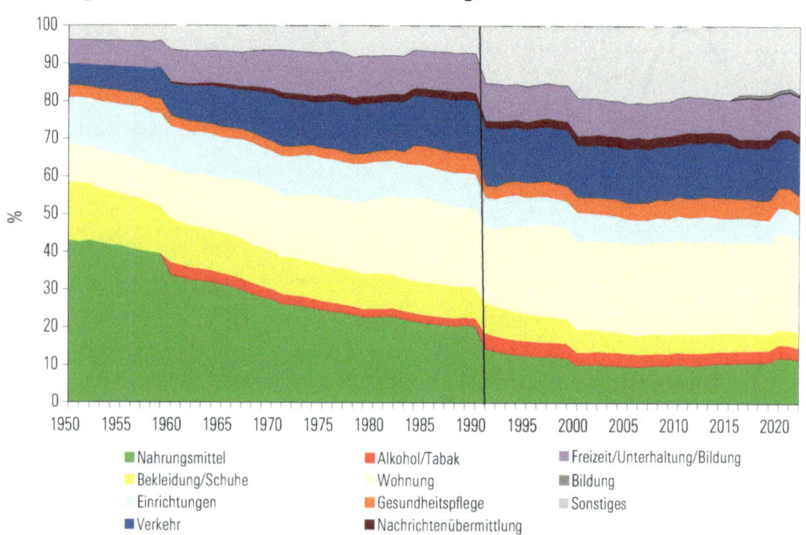

Quelle: Statistisches Bundesamt und eigene Berechnungen

Zeitbudgets

Der Anstieg der durchschnittlichen Lebenserwartung auf 82,7 Jahre oder 724.000 Std. in 2020 – 1900 betrug sie 59,9 und 1950 71,7 Jahre – verteilt sich gesamthaft nur zu 6,1% auf Erwerbsarbeit, die im Schnitt im Alter von 18 bis 63 verausgabt wird. Eigenständige Lebensabschnitte umgreifen neben dem erwerbsfähigen Alter, welches aktuell einen gesetzlichen Renteneintritt mit Vollendung des 67. Lebensjahres ausweist, Kindheit/Jugend mit den Besuchen von Kita und Schule/Ausbildung/ Universität sowie das Rentnerdasein. Tätigkeiten neben der Erwerbsarbeit sind Haus- und Familienarbeit mit rd. 80 Tsd. Std. (11%) und zivilgesellschaftliche Arbeit verschiedenster Art mit 5 Tsd. Std. (0,7%) Lebensarbeitszeit. Die Freizeit mit Mußezeit nach der Arbeit sowie an Sonn- und Feiertagen sowie im Urlaub umfasst mit 273.000 Std. (37,7%) neben der physio-psychischen Regeneration mit 302.000 Std. (41,7%) das zweitgrößte Zeitbudget der durchschnittlichen Lebenszeit.

Abbildung 8.26: Lebens- und Lebensarbeitszeit in der BRD 2020

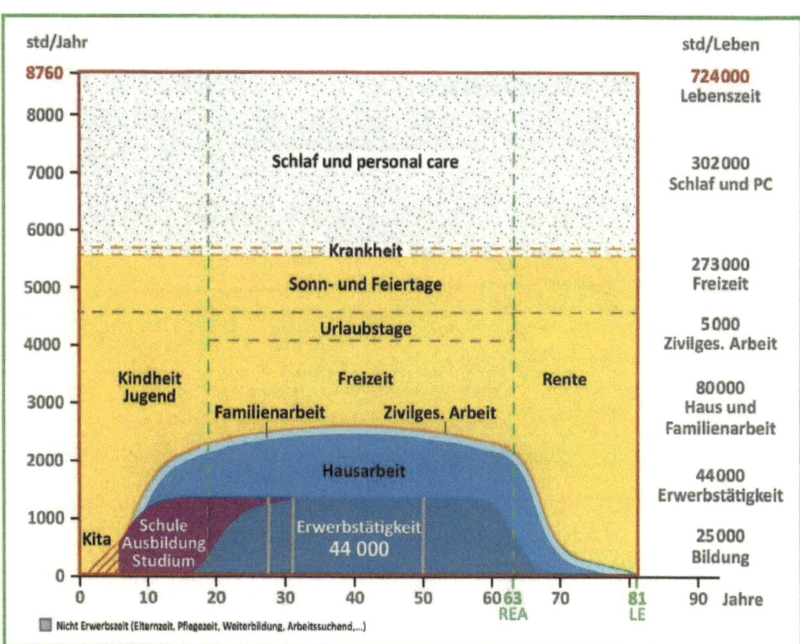

LE = Lebenserwartung, REA = tatsächliches Renteneintrittsalter. Im Bild ist zusätzlich zu Bild 27 auch die zivilgesellschaftliche Arbeit separat ausgewiesen.

Quelle: IGZA 2022

9. BRD-Kapital auf dem Weltmarkt

9.1 Export- und Importquoten

Die Export- und Importquoten des BRD-Kapitals kennen nach dem Zweiten Weltkrieg nur eine langfristge Entwicklungsrichtung: ansteigend. Mit 27% der nationalen Gesamtproduktion bzw. 25% des Inlandsangebots (2021) ist der deutsche Reproduktionsprozess stark mit dem Weltmarkt verflochten und von ausländischen Lieferungen abhängig. Die Weltmarktabhängigkeit ist neben stofflicher Art – Rohstoffimporte und andere Vorprodukte – wegen der ausfuhrinduzierten Bruttoproduktion, die neben den exportierten Waren auch die im Inland produzierten Vorleistungen der direkten Exportwaren enthält, je nach Branche noch um etwa ein Drittel bis zur Hälfte höher als die direkte Exportquote. Die Auslandsabhängigkeit des deutschen Reproduktionsprozesses wurde im Rahmen der Covid-19-Krise als Störung und Unterbrechung internationaler Lieferketten sowie im Jahr 2022 als Konsequenz des Russland-Ukraine-Krieges durch Ausbleiben von Öl- und Gasimporten für Jedermann deutlich.

Abbildung 9.1: Export- und Importquoten, in %

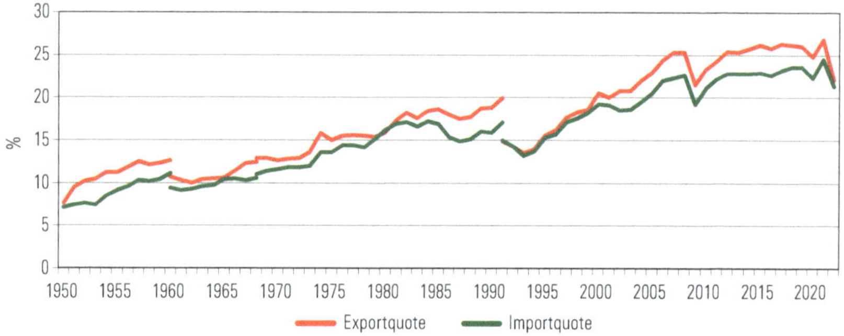

Quelle: Statistisches Bundesamt, VGR sowie eigene Berechnungen

- Export- und Importquote haben unterschiedliche Bezugsgrößen. Die Exporte werden als Anteil der nationalen Gesamtproduktion, die Importe als Anteil der Inlandsverfügbarkeit ausgewiesen.
- Die Zeitreihenbrüche 1960 und 1991 ergeben sich aus den unterschiedlichen Gebietsständen, 1968 aus Steuertatbeständen (Umsatzsteuer).
- Nach der Propagierung einer ungehemmten Globalisierung der Produktion gilt mittlerweile das größere Augenmerk einer gesteigerten Resilienz der nationalen Produktion gegenüber einseitigen Abhängigkeiten von ausländischen Lieferanten.

9.2 Terms of Trade

Die Terms of Trade als Verhältnis zwischen der Entwicklung der Export- gegenüber den Importpreisen haben sich für das BRD-Kapital insbesondere in den zweieinhalb Jahrzehnten seiner beschleunigten Kapitalakkumulation stark verbessert und einen Gutteil außenwirtschaftlicher Beschleunigung für das Binnenwachstum gebracht. Rückschläge gab es nur im Zuge der beiden Ölpreisschocks 1973/74 und 1979–81, wo der drastische und plötzliche Anstieg der Preise für Rohölimporte nicht kurzfristig auf die Exportpreise überwälzt werden konnte. Hinzu kommt der Importsog im Zuge der Nachfragesteigerung durch den DDR-Anschlussboom 1991–93, der nicht vollständig durch nationale Produktion zu befriedigen war. Seit Anfang der 1990er-Jahre sind die Terms of Trade, von zyklischen Schwankungen abgesehen, nicht weiter gestiegen; der Anstieg in der zweiten Phase des XI. Zyklus wurde durch den Rückgang 2021/22 wieder konterkariert. Der fortgesetzte Anstieg von Rohstoffpreisen, die die deutschen Importe verteuern, wird durch die Exportpreisentwicklung nur ausgeglichen, aber nicht mehr überkompensiert.

Abbildung 9.2: Terms of Trade, Index 1950=100

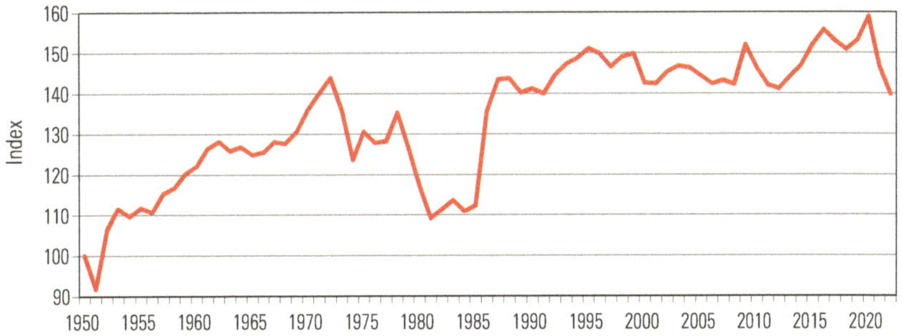

Quelle: VGR und eigene Berechnungen

- Die Terms of Trade erfassen nur einen Teil des Außenwirtschaftseinflusses für die nationale Produktion, nämlich nur denjenigen Teil des Gesamtwarenprodukts, der exportiert wird bzw. der Gesamtnachfrage, die durch das Ausland bedient wird.
- Dass die Weltmarktpräsenz eines Nationalkapitals seine produktive Arbeit in die internationale Stufenleiter der Nationalarbeiten integriert und dessen Wertschöpfungspotenz spezifisch bewertet, wirkt auf den Wert- und Preisausdruck des gesamten Warenprodukts, die nationale Durchschnittsprofitrate sowie auf die Entwicklung des Wechselkurses der nationalen Währung ein.

9.3 BRD-Handels- und -Leistungsbilanz

Die deutsche Handelsbilanz (ohne Dienstleistungsverkehr) weist, abgesehen von den ersten beiden Jahren 1949/50, einen strukturell positiven Saldo aus, der langfristig angewachsen ist. Ein regelrechter Schub war in der zweiten Hälfte der 1980er-Jahre, also nach dem bereits vollzogenen Übergang in eine strukturelle Überakkumulation, zu verzeichnen. Dieser Anstieg des Handelsbilanzsaldos ist exportgetrieben. Rückwirkend stabilisiert diese Exportoffensive des BRD-Kapitals die Profit- und Beschäftigungssituation im Inland. In der zweiten Hälfte der 1990er-Jahre wurden nach dem Importsog im Zusammenhang mit dem DDR-Anschluss fast wieder die Überschüsse des vorangegangenen Jahrzehnts erreicht. Grund dafür ist eine stabile Exportkonjunktur, die neben innereuropäischen Lieferungen zunehmend durch Nachfragen aus den Schwellenländern in Asien getragen wird; insbesondere die VR China wurde wichtiger Exportmarkt und Importlieferant. Diese Entwicklung setzte sich im X. und XI. Zyklus fort: das BRD-Kapital holt sich auf Auslandsmärkten die Umsätze und Profite, die im Inland nicht (mehr) zu haben sind.

Abbildung 9.3: Salden der Handels- und Leistungsbilanz, in Mrd. DM

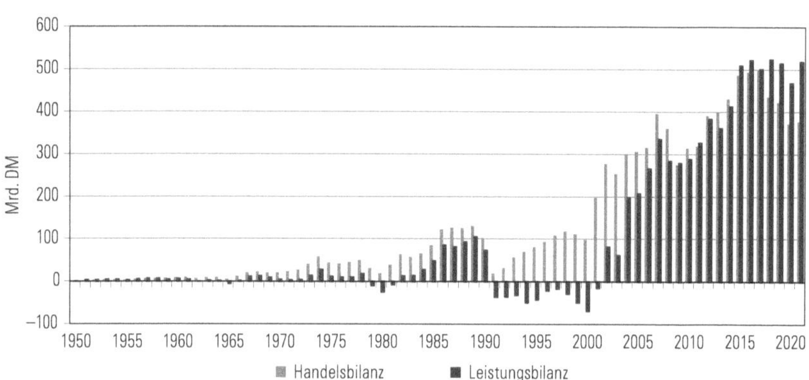

Quelle: Deutsche Bundesbank

- Die Leistungsbilanz folgt grundsätzlich der Entwicklung der Handelsbilanz.
- Die deutsche Dienstleistungs- und Übertragungsbilanz wird neben Fracht- und Versicherungskosten etc. durch strukturelle Defizite aus dem Reiseverkehr sowie bei den privaten und öffentlichen Übertragungen geprägt.
- Die Salden der Dienstleistungsbilanz sowie der Kapitalerträge sind erst im letzten Jahrzehnt zunehmend positiv und steigern den Leistungsbilanzsaldo.

9.4 BRD-Exporte nach Regionen

Die Regionalstruktur der deutschen Exporte ist gegründet auf stabilen Abnahmen der Länder der Euro-Zone; Ausnahmen sind nur die Krisenjahre 2009 und 2020. Zusammen mit den Verkäufen an die restlichen EU-Länder ist bereits mehr, vor 2009 deutlich mehr als die Hälfte der BRD-Exporte, abgesetzt. Die europäischen Nicht-EU-Länder sowie Amerika (USA) steuern stabile Nachfragen nach deutschen Waren bei; durchgängig wachsend ist der Absatz in asiatische Länder. Die VR China ist mittlerweile nach den USA der wichtigste (Auslands-)Markt.

Abbildung 9.4: BRD-Exporte nach Regionen, in Mrd. €

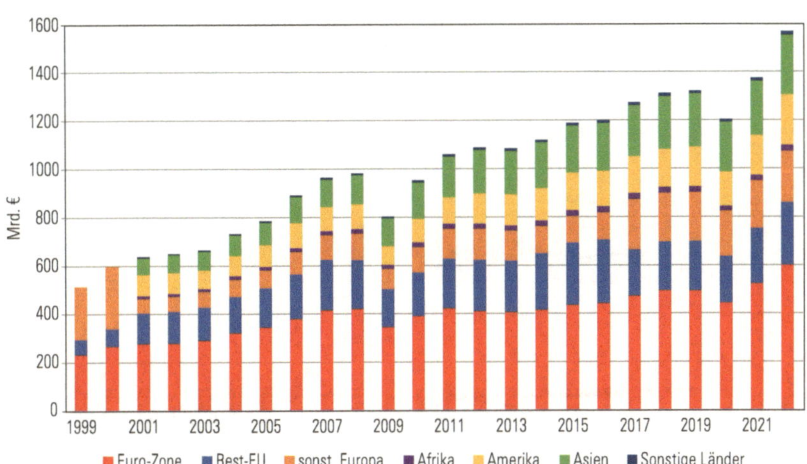

Quelle: Deutsche Bundesbank

- Die regionale Aufteilung der Importe zeigt spiegelbildlich vergleichbare Schwerpunkte wie die Exportverteilung. Auch hier dominieren Importe aus der Euro-Zone bzw. der EU, danach kommt Rest-Europa.
- Die regionalen Handelsbilanzsalden der BRD sind zumeist positiv. Ausnahmen bilden in einigen Jahren die afrikanischen und asiatischen Länder als jeweilige Gesamtheiten.
- Gegenüber Japan und der VR China sind die Handelsbilanzsalden durchweg negativ, seit Beginn des XI. Nachkriegszyklus (ab 2011) allerdings mit rückläufiger Tendenz. Das Handelsdefizit mit China ist jedoch 2022 wieder gewachsen.

9.5 Direktinvestitionen

In der Bilanz der Direktinvestitionen dominiert seit Mitte der 1970er-Jahre mit Ausnahme einiger weniger Jahre der deutsche Netto-Kapitalexport gegenüber dem Netto-Kapitalimport aus dem Ausland; in der Zeit davor war es seit Ende der 1950er-Jahre umgekehrt. Nachdem zunächst insbesondere amerikanische Konzerne ihren Anteilsbesitz in der Bundesrepublik ausgebaut hatten, ist die Umkehrung des Saldos in der Zeit danach wesentlich eine Reaktion auf die steigende Exporttätigkeit des BRD-Kapitals. Zur Sicherung der ausländischen Marktanteile mussten in den Empfängerländern Niederlassungen errichtet werden, zunächst im Vertriebsbereich, sodann auch zunehmend bei Produktionsfunktionen. Der Anstieg des deutschen Kapitalexports in den letzten zwei Jahrzehnten ist darüber hinaus durch verstärktes Outsourcing bisher in der BRD beheimateter Wertschöpfungsstufen und Branchen sowie der Globalisierung von Produktionsprozessen getrieben worden.

Abbildung 9.5: Direktinvestitionen, in Mrd. DM

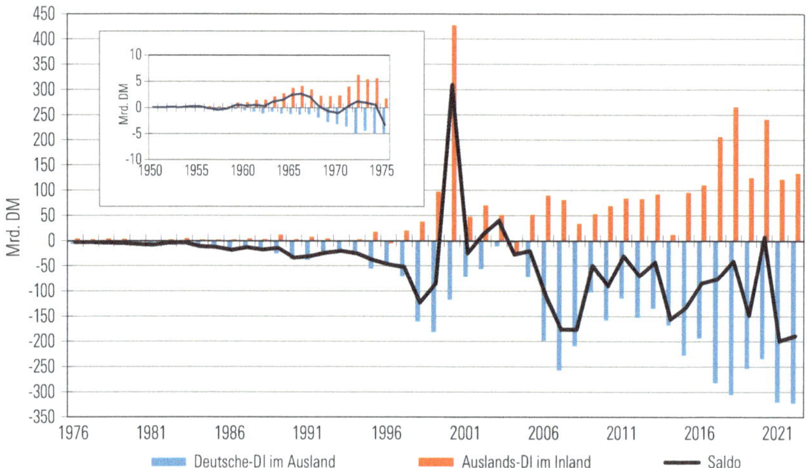

Quelle: Deutsche Bundesbank

- Die einmalige Spitze des Kapitalimports im Jahr 2000, die zu einer Umkehrung des Direktinvestitionssaldos führt, bezeichnet die Übernahme der Mobilfunksparte des Mannesmann-Konzerns durch Vodafone.
- Direktinvestitionen, die nicht nur einfache Produktionsfunktionen ins Ausland verlagern, führen immer auch zu einem Technologie- und Management-Know-How-Transfer in die Empfängerländer und können dort entwicklungsfördernd wirken.

10. Euro-Zone und Geldpolitik der Europäischen Zentralbank

10.1 Status der Euro-Zone als Hybridprodukt

Die Euro-Zone in ihrer gegenwärtigen Verfassung ist nach wie vor ein Hybridprodukt aus nationalen, wenn auch über den gemeinsamen (Waren-) Markt verflochtenen Reproduktionsprozessen und einem supranational integrierten Geldmarkt mit einer gemeinsamen Währung, die über die Europäische Zentralbank (EZB) gesteuert wird. Bereits die Märkte für langfristiges Geldkapital bleiben aber national bestimmt, wie die unterschiedlichen Zinssätze für öffentliche Anleihen der verschiedenen Staaten in der Euro-Krise deutlich gemacht haben. Darüber hinaus wirkt ein Mix aus vereinheitlichten EU-weiten und jeweiligen nationalstaatlichen Regulationen auf die ökonomische Sphäre zurück. Letzteres gilt namentlich für die nach wie vor durch weitgehend nationale Rahmenbedingungen strukturierten Arbeitsmärkte und nationalen Steuer- und Abgabensysteme.

Die reproduktive Kapitalakkumulation in den Euro-Ländern wird über nationale Durchschnittsprofitraten gesteuert. Da Umfang und Anteil der Außenwirtschaftstransaktionen im Zuge der europäischen Marktintegration namentlich durch multinationale Konzerne einen hohen Stellenwert für die nationalen Reproduktionsprozesse innehaben, ist die Rückwirkung der nationalen Zahlungsbilanzen auf den Ausgleichungsprozess zur nationalen Durchschnittsprofitrate im Zeitablauf der letzten Jahrzehnte immer mehr gewachsen. Aber es handelt sich hierbei nach wie vor um Rückwirkungen auf eine primär durch ein nationales System von Arbeitsarten und Bedürfnissen strukturierte Konkurrenz. Konsolidierte Daten der reproduktiven Sphäre für das »Euro-Land« haben daher mehr einen theoretischen denn einen realen Status.

Das von der Europäischen Union 2021 aufgelegte Konjunkturpaket zur Abmilderung der wirtschaftlichen und sozialen Auswirkungen der Covid-19-Pandemie enthält mit dem Projekt »Next Generation EU« zum ersten Mal die Ermächtigung der EU-Kommission, im Namen der Union Kreditmittel in Höhe von bis zu 750 Mrd. € (zu Preisen von 2018) an den Kapitalmärkten aufzunehmen, für die die EU-Staaten gemeinschaftlich haften. Für diesen Fall wurde die »No-Bail-out-Klausel«, die gemeinschaftliche Schulden der EU-Staaten ausschließt, außer Kraft gesetzt. Auch hatte die im Anschluss an die internationale Finanzmarktkrise 2007/08 und die ihr nachfolgende Weltwirtschaftskrise ausbrechende Euro-Krise durch gemeinsam etablierte Institutionen und Abkommen zwischen den Euro-Staaten die supranationale Integration vorangetrieben und die ursprünglich nationalen Verantwortlichkeiten für Banken und Staatshaushalte vielfach auf eine übergeordnete EU-Ebene gehoben. Die von der Europäischen Zentralbank angesichts der schwelenden Euro-Krise betriebene ultralockere Geldpolitik hat zwar zu extrem niedrigen Geldmarktzinsen geführt und die Steuerungsfunktion des Zinssatzes für die Kapitalakkumulation weitgehend außer Kraft gesetzt, doch bleibt die EZB-Politik im Krisenbekämpfungs-Modus gefangen und ist weit davon entfernt, den Konstruktionsfehler einer Währungsunion ohne Durchsetzung eines einheitlichen Euro-Reproduktionsprozesses zu beseitigen.

10.2 Stellung der Euro-Zone auf dem Weltmarkt

Exportanteile: Stellung der Euro-Zone auf dem Weltmarkt

Die Summe der Exporte der Euro-Länder hat seit Formierung der Euro-Zone bis 2021 gut 7 Prozentpunkte am Welthandel eingebüßt. Auch als konsolidierte Einheit hat die Präsenz der Euro-Kapitale auf dem Weltmarkt zuletzt auf rd. 11 Prozent abgenommen und liegt seit 2010 hinter dem »Export-Weltmeister« China, aber immer noch vor den USA.

Abbildung 10.1: Anteile an Welt-Exporten (materielle Waren)

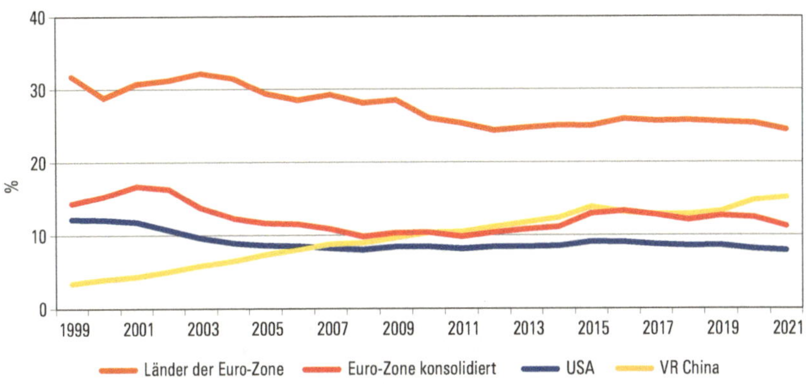

Quellen: World Trade Organization, Europäische Zentralbank

- Der Stellung der Euro-Länder auf den Weltwarenmärkten – einzeln oder als Gesamtheit – entspricht die Rolle des Euro als internationale Leit- und Anlagewährung nicht. Diese Rolle hat nach wie vor mit großem Abstand der US-Dollar inne, dessen Gewicht als internationale Reserve- und Transaktionswährung in den letzten Jahren aufgrund der Euro-Krise und jüngst wegen des Russland-Ukraine-Krieges sogar noch auf rd. 60% bzw. mehr als 40% zugenommen hat.
- Der internationale Währungszusammenhang der Nach-Bretton-Woods-Ära ist weiterhin durch einen Multiwährungsstandard mit dem US-Dollar als unangefochtenem Primus gekennzeichnet. Gleichwohl haben die USA ihre Rolle als Demiurg des kapitalistischen Weltmarktes seit langem verloren, ohne dass ein neues internationales Währungsregime, etwa mit einer internationalen Kunstwährung und einem zu einer Welt-Zentralbank (International Clearing Union) weiterentwickelten Internationalen Währungsfonds an der Spitze, in greifbare Nähe gerückt wäre.

Intra- und Extra-Eurozonen-Handel

Die Herausbildung eines europäischen gemeinsamen (Waren-) Marktes ist ein langwieriger Prozess, der bereits mit den ersten Institutionen der Europäischen Wirtschaftsgemeinschaft (EWG) in den 1950er-Jahren begonnen wurde. In der heutigen Euro-Zone ist dieser Integrationsprozess schon weit vorangekommen, wie der Anteil des Intra-Eurozonen-Handels am gesamten Export der einzelnen Euro-Länder zeigt. Allerdings ist der Anteil des Intra-Eurozonen-Handels namentlich seit der Weltwirtschaftskrise 2009 und der anschließenden Euro-Krise rückläufig gewesen. 2015 hatte der Anteil des Intra-Eurozonen-Handels mit 42,5% mehr als 9 Prozentpunkte gegenüber dem Anteilswert zu Beginn der Währungsunion 1999 verloren. Danach nimmt er wieder zu.

Abbildung 10.2: Intra-Eurozonen-Handel, Anteile an den Exporten aller Euro-Länder

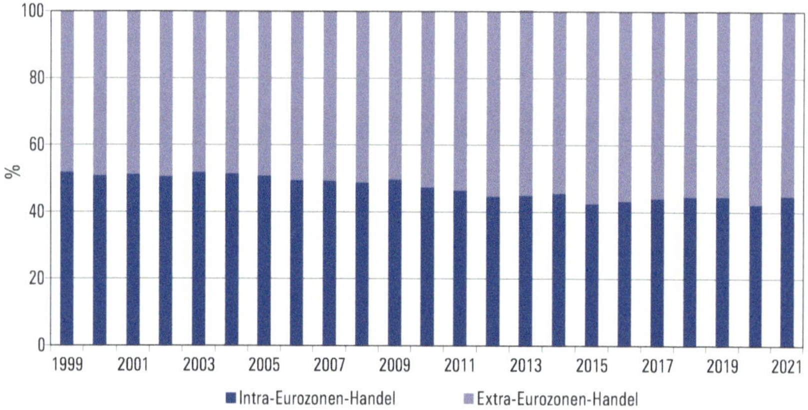

Quellen: World Trade Organization, Europäische Zentralbank

- Der zeitweilige relative Wachstumsrückgang der Lieferverflechtungen zwischen den Euro-Ländern war insoweit politikinduziert, als die Verordnung der Austeritätspolitik durch die Euro- und EU-Institutionen die nationalen Wirtschaftskrisen zum Teil mit ausgelöst, in jedem Fall aber verschärft haben.
- Die Auseinandersetzungen um die Verwendung der Mittel des »Next Generation EU-Programms« als Zuschüsse oder rückzahlbare Kredite hat die weithin dominierende Zustimmung zu wirtschaftspolitischer Austerität nochmals verdeutlicht.

Konsolidierte Zahlungsbilanz der Euro-Zone

Die konsolidierte Handels- und Leistungsbilanz der Euro-Zone ist zunächst ein theoretisches Konstrukt, weil ihre Leistungs- und Zahlungsströme vornehmlich durch nationale Umstände beeinflusst und bestimmt werden. Dies gilt nicht für den resultierenden Zahlungsbilanzsaldo, der im Wesentlichen die Entwicklung der Währungsreserven für die gemeinsame Währung der Euro-Zone abbildet und ein wichtiger Einflussfaktor für die Geldzirkulation sowie die darauf bezogene Geldpolitik der EZB ist und den Euro-Wechselkurs fundamental bestimmt.

Abbildung 10.3: Zahlungsbilanz der Euro-Zone

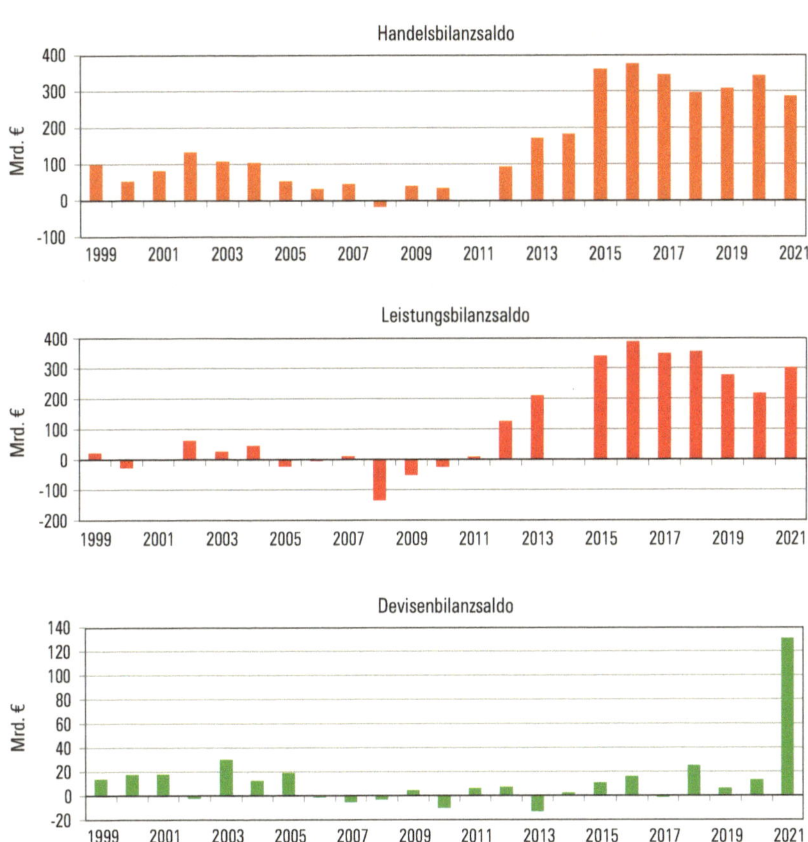

Quelle: Europäische Zentralbank

Wechselkurse des Euro

Der multilaterale Euro-Wechselkurs liegt zum Jahresanfang 2022 auf dem Niveau des Beginns im I. Quartal 1999. Im Zeitverlauf ab 2007 hat sich die Spreizung der bilateralen Kurse gegenüber wichtigen anderen Währungen deutlich erhöht. Im XI. Zyklus hielt ein Zwischenhoch des US-Dollars während der Euro-Krise bis zum Jahresanfang 2015 an. Das Gleiche gilt für den Euro-Pfund-Kurs, der nach einem kurzzeitigen Zwischentief in 2015 einen erneuten Höhenflug durchmacht; 2022 zeigte sich eine Stabilisierung. Der chinesische Renmimbi Yuan hat seit 2020 bis in die Gegenwart durch Interventionen der chinesischen Zentralbank abgewertet.

Abbildung 10.4: Wechselkurse des Euro, Index I. Quartal 1999 = 100

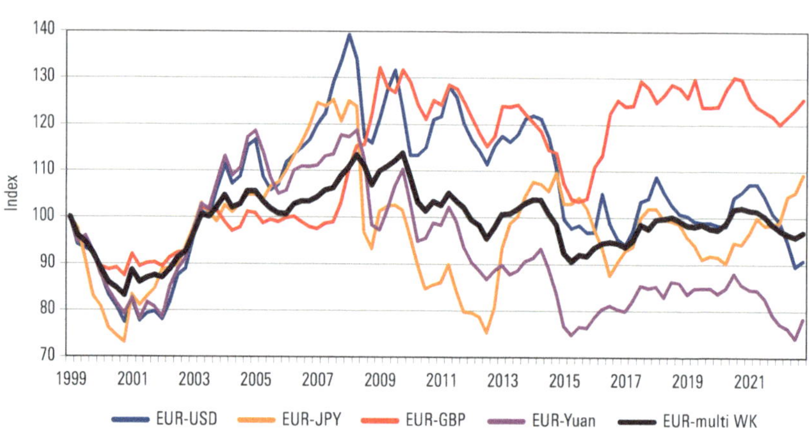

Quellen: Deutsche Bundesbank, Europäische Zentralbank

- Es ist zu erwarten, dass durch die anhaltenden Turbulenzen im internationalen Handel – gestörte internationale Lieferketten, Explosion der Preise für fossile Energieträger, partielle De-Globalisierung – die Wechselkursentwicklung nicht nur durch die währungsüberschreitenden Kapitalbewegungen volatil bleiben wird.
- Getrieben durch die Wirtschaftskriege der westlichen kapitalistischen Metropolen gegen die VR China sowie die Russische Föderation wird auch im internationalen Währungsgefüge die Tendenz zur De-Dollarisierung zugunsten der Nutzung anderer Transaktionswährungen, insbesondere Yuan, an Gewicht gewinnen.
- Der Euro steht dabei zu sehr im Schatten des US-Dollars, als dass er in dieser Währungskonkurrenz nennenswert gewinnen könnte.

10.3 Wirtschaftliche Performance wichtiger Euro-Länder

Leistungsbilanzsalden

Mit dem seit 2002 strukturell positiven Leistungsbilanzsaldo der BRD einerseits und den spätestens seit 2005 ebenso strukturell negativen Leistungsbilanzsalden der sog. PIIGS-Staaten (Portugal, Italien, Irland, Griechenland und Spanien) bildeten sich bereits vor Ausbruch der Finanzmarkt- und Weltwirtschaftskrise 2008/09 Gläubiger- und Schuldnerpositionen verschiedener Länder innerhalb der Euro-Zone aus, die sich mit der Krise deutlich verschärften und eine wesentliche Ursache der folgenden Euro-Krise ab 2010 darstellten. Die Verbesserung der Leistungsbilanzen ab 2011 (Irland), 2013 (Italien, Spanien, Portugal) bzw. 2015 (Griechenland) wurde vielfach nicht durch ein Herauswachsen aus der Krise, sondern durch Schrumpfung und Importreduktion erreicht. Interne Spannungen in der Euro-Zone blieben auch nach Überwindung des akuten Höhepunkts der Euro-Krise erhalten.

Abbildung 10.5: Leistungsbilanzsalden von Euro-Ländern (BRD, F und PIIGS-Staaten), jeweils in % des BIP

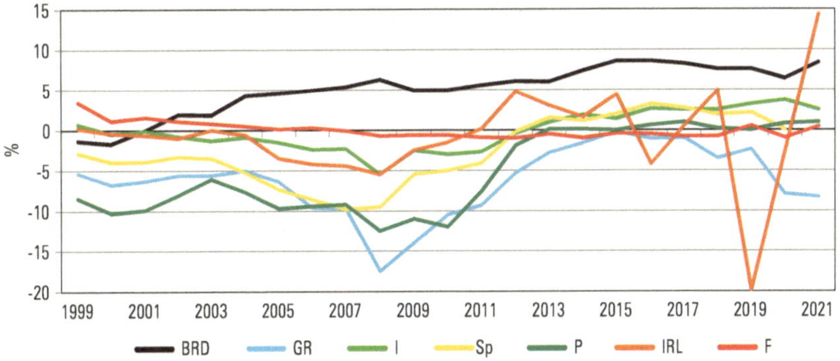

Quellen: Europäische Zentralbank

- Mit der einheitlichen Währung entfällt die Möglichkeit, außenwirtschaftlichen Disproportionen zwischen den Ländern durch Auf- oder Abwertungen der Wechselkurse zu begegnen. Dadurch wirken die grenzüberschreitenden Kapitalbewegungen krisenverschärfend, ablesbar an divergenten nationalen Kapitalzinssätzen.
- Forderungen und Verbindlichkeiten zwischen den Euro-Staaten werden nicht wie üblich zwischen den beteiligten Zentralbanken ausgeglichen, sondern können sich im Target2-System längerfristig aufbauen und stellen eine zentralbankvermittelte Finanzierung von Leistungsbilanzsalden dar.

Haushaltsdefizite und öffentliche Verschuldung

Dem 3%-Kriterium konnten sich die Euro-Krisenländer mühsam in der zweiten Hälfte der 2010er-Jahre bis zur erneuten massiven Verfehlung 2020 annähern. Das 60%-Gesamtverschuldungskriterium wird von allen diesen Ländern (außer Irland) weiterhin massiv überschritten.

Abbildung 10.6: Saldo der öffentlichen Haushalte, in % des BIP

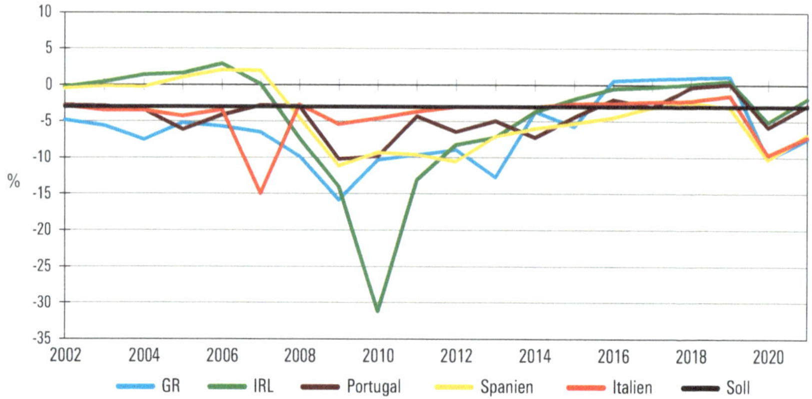

Abbildung 10.7: Öffentliche Gesamtverschuldung, in % des BIP

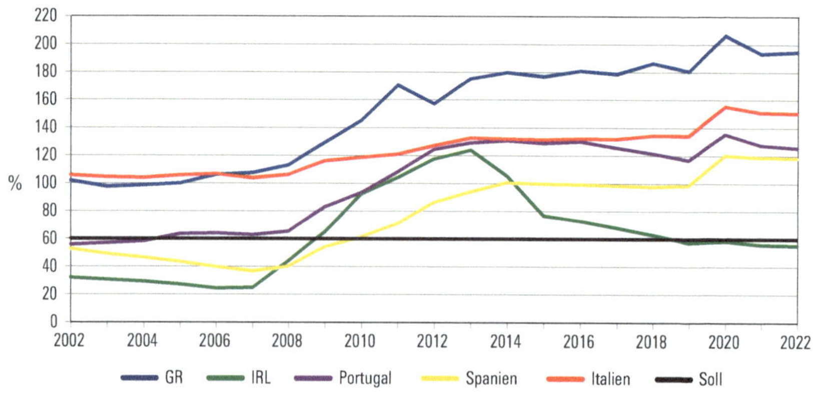

Quelle: Europäische Zentralbank

Kapitalmarktzinsen

Die namentlich durch die Bankenrettung in der Finanzmarktkrise 2007/08 hoch getriebenen Staatsdefizite machten es 2010 den am stärksten betroffenen Euro-Ländern unmöglich, ihre auslaufenden öffentlichen Kredite zu refinanzieren und neue Anleihen am Kapitalmarkt zu platzieren. Die durch die »Investoren« verlangten Risikoaufschläge ließen die Zinssätze öffentlicher Anleihen zuerst für Griechenland, sodann auch für Irland und Portugal in nicht mehr tragbare Höhen schießen und erzwangen die Bereitstellung von Geldkapital und Bürgschaften durch die neu gegründeten und mit öffentlichen Mitteln ausgestatteten Rettungsfonds EFSF bzw. seinen Nachfolger ESM. Vor dem Hintergrund der Gefahr, dass die Finanzierung weiterer Länderhaushalte auch von großen Euro-Staaten problematisch werden könnte und eine Reihe von Banken bei den durchgeführten Stresstests Schwierigkeiten offenbarte, musste die EZB als »Lender of last Resort« den notfalls unbegrenzten Aufkauf von Wertpapieren auch minderer Bonität ankündigen (M. Draghi: »whatever it takes«). Dies führte zu einer Beruhigung der Finanzmärkte.

Abbildung 10.8: Renditen von 10-jährigen Staatsanleihen in der Euro-Zone

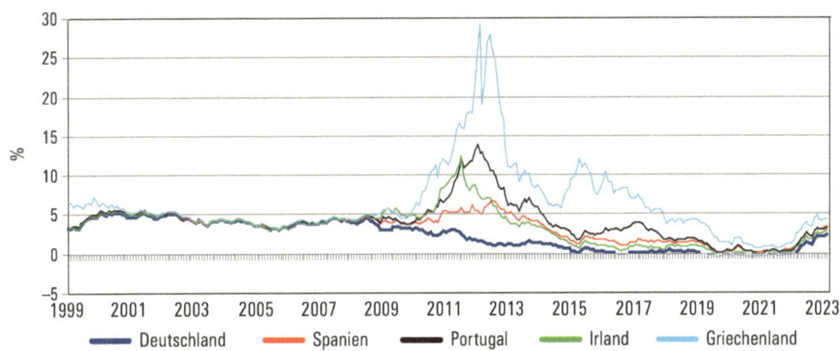

Quelle: www.oenb.at/isaweb/report.do?report=10.6

- In 2015 startete die EZB ihre ultralockere Geldpolitik (Quantitative Easing) zur Belebung von Kreditvergabe der Banken und Stimulierung der Kapitalakkumulation. Es umfasste monatliche Ankaufsprogramme von Wertpapieren verschiedener Emittenten am Sekundärmarkt und wurde quantitativ mehrfach angepasst.
- Im Gefolge des Umschlags von latenter Deflation zu inflationierenden Warenpreisen seit dem I. Halbjahr 2021 wurden die EZB-Ankaufprogramme 2022 beendet und die Zentralbankzinsen ab August 2022 in mehreren Schritten erhöht, nachdem die Kapitalmarktzinsen bereits vorher zu steigen begonnen hatten.

10.4 Geldpolitik der Europäischen Zentralbank

EZB-Zinsen

Folgten im IX. und X. Nachkriegszyklus die Zentralbank- und Geldmarktzinsen noch dem charakteristischen zyklischen Muster, ist dies im Nachgang zur internationalen Finanzmarktkrise und dem Aufbrechen der Euro-Krise vorbei: Die EZB musste den Interbanken-Geldmarkt mit Liquidität fluten, weil die über Kreditbeziehungen vermittelte Verteilung disponibler Liquidität zwischen den Bankinstituten zum Erliegen gekommen war. Darüber hinaus stellte sie den Banken des Euro-Raums über langfristige Offenmarktgeschäfte mit Vollzuteilung faktisch unbegrenzt Zentralbankgeld zur Verfügung. Im Ergebnis dieser Geldpolitik sank das Zinsniveau am Euro-Geldmarkt auf bisher nicht gekannte Tiefstände. Ab August 2014 begann die EZB den Zinssatz für Zentralbankeinlagen der Geschäftsbanken in den negativen Bereich zu senken, ab März 2015 starteten die Wertpapierankaufsprogramme, ab April 2016 wurde der Hauptrefinanzierungssatz für die Geschäftsbanken auf Null gesetzt.

Abbildung 10.9: EZB-Zinsen

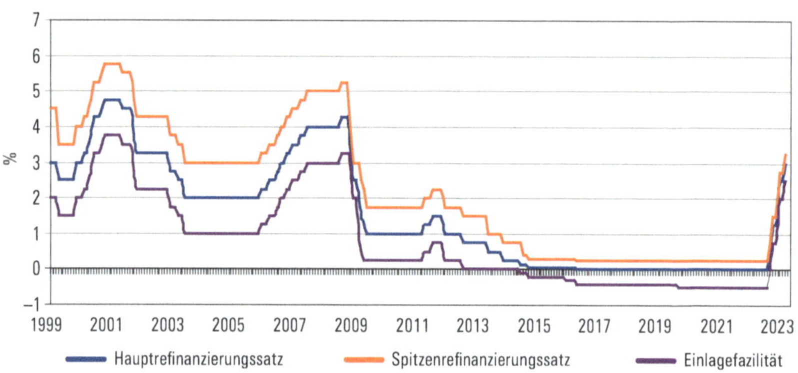

Quelle: Europäische Zentralbank

- Bis zur Beendigung des Quantitative Easing hatte der Zinssatz in weiten Bereichen seine Funktion für die Kapitalallokation verloren. Das Ergebnis waren haussierende Aktienkurse und Immobilienpreise und eine nur mäßige reproduktive Kapitalakkumulation und Wertschöpfungssteigerung.
- Der Konjunkturabschwung des XI. Zyklus ab 2019, die Covid-19-Krise mit Lockdowns 2020 sowie die Auswirkungen des Russland-Ukraine-Krieges ab 2022 haben die Rahmenbedingungen für die Geldpolitik fundamental verändert.

Euro-Zentralbankgeldmenge

Mit dem Quantitative Easing der EZB begann die Zentralbankgeldmenge massiv zu steigen; vor dessen offiziellem Beginn im März 2015 hatte die EZB Geldmengenerhöhungen noch sterilisiert. Trotz negativer Zinsen für die Einlagefazilität stockten die Banken ihre Einlagen massiv auf, anstatt vermehrt Kredite zu vergeben. In den Krisenjahren 2020/21 war diese Politik der Kreditinstitute mehr denn je vom Vorsichtsmotiv getrieben. 2022 war die Geldmengenerhöhung beendet.

Abbildung 10.10: Euro-Bargeld und Zentralbankeinlagen der Banken, in Mrd. €

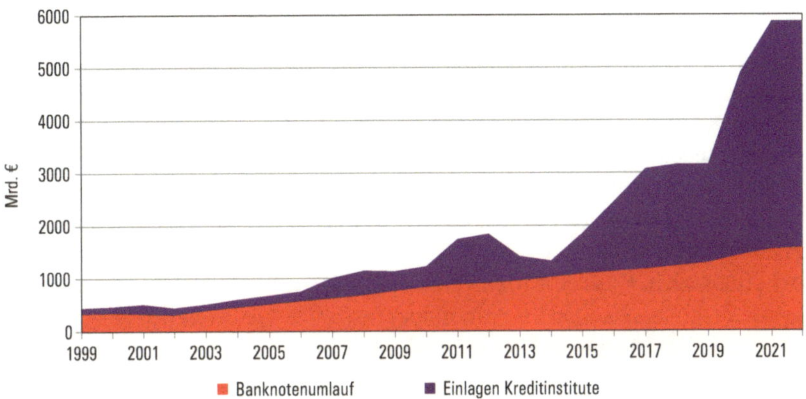

Abbildung 10.11: Euro-Bargeld und Zentralbankeinlagen der Banken, Veränderung gg. Vj. absolut, in Mrd. €

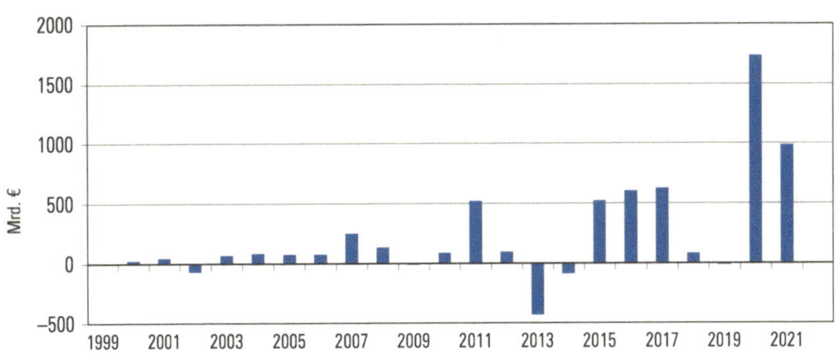

Quelle: Eigene Berechnungen auf Basis von EZB-Daten

Einflussfaktoren für die Euro-Zentralbankgeldmenge

Bezugs- und Ansatzpunkt für die Geldpolitik der EZB wurden nach den ersten wenig erfolgreichen Jahren nach der Jahrtausendwende nicht Geldmengenziele – seinerzeit EZB-Zielgröße: M3 –, sondern die Zinspolitik, um die Zielgröße für die Warenpreise – Steigerung der Verbraucherpreise (HVPI) von unter, aber nahe 2% p.a., zuletzt von 2% – zu steuern.

Die Refinanzierungspolitik der EZB wird, jenseits des Quantitative Easing, über Wertpapierpensionsgeschäfte mit Zins- und/oder Mengentendern gegenüber den Geschäftsbanken betrieben. Die (jährliche) Veränderung der Zentralbankgeldmenge, die die Basis des zirkulierenden Bargeldes und der es ersetzenden Bankdepositen darstellt, ist abhängig von einerseits marktbestimmten und andererseits geldpolitikbestimmten Einflussfaktoren. Zu den Ersteren gehören in erster Linie die durch den Saldo der Devisenbilanz dokumentierten Veränderungen der zentralen Währungsreserven, die sich, von außerordentlichen Faktoren abgesehen, in Veränderungen der Devisenreserven, d.h. der Valutakasse der Zentralbank erschöpfen und durch Devisenan- und -verkäufe der Zentralbank zu Zu- oder Abnahmen der Zentralbankgeldmenge führen. Hinzu kommen die bei der Zentralbank für jeweilig kurze Fristen stillgelegten Kassenüberschüsse der öffentlichen Haushalte bzw. kurzlaufende Kassenkredite. Beide Bestandteile der Zentralbankgeldmenge zirkulieren nach den Gesetzen der Wertzeichenzirkulation und verbleiben als jederzeit aktivierbare Kaufkraft so lange in der Zirkulation, bis sich die Bedingungen ihres Eintritts, z.B. durch Umkehrung der Zahlungsbilanz, ändern.

Der andere Teil der Zentralbankgeldmenge, der über Kreditverhältnisse der Zentralbanken mit den Geschäftsbanken in die Zirkulation tritt, also ihre Kreditgeldzirkulation umfasst, stellt einen beständig revolvierenden Fonds dar, weil mit Ablauf des unterliegenden Kreditverhältnisses ein automatischer Rückfluss des Geldes zum ausgebenden Pol, d.h. eine Geldvernichtung stattfindet. Die Kreditgeldzirkulation ist der eigentliche Bezugspunkt der geldpolitischen Maßnahmen der Zentralbank, den sie mit den Instrumenten der Refinanzierungszinssätze (Haupt- und Spitzenrefinanzierung) und der Einlagenpolitik (Mindestreserve sowie Zinssatz der Einlagefazilität) zu steuern versucht – oftmals gegensinnig zu Entwicklungen des Umfangs der durch die Marktfaktoren bestimmten Wertzeichenzirkulation.

Mit der lockeren (sog. Credit Easing) und ultralockeren Geldpolitik (Quantitative Easing) ist ein weiterer Bestandteil der Zentralbankgeldmenge geschaffen worden, der formal den Bedingungen der Kreditgeldzirkulation gehorcht, durch die Beschaffenheit der Kreditkonditionen bzw. der Ankaufspolitik von Wertpapieren am Sekundärmarkt aber faktisch wie die Wertzeichenzirkulation fungiert und daher alle ihre möglichen Preiseffekte für Waren am gesamtwirtschaftlichen Warenmarkt sowie für fiktives Kapital (inkl. Immobilienpreise) am Finanzmarkt teilt: Quasi-Kreditgeld. Die Einflussfaktoren für seine Mengenentwicklung sind nachfolgend bei den Einflussfaktoren für die Kreditgeldzirkulation eingeschlossen.

Abbildung 10.12: Einflussfaktoren für die Euro-Zentralbankgeldmenge, in Mrd. €

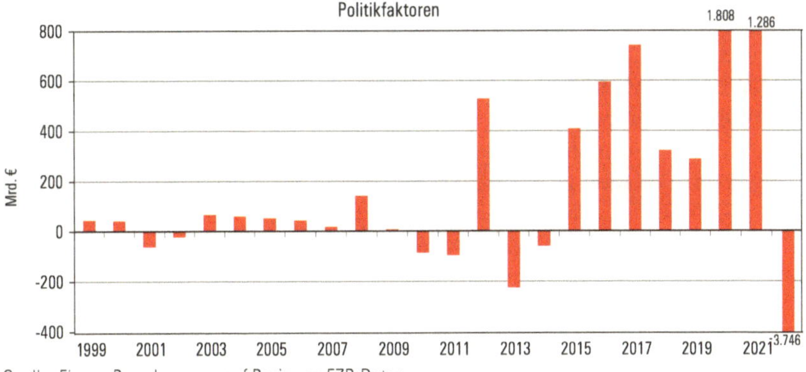

Quelle: Eigene Berechnungen auf Basis von EZB-Daten

Abbildung 10.13: Markteinflussfaktoren der Euro-Zentralbankgeldmenge, in Mrd. €

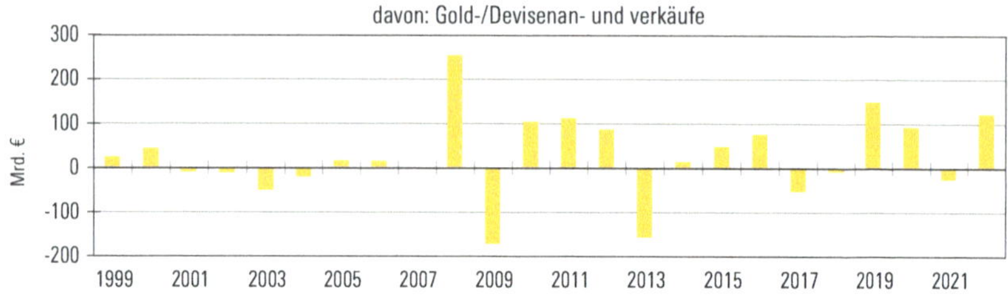

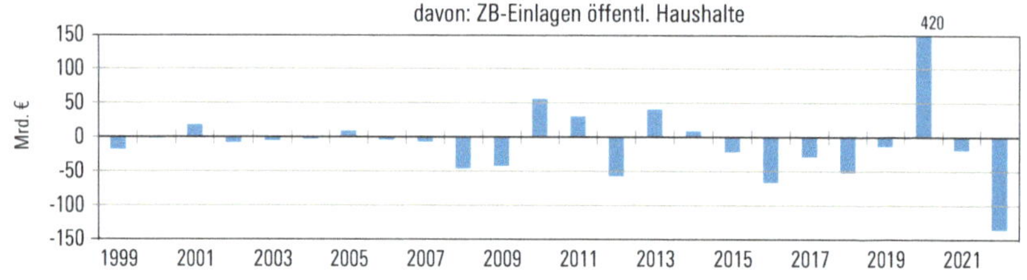

Quelle: Eigene Berechnungen auf Basis von EZB-Daten

- Neben den aufgeführten Faktoren der Devisenbilanz sowie den Einlagen öffentlicher Haushalte bei der EZB haben sonstige Marktfaktoren im letzten Jahrzehnt an Umfang und daher an Gewicht für die Veränderung der Wertzeichenzirkulation zugenommen. Bei diesen sonstigen Marktfaktoren handelt es sich namentlich um die Veränderung von Zentralbankguthaben aus dem Nicht-Euroraum sowie Bewertungsanpassungen zu den jeweiligen Quartalsenden.

Abbildung 10.14: Politikeinflussfaktoren der Euro-Zentralbankgeldmenge, in Mrd. €

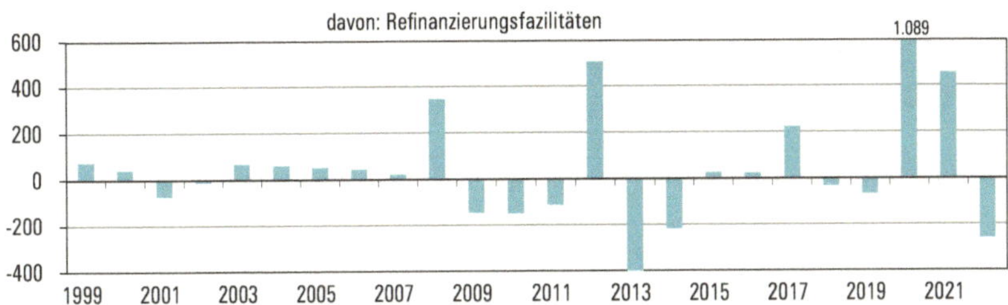

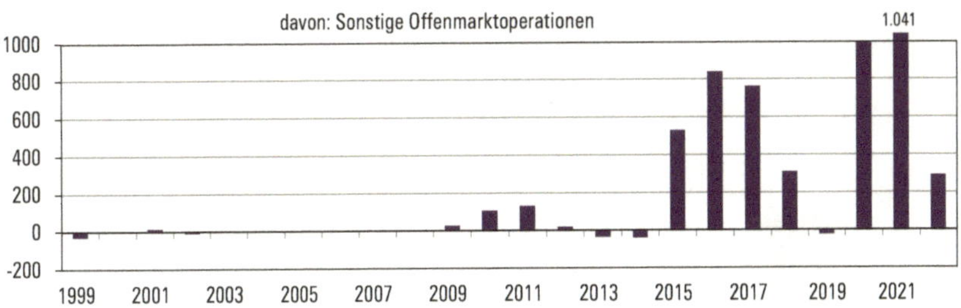

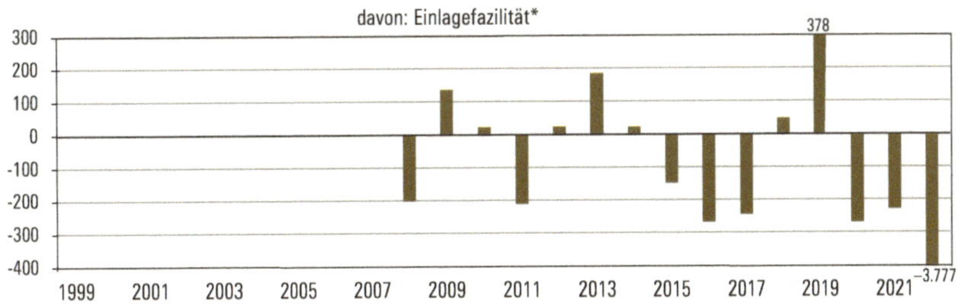

* Zunahme -; Abnahme +

Quelle: Eigene Berechnungen auf Basis von Daten der Europäischen Zentralbank

Lockere und ultralockere Geldpolitik der EZB

Für die lockere Geldpolitik der EZB sind zwei Phasen zu unterscheiden. Etwa einen Monat später als in den USA ging die EZB unter dem damaligen Präsidenten Jean-Claude Trichet zum sog. Credit-Easing durch den Ankauf staatlicher und privater Anleihen über, deren Liquiditätserhöhungen zunächst nachträglich wieder sterilisiert wurden. Ihr Quantitative Easing (QE) startete die EZB im März 2015 mit zunächst einem Volumen von 1,1 Bio. €. Im April 2016 wurde das monatliche Kaufvolumen von 60 auf 80 Mrd. € gesteigert und begann die Bilanzsumme der EZB durch die hereingenommenen Wertpapiere zu erhöhen; ein Jahr später wurde dieses Programm wieder auf 60 Mrd. € monatlich reduziert. Nachdem es im Dezember 2018 ausgelaufen war, startete die EZB im November 2019 ein neues Programm mit einem Volumen von 20 Mrd. € pro Monat. Im März 2020 wurde aufgrund der sich ausbreitenden Covid-19-Krise ein weiteres Ankaufprogramm i. H. v. 750 Mrd. € aufgelegt.

Abbildung 10.15: Bilanzsummen von Fed und EZB (in jeweiligen Währungen)

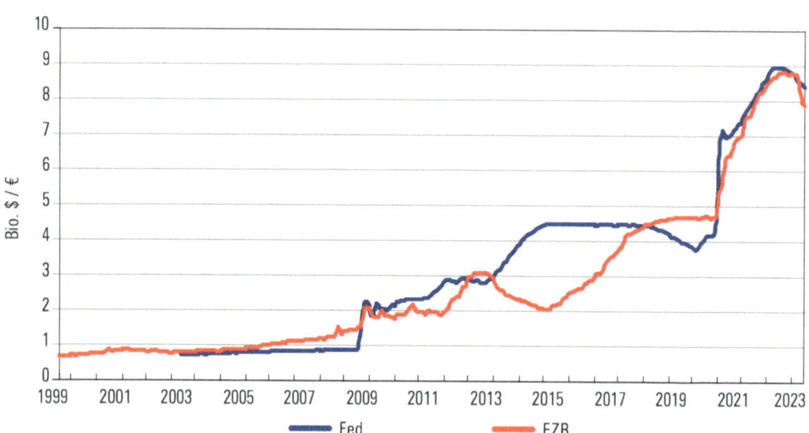

Quelle: https://tagesgeld.info/statistiken/bilanzsummen-der-zentralbanken/

- Das durch die QE-Programme geschaffene Zentralbankgeld als Quasi-Kreditgeld floss zu einem großen Teil als Einlage der Kreditinstitute auch ohne bewusst betriebene Sterilisierungspolitik zur EZB zurück, wirkte also nicht im Verhältnis von 1:1 als Erhöhung der Geldmenge beim Publikum.
- Was als Geldmengenerhöhung verblieb, finanzierte entgegen der Intention kaum die reproduktive Akkumulation, sondern blähte die Spekulationskasse auf und schuf so die monetären Bedingungen für die Kurshausse des fiktiven Kapitals.

Funktionelle Bestandteile der Euro-Zentralbankgeldmenge

Die Euro-Zentralbankgeldmenge entwickelte sich ausgehend von 430 Mrd. € zum Start der Währungsunion 1999 auf ein Volumen von 7,4 Bio. € (7.374 Mrd. €) in 2022 – dies ist eine Versiebzehnfachung. Von der Entstehungsseite her ist ihr größter Bestandteil das im Zuge des Quantitative Easing geschaffene Quasi-Kreditgeld mit zuletzt 5,1 Bio. € (69,2%) gegenüber 917 Mrd. € an Wertzeichen (12,4%) und 1,4 Bio. € »normalem« Kreditgeld (18,4%). Das Maximum der Zentralbankgeldmenge hatte 2021 vor dem Umschalten der Geldpolitik auf einen restriktiveren Kurs (Quantitative Tightening) 7,8 Bio. € betragen.

Abbildung 10.16: Funktionelle Bestandteile der Euro-Zentralbankgeldmenge, in Mrd. € und anteilig

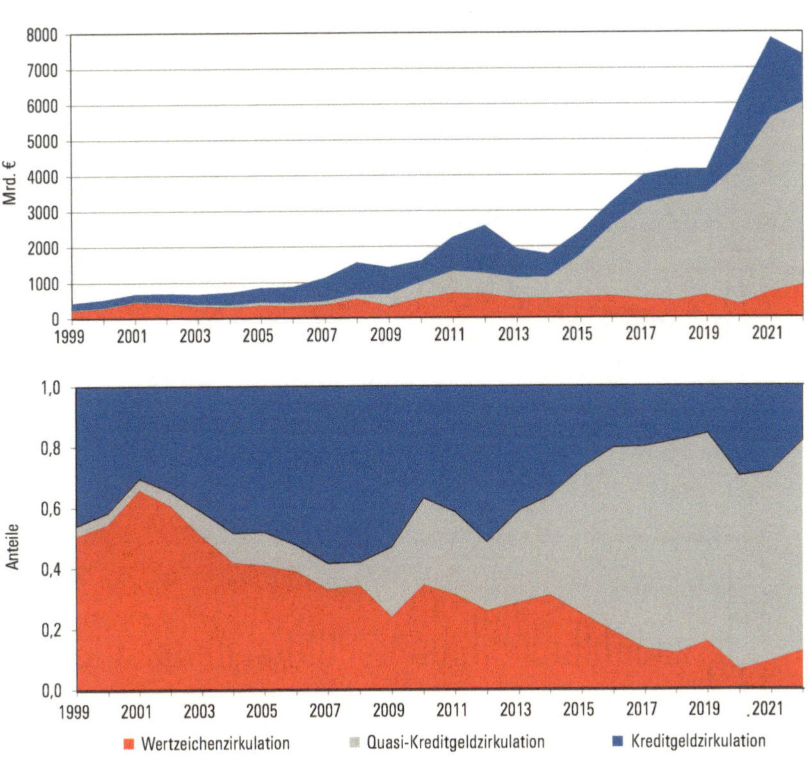

Quelle: Eigene Berechnungen auf Basis von EZB-Daten

10.5 Langfristige BRD-Preisentwicklung

Die D-Mark war seit ihrer Einführung 1948 bis zu ihrer Ablösung durch den Euro im internationalen Vergleich eine der kaufkraftstabilsten Währungen. Das BRD-Preisgefüge hatte nur im Zuge des Korea-Krieges und im Zuge der Turbulenzen der Geldkapitalakkumulation Ende der 1960er-/Anfang der 1970er-Jahre unter Inflationstendenzen zu leiden; beide Male waren sie wesentlich durch die Preise von Importwaren mitbedingt gewesen. Ansonsten hatte die Preisentwicklung der importierten Rohwaren die binnenwirtschaftliche Kapitalakkumulation begünstigt. Diese Konstellation blieb trotz zunehmend volatiler Preisbewegungen auf den Weltrohwarenmärkten nach der Jahrtausendwende bis zu den jüngsten Verwerfungen und Inflationsprozessen mit Beginn des XII. Nachkriegszyklus 2021 erhalten.

Abbildung 10.17: Preisindizes auf Jahresbasis, Veränderung gg. Vorjahr in %

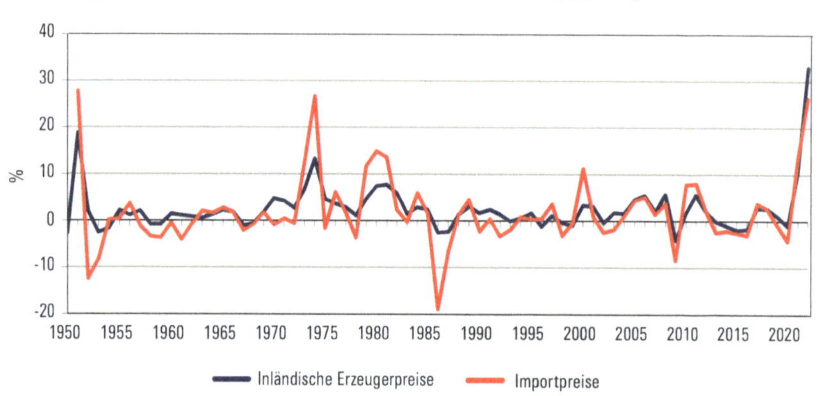

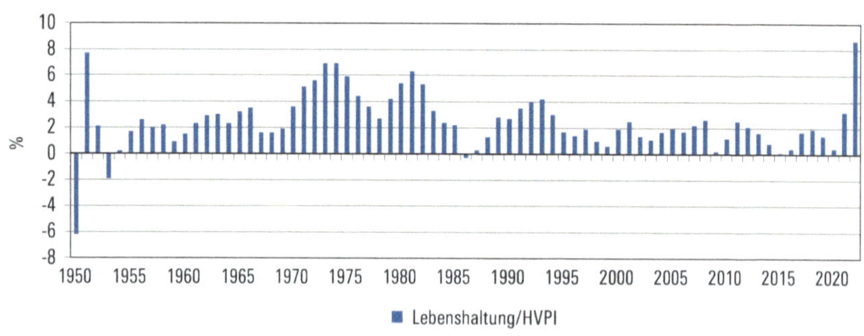

Quellen: Statistisches Bundesamt, Deutsche Bundesbank

11. Ausblick auf den XII. Nachkriegszyklus (ab IV/2020)

11.1 Aktuelle Inflation an den Warenmärkten

Erzeuger- und Importpreise seit 2000

Die inländischen Erzeugerpreise haben eine stark zyklische Prägung, die durch die Preisentwicklung wichtiger Importprodukte noch verstärkt wird. So verzeichnen beide in den Abschwungsphasen des IX. (2001–2003), X. (2009) und XI. Zyklus (2019/20) absolute Preisrückgänge. Die nach den Periodenwechseln auf dem Weltmarkt wieder anziehenden Rohstoffpreise konnten in der Regel weitgehend an die Abnehmer der Industrieprodukte weitergegeben werden, wenn die Binnenkonjunktur anzog. Umgekehrt war die Weltmarktpreisbaisse vieler Rohstoffe 2014–2016, durchmischt mit volatilen Bewegungen, auch in der BRD-Binnenwirtschaft eine Periode tendenziell sinkender Erzeugerpreise.

Abbildung 11.1: Index der monatlichen inländischen Erzeuger- und Importpreise, gg. Vj. in %

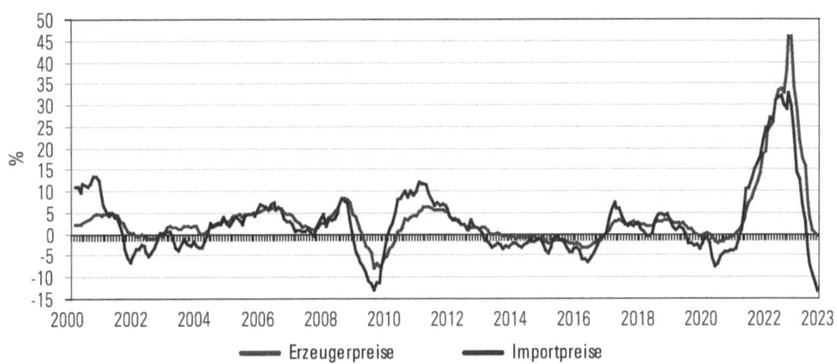

Quelle: Deutsche Bundesbank

- Von der seit den 1980er-Jahren bestehenden »Ruhe an der Preisfront« ist es mit der Störung internationaler Lieferketten durch die Covid-19-Pandemie in einer globalisierten Volkswirtschaft vorbei. Seit Februar 2022 kommen die Auswirkungen des Russland-Ukraine-Krieges in Form sukzessive verknappter Energielieferungen, verschärft durch den vom sog. »Werte-Westen« angezettelten Wirtschaftskrieg gegen die Russische Föderation, hinzu.
- Die erneute Inflation in den EU-Ländern ist angebotsseitig verursacht, erhält aber durch öffentliche Schutzschirme und steigende Geldlöhne eine nachfrageseitige Fundierung (Preis-Lohn-Preis-Spirale).

Energie- und Rohstoff-Weltmarktpreise

Mit der Preisentwicklung für fossile Energieträger, Öl und insbesondere Gas, sind die Haupttreiber für die aktuelle Inflationierung der Warenpreise identifiziert. Die durch die Sanktionsmaßnahmen der Europäischen Union gegen Russland von Anbeginn an absehbare Reduzierung von Öl- und Gaslieferungen, die bis zum Stopp getrieben wurde, ließen die Preise für Primärenergieträger und ihre Produkte explodieren. Die BRD ist aufgrund ihrer in der Vergangenheit aufgebauten Lieferbeziehungen mit Russland besonders betroffen.

Abbildung 11.2: Index der monatlichen Energie- und (sonstigen) Rohstoff-Weltmarktpreise, gg. Vj. in %

Quelle: Deutsche Bundesbank

- Die Weltmarktpreise für fossile Energieträger sind wie die Preise aller international gehandelten Rohstoffe bestimmt durch den Preis des Grenzanbieters, dessen Produkt zur Deckung der Nachfrage noch benötigt wird. Dieser Preis schließt nicht nur eine Differentialrente, sondern in Gestalt der von den Bergbau- und Fördergesellschaften zumeist an den Staat des Förderlandes gezahlte sog. »Royalties« ein; diese Royalties können als Repräsentant einer absoluten Bergbaurente gelten.
- Mit der Diskriminierung und dem Wegfall des großen Lieferanten Russland, der über langfristige Verträge Erdöl und besonders Erdgas über Pipelines zu günstigen Preisen zur Verfügung gestellt hatte und mit dem auch Unternehmenskooperationen in weiterverarbeitenden Produktionsstufen fest etabliert worden waren, tat sich ein großes Loch in der deutschen Energieversorgung auf, das kurzfristig nur zu extremen Preisen mengenmäßig geschlossen werden konnte.

Harmonisierter Verbraucherpreis-Index (HVPI) für die BRD

Der 2021 begonnene und im Folgejahr beschleunigt fortgesetzte Anstieg von Energie-, Import- und binnenwirtschaftlichen gewerblichen Erzeugerpreisen schlägt auf den Warenkorb der konsumtiven Endprodukte durch und hat in 2022 zu Preissteigerungen geführt, die die Bundesrepublik in dieser Höhe seit ihrem Bestehen nicht gekannt hat. Da diese HVPI-Steigerung in stärkstem Maße durch die Preise für Energierohstoffe und ihre Folgeprodukte wie Strom und Fernwärme getrieben sind, hat sich das extreme Preisniveau nach dem Winter 2022/23 etwas abgeschwächt. Gleichwohl wird es bis auf Weiteres hoch bleiben und das Ausgangniveau von 2019 deutlich übertreffen.

Abbildung 11.3: Monatlicher HVPI, gg. Vj. in %

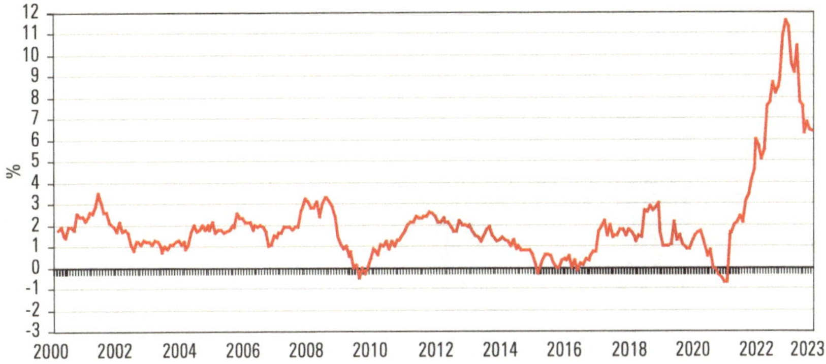

Quelle: Deutsche Bundesbank

- Zur Abmilderung der Auswirkungen der gestiegenen Preise insbesondere bei Strom und Heizung (Gas) hat die Bundesregierung für Unternehmen und Privathaushalte ein zunächst bis 2024 reichendes Programm i.H.v. 200 Mrd. € aufgelegt: sog. »Doppel-Wumms« für Strom- und Gaspreisbremsen.
- Dass dieses Programm bis 2024 reichen soll und danach keine Schutzschirme mehr benötigt werden, ist zweifelhaft. Die Umstellung der energetischen Basis des BRD-Gesamtreproduktionsprozesses auf erneuerbare Energien – Erzeugung, Verteilung und Speicherung – wird noch eine längere Zeit dauern. Das Festhalten am Termin des Ausstiegs aus der Erzeugung von Atomstrom im April 2023 ist vor diesem Hintergrund ein Fehler und wird Defizite der Stromerzeugung im Grundlastbereich erzeugen, die sodann in verstärktem Maß durch Rückgriff auf fossile umweltschädliche Energieträger – Kohle und Fracking-Gas – zu decken sein werden.

11.2 Ausblick für 2023/24

Nachdem die BRD-Ökonomie im Jahr 2022 die mit dem Russland-Ukraine-Krieg zusammenhängenden Turbulenzen – Wirtschaftskrieg gegen die Russische Föderation mit Embargo der Lieferungen von fossilen Brennstoffen und anderen Vorprodukten, einer Inflationsrate von 7,9% (im Jahresdurchschnitt) sowie Belastungen der öffentlichen Haushalte – noch relativ gut weggesteckt hatte, wird für 2023 mit einer Veränderungsrate von –0,3% eine leichte Schrumpfung und eine Inflationsrate von durchschnittlich 8,0% prognostiziert. Für 2024 werden sodann eine Wachstumsrate des BIP von 1,2% und ein weiterer Rückgang der Inflationsrate erwartet.

Abbildung 11.4: Prognose der Bundesbank für das preisbereinigte BIP der BRD für 2023 und 2024

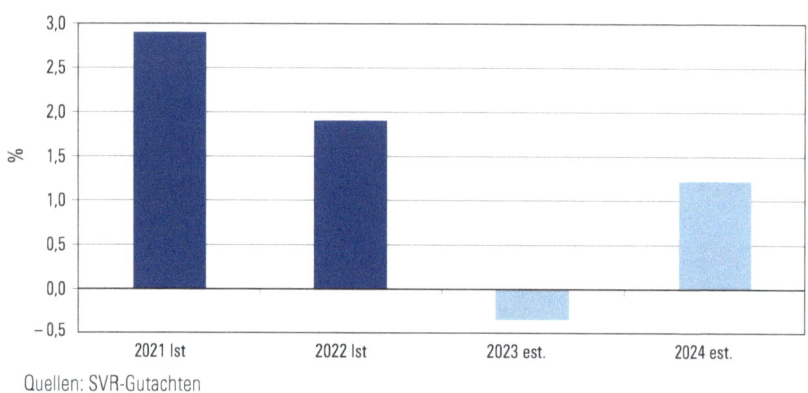

Quellen: SVR-Gutachten

- Eingepreist in diese Prognose sind eine Verbesserung der weltwirtschaftlichen Rahmenbedingungen (globales BIP-Wachstum 2023: 2,2%, 2024: 2,7%), keine weitere Verschärfung der wirtschaftlichen Auswirkungen des Russland-Ukraine-Krieges, jedoch eine fortbestehende Gefahr einer Gasmangellage im Winter 2023/24 sowie Beibehaltung der Stabilität des Euro-Finanzsystems im Ganzen.
- Durch die Abschwächung der Inflation wird für 2024 eine Zunahme der Realeinkommen mit positiven Nachfrageeffekten aus dem privaten Verbrauch erwartet.
- Diese Annahmen weisen die Prognose als Best-case-Szenario aus.

12. Vom Ertrag der Wertrechnung: Periodisierung der BRD-Entwicklung und Perspektiven

Der Anspruch der vorliegenden Zusammenstellung und Kommentierung der Daten zur Bestandsaufnahme der bundesdeutschen Volkswirtschaft und ihrer Entwicklung in der Nachkriegszeit beinhaltet nicht nur eine alternativ-kritische Interpretation der von der bürgerlichen Statistik gelieferten Zahlen. Vielmehr sollen durch die Ermittlung des quantitativen Gehalts der Kategorien der Marxschen Kritik der politischen Ökonomie vertiefte Einsichten in den Verlauf des Akkumulationsprozesses des BRD-Kapitals und Bewertungen bezüglich seiner Entwicklungsperspektiven offengelegt werden. Dies wird mit den nachstehenden Thesen summarisch zusammengefasst.

Erstens: Einordnung der Nachkriegsentwicklung in die Geschichte der kapitalistischen Produktionsweise. Im Gegensatz zur ahistorischen Betrachtungsweise der bürgerlichen Nationalökonomie, der die kapitalistische Welt, zumal nach dem Zusammenbruch des »Realsozialismus« in der damaligen Sowjetunion und den mittel- und osteuropäischen Staaten, als beste aller möglichen Welten gilt, eröffnet die Wertrechnung geschichtliche Einordnungen. Die historisch zweite Epoche einer längerfristig beschleunigten Kapitalakkumulation – nach der Durchsetzung und Verallgemeinerung der Produktionsweise der Großen Industrie unter Führung von Großbritannien als Demiurg des bürgerlichen Kosmos und Weltmarkthegemon im 19. Jahrhundert – fand in fast allen industriellen Metropolen mit der Weltwirtschaftskrise 1974/75 ihr Ende. Ihre Basis war eine neue, weiterentwickelte Betriebsweise des gesellschaftlichen Produktionsprozesses mit einem weiterentwickelten Rationalisierungsparadigma durch Vertiefung der innerbetrieblichen Arbeitsteilung mit Fließproduktion (Taylorismus), der Umstellung des Antriebs der Kraftmaschinen auf den Elektromotor mit Auswirkungen auf das Fabrik-Lay-out sowie Verallgemeinerung von Unternehmensformen von Gesellschaftskapital (Aktienkapital), deren Anfänge in die Industrialisierung bis in die zweite Hälfte des 19. Jahrhunderts zurückreichen. Diese fortentwickelten Verhältnisse des industriellen Produktionsprozesses bildeten zusammen mit den gesellschaftlich-politischen Veränderungen, die in den USA im Gefolge der Weltwirtschaftskrise 1929–1932 im Rahmen des »New Deal« ins Werk gesetzt worden waren, den inneren Kern für die sich nach dem Zweiten Weltkrieg herausbildende bürgerlich-kapitalistische Prosperität. Unter dem neuen Demiurgen des Weltmarkts USA verallgemeinerte sich diese historisch zweite Epoche beschleunigter Kapitalakkumulation im Zuge der

Rekonstruktion von Wirtschaft und Gesellschaft in den westeuropäischen Industriestaaten und mit einem Zeitverzug auch in Japan. Die längerfristig-zyklenübergreifende beschleunigte Kapitalakkumulation verschaffte dem immanenten Widerspruch der Mehrwertproduktion zwischen Rate und Masse des Mehrwerts eine ruhige, d.h. nur durch zyklische Krisen kurzzeitig gestörte Bewegungsform. Die für industrielle Produktion charakteristische produktivitätsbedingte Abnahme des Umfangs der wertschöpfenden produktiven Arbeit pro Kapitaleinheit wurde kompensiert und überkompensiert durch ein gleichzeitiges Wachstum des Gesamtkapitals, sodass bei einer tendenziell sinkenden Durchschnittsprofitrate die Masse des gesamtwirtschaftlichen Profits zunahm. Flankierend für diese zweite Epoche einer beschleunigten Kapitalakkumulation nach der erstmaligen gesamtwirtschaftlichen Etablierung und Verallgemeinerung der Produktionsweise der Großen Industrie wirkten die durch sozial- und interventionsstaatliche Regelungen zugunsten der Konsumnachfrage modifizierten Distributionsverhältnisse sowie ein weiterentwickeltes Geld- und Währungssystem mit inkonvertiblen Zentralbanknoten und fixierten Wechselkursen als neue politisch-ökonomische Rahmenbedingungen. Diese gegenüber der Vorkriegszeit bzw. dem 19. Jahrhundert zu entwickelteren Formen ausgestalteten abgeleiteten Wirtschaftsbereiche und monetären Rahmenbedingungen wirkten in erster Linie dämpfend gegenüber zyklischen Krisen und Abschwüngen und beförderten in zweiter Linie auch die zyklischen Aufschwünge. Im Ergebnis wurde die langfristige Wachstumsrate des Wertprodukts erhöht, die Akkumulationsrate verstetigt und die zeitliche Dauer der beschleunigten Kapitalakkumulation verlängert. Diese Entwicklung in den kapitalistischen Metropolen vollzog sich bis Anfang der 1960er-Jahre noch im Rahmen der in den Jahrhunderten vorher etablierten Kolonialstrukturen, die eine seit Beginn der Industrialisierung herausgebildete internationale Teilung der Arbeit zwischen Rohstoffproduzenten und industriellen Werkstätten beinhaltete und lange stabil geblieben war. Auch nach dem formalen Ende der kolonialen Abhängigkeit unterentwickelter Länder änderte sich zunächst nur die Form der ungleichen Beziehungen zwischen den Metropolen und der Peripherie des Weltmarkts: an die Stelle direkter politischer Unterdrückung trat eine hinter den ökonomischen Austauschbeziehungen versteckte produktivitätsbedingte Bewertung nominell gleicher Arbeitsquanta aus verschieden entwickelten Reproduktionsprozessen, die im Ergebnis die vorhandene Unterentwicklung in den allermeisten Fällen perpetuierte und befestigte.

Zweitens: Strukturbruch der Nachkriegsentwicklung Mitte der 1970er-Jahre als Übergang der beschleunigten Kapitalakkumulation in strukturelle Überakkumulation von Kapital. Der von vielen Betrachtern und Analysten registrierte Strukturbruch der Nachkriegsentwicklung Mitte der 1970er-Jahre lässt sich mithilfe der Wertrechnung als Ende der überzyklisch beschleunigten Kapitalakkumulation identifizieren, welches infolge der seinerseits widersprüchlichen Bewegungsform des immanenten Widerspruchs der Mehrwertproduktion mit Notwendigkeit eintrat und durch die bereits zuvor offen ausgebrochenen Krisenprozesse der internationalen Geldkapitalakkumulation angekündigt worden war. Wie seinerzeit die Weltwirtschaftskrise Ende der 1920er-/Anfang der 1930er-Jahre nach dem Intermezzo der Zwischenkriegszeit die erste Phase der beschleunigten Kapitalakkumulation international synchron beendete, wurde sie auch in den 1970er-Jahren in den kapitalistischen Metropolen – eine Ausnahme bildete nur Japan, das aufgrund des späteren Beginns erst in den 1980er-Jahren folgte – durch eine Überakkumulation von Kapital abgelöst, die chronischen Charakter hat oder strukturell ist, weil sie nicht nur kurzfristig-zyklisch auftritt, sondern während aller Phasen des industriellen Zyklus, wenngleich in unterschiedlichem Umfang und unterschiedlicher Intensität, anhält. Der Zyklusverlauf wird von anhaltendem Verdrängungswettbewerb zwischen fungierendem und neuanzulegendem Kapital geprägt, die Aufschwungsphasen werden in der Regel zu bloßen Erholungsperioden, die zudem durch partielle Stockungen und Rückschläge unterbrochen werden und die Abschwünge sind tiefer und länger ausgeprägt als in den vorherigen Prosperitätszyklen. Schließlich verschiebt sich die Ursache der zyklischen Krise von einer durch zyklische Lohnsteigerungen begrenzten Profitexpansion, welche die gesamtwirtschaftlichen Erweiterungsinvestitionen für die Akkumulation der Investitionsgüterproduzenten unzureichend werden lässt (sog. »profit-squeeze«), hin zu einer zyklischen Überproduktion auf Grund unzureichender bzw. unzureichend wachsender Konsumnachfrage.

Drittens: Entwicklungsphasen der strukturellen Überakkumulation von Kapital seit Mitte der 1970er-Jahre. Die Entwicklungsetappen dieser strukturellen Überakkumulation von Kapital waren teils naturwüchsig bedingt, teils (wirtschafts-)politisch verursacht. Soweit wirtschaftspolitische Maßnahmen ins Werk gesetzt wurden, ging es darum, kapitalistische Auswege aus der Überakkumulationssituation zu finden.

Zu Beginn stand zunächst eine Phase der Stagflation, d.h. der Koinzidenz von allgemein steigenden Warenpreisen, aber gleichzeitig ausbleibendem Wachstum. Die Inflationierung der Warenpreise war zum einen, wenn auch vornehmlich punktuell (Erdöl), als überwälzter Kostendruck (cost-push), zum anderen grundlegend von einer ungebrochenen privaten und öffentlichen Konsumnachfrage (demand-pull) getrieben. Für Letzteres waren neben den zunächst noch vorteilhaften Marktbedingungen für die Lohnabhängigen und ihre Gewerkschaften an den Arbeitsmärkten auch staatliche, zumeist defizitfinanzierte Nachfrageprogramme verantwortlich. Da die Wirtschaftspolitik aber bei bloßer Konjunkturstabilisierung verharrte und weitergehende Eingriffe in die Kapitalakkumulation scheute, blieb es im Wesentlichen bei kurzfristigen Strohfeuereffekten, auch wenn sie mehrmals nacheinander in Gang gesetzt wurden. Im Ergebnis gab es keine durchgreifende Steigerung der gesamtwirtschaftlichen Profitmasse und demzufolge keine dynamische Investitionsentwicklung. Die Stagflation im reproduktiven Zirkel des Gesamtreproduktionsprozesses heizte auf der anderen Seite die Geldkapitalakkumulation an und führte demzufolge zu Fehlallokationen von Kapital und steigenden Zinssätzen. Zu Beginn der 1980er-Jahre wurde die Inflation der Warenpreise marktmäßig durch den Abschwung des VII. Nachkriegszyklus 1980–82 und politisch durch ein Umschalten der Geld- und Finanzpolitik der Zentralbanken und Staaten gebrochen.

Nach den Versuchen, durch Nachfragestützung Beschäftigung und Kapitalakkumulation zu stabilisieren, wurde nunmehr in einer ***zweiten Phase mit der Angebotspolitik (»supply-side-policy«)*** versucht, durch Flexibilisierung der Geldlöhne nach unten die bereits marktmäßig durch steigende Arbeitslosenzahlen vorbereitete Umverteilung von den Löhnen zu den Profiten zu forcieren; die Produktion von absolutem Mehrwert durch Arbeitszeitverlängerungen, Deregulierung von Schutzrechten am Arbeitsmarkt und Lohndruck gewann wieder an Bedeutung. Die harte monetaristische Linie einer primär auf Preisstabilität orientierten Geldpolitik sollte zudem die Werthaltigkeit der Geldvermögensbestände sichern und suggerierte zugleich Kaufkraftstärkung für die Transfer- und Lohnbezieher. Im Ergebnis dieser zweiten Phase der strukturellen Überakkumulation wurde die Profiterosion gestoppt, die Durchschnittsprofitrate durch eine ansteigende Mehrwertrate stabilisiert und der Zinsfuß gegenüber seiner Hochphase während der vorangegangenen Stagflation gesenkt. Obwohl daher der für die Vornahme von Investitionen relevante Vergleich zwischen erwarteter Profitrate und Zinsfuß als alternativer Ertragsrate verbessert wurde, konterkarierte die immer deutlicher werdende Nachfrageschwäche aufgrund gedrückter Masseneinkommensentwicklung die intendierten Effekte der Angebotspolitik in den reproduktiven Basisverhältnissen: der propagierte Trickle-down-Effekt fand nicht statt. Stabilisierte Profiterwartungen, teilweise durch Steuererleichterungen für Unternehmen und hohe Einkommen verstärkt, sowie sinkende Zinssätze befeuerten die Kurse des fiktiven Kapitals. Zum übergeordneten Unternehmensziel der großen Einzelkapitale wurde die Steigerung des Shareholder-Value bzw. die Marktkapitalisierung der Unternehmen im Sinne der Aktionäre und ihrer professionellen Vermögensverwalter. In der Bundesrepublik erwachte die Wertpapierbörse in den 1980er-Jahren aus ihrem Dornröschenschlaf und begann vor dem Hintergrund dieser Kurssteigerungen verheißenden ökonomischen Rahmenbedingungen zu den führenden Börsenplätzen in New York und London aufzuholen. Die Länder der Peripherie des Weltmarktes, die Schwellenländer eingeschlossen, partizipierten einerseits an der Globalisierung von Produktion und Handel, traten andererseits aber in Gestalt überschuldeter und zahlungsunfähiger Länder in Erscheinung, in die sich nach dem Zusammenbruch der realsozialistischen Welt auch ehemals sozialistische Staaten einreihen mussten. Die Dynamik der Kapitalakkumulation verlagerte sich bei weiterhin gedrückter reproduktiver Akkumulationstätigkeit zunehmend in die internationale Finanzsphäre und die Anlageformen des Leihkapitals. Der Finanzsektor entwickelte sich zu einer regelrechten Finanzindustrie und seine Akteure zeigten sich außerordentlich kreativ in der Entwicklung immer neuer »Produkte«, mit denen die Kreditschöpfungsfähigkeit der Geschäftsbanken gesteigert und die steuernde Rolle der Geldpolitik der Zentralbanken unterminiert wurde. Schließlich schalteten die Zentralbanken auf eine akkommodierende Politik um.

Insbesondere die US-Federal Reserve Bank unterstützte nun eine ***»asset based wealth-driven accumulation«; damit hatte sich der Finanzmarktkapitalismus endgültig durchgesetzt und eine dritte Phase der Überakkumulation*** die vorangegangene abgelöst. Die immer deutlicher gewordene (Konsum-) Nachfrageschwäche durch die vorangegangenen Deregulierungen der Arbeitsbeziehungen und Umverteilungsprozesse von unten nach oben sollte nunmehr durch eine finanzmarktbasierte, konsumkreditgestützte Expansion der Massennachfrage geheilt werden. ein Prozess, der von vornherein zum Scheitern verurteilt war, weil er nicht nachhaltig ausgestaltbar ist. Trotzdem gelangen zwei Anläufe dieser asset based wealth-driven accumulation; der zweite endete in einer Immobilienblase und dem Beinahe-Zusammenbruch des internationalen Bank- und Finanzsystems in der Finanzmarktkrise 2007/08. Nur durch den Übergang zu einer ultralockeren Geldpolitik der wichtigsten Zentralbanken konnte dieser Zusammenbruch verhindert werden. Die durch die vorangegangenen Exzesse angeheizten und offenbar gewordenen Überschuldungen von Banken, Unternehmen und Privathaushalten erzwangen die Fortsetzung dieser Geldpolitik, um dem einsetzenden De-Leveraging und den davon ausgehenden Investitions- und Nachfragerestriktionen stützend entgegenzuwirken.

Viertens: Neue Betriebsweise der Digitalisierung und Dekarbonisierung. Bei aller Unzulänglichkeit der praktizierten Ansätze und Methoden zur Überwindung der strukturellen Überakkumulation von Kapital haben sich dennoch sowohl aufseiten der Produktivkräfte gesellschaftlicher Arbeit als auch aufseiten der praktizierten Wirtschaftspolitik Elemente einer neuen, höheren Betriebsweise des gesellschaftlichen Reproduktionsprozesses mit einer tendenziellen Abkehr von bis dato dominierenden wirtschaftspolitischen Paradigmen herausgebildet. Sie weisen über die »postfordistische« Periode hinaus. Im Hinblick auf Elemente einer höheren Betriebsweise hat sich unter dem Topos der Konzentration der Unternehmen auf Kernkompetenzen eine Weiterentwicklung der gesellschaftlichen Arbeitsteilung ergeben, die entwickeltere Formen der Zusammenarbeit von selbstständigen Unternehmen auf Basis von Marktverhältnissen in Entwicklungs-, Beschaffungs- und Produktionsnetzwerken einschließt und Synergien aus einem entlang von Kernkompetenzen umgruppierten Gesamtkapital zieht. Die Verbindung und Organisation dieser Netzwerke durch digitalisierte Techniken führt zu einer höheren Form bewusster Steuerung auf Marktbasis, die in der Plattformökonomie ihren entwickeltsten Ausdruck findet. Noch weniger als im Übergang zum Fordismus kann die Herausbildung von Elementen dieser neuen Betriebsweise ausgehend vom Einzelkapital betrachtet werden, sondern bezieht sich von vornherein auf die Inwertsetzung und Nutzung des im Internet und den Cloud-Datenbanken gespeicherten und im gesamtwirtschaftlichen Fixkapital und der materiell-gesellschaftlichen Infrastruktur verkörperten »General Intellect« der Gesellschaft (Marx). Die Digitalisierung innerhalb des Unternehmenssektors sowie der Einbezug auch der gesamten (privaten und öffentlichen) individuellen Konsumtion in die Vernetzung durch das Internet of Men and Things und die Implementierung von Algorithmen auf Basis von künstlicher Intelligenz führen im Endresultat zu einer Umwälzung der gesamten gesellschaftlichen Verkehrsweise. Vor dem Hintergrund der immer stärker fühlbaren Auswirkungen des menschengemachten Klimawandels in den alltäglichen Lebensprozessen ist die Digitalisierung der Verkehrsformen mit einer Transformation der energetischen Basis des gesellschaftlichen Reproduktionsprozesses und der Dekarbonisierung von produktiver und individueller Konsumtion zu verbinden. Diese eine umfassende technische Revolution darstellenden Veränderungen sind nur vermittelst einer aktiv-gestaltenden und die Marktprozesse steuernden Rolle des Staates zu implantieren und auszubreiten. Die punktuell praktizierte Abkehr von neoliberalen wirtschaftspolitischen Konzepten reicht dafür keineswegs hin, weil sie in erster Linie auf die nachträgliche Abfederung sozialer Härten fokussiert und damit weitgehend im Rahmen traditioneller Strukturpolitik geblieben ist.

Diese Bewertung der gegenwärtigen Situation einer sich in statu nasciendi befindlichen neuen Betriebsweise der bundesdeutschen Ökonomie, Sozialstruktur der Gesellschaft und ihrer politisch-ideologischen Überbauverhältnisse bedeutet (noch) keine Überwindung der Überakkumulationsproblematik. Allerdings weisen die ökonomischen Kennziffern des XI. Nachkriegszyklus (2010–2020) mit der Stabilisierung der produktiven Basis der Wirtschaft durch Steigerung des produktiven Arbeitsvolumens und seiner (internen und externen) Wertschöpfungspotenz, der sich daraus ergebenden Steigerung von Wertprodukt und Profitmasse gegenüber dem vorangegangenen Zyklus sowie einem Rückgang der Wertzusammensetzung des Gesamtkapitalvorschusses auf signifikante Veränderungen in Basisverhältnissen der bundesdeutschen Volkswirtschaft hin. Weil aber weder die Rate der Steigerung der Arbeitsproduktivität noch das

Niveau der Durchschnittsprofitrate diese Veränderungen verursacht bzw. abgebildet haben – auch die Rate des Unternehmergewinns (Profit nach Zinssaldo) weist trotz der bis zum Ende des XI. Zyklus durchgehaltenen Niedrigstzinspolitik keinen Anstieg auf –, kann von einer Überwindung der Überakkumulationssituation keine Rede sein. Allerdings hatte sich mit dem – halbherzigen – Paradigmenwechsel in der Wirtschaftspolitik und den Reformvorhaben der Regierungskoalition aus SPD, Grünen und FDP – »Mehr Fortschritt wagen« – die Möglichkeit einer weitergehenden politischen Flankierung einer partiellen Implementierung der neuen Betriebsweise kurzzeitig ergeben – wenngleich in einer beschränkten Art und Weise, weil das Hindernis des Fortbestandes der kapitalistischen Produktionsverhältnisse nie in Frage gestellt wurde.

Aber auch jenseits der Unantastbarkeit der Systemgrenze taten sich rasch neue konterkarierende Entwicklungen und Einflussfaktoren auf. Neben der international nach wie bestehenden und teilweise sogar weiter ausgebauten Verselbstständigung aller Formen des fiktiven Kapitals standen einem positiven Entwicklungsszenario der Ausbruch der Covid-19-Pandemie mit ihren negativen Auswirkungen auf nationale und internationale Wirtschaftsbeziehungen sowie, in den Konsequenzen noch weitaus gravierender, der im Februar 2022 begonnene Russland-Ukraine-Krieg und die Reaktion darauf durch einen von Europäischer Union und deutscher Regierung in Form von Sanktionen begonnenen Wirtschaftskrieg gegen die Russische Föderation entgegen. Die BRD ist durch den Stopp der russischen Energielieferungen durch ihre in der Vorzeit stark ausgebaute Abhängigkeit von russischen Öl- und Gaslieferungen besonders betroffen und erleidet, insbesondere gegenüber den weitgehend energieautarken USA, durch die Inflationierung ihrer Strom- und Gaspreise erhebliche selbstverschuldete Konkurrenznachteile. Kurzfristig hat sich 2022/23 nach der Erholung der Konjunktur im ersten Jahr des XII. Nachkriegszyklus 2021 ein Rückschlag durch die Änderung der Zinspolitik der EZB wegen Inflationsbekämpfung sowie infolge anhaltender Unsicherheit der geopolitischen Rahmenbedingungen ergeben. Die von den USA durch Lieferstopps und Sanktionen gegen die Volksrepublik China und mit dem Milliardenprogramm des »Inflation Reduction Act« auch gegen europäische Partner forcierte Zuspitzung der Umbruchsituation in der Weltwirtschaft treibt zu einem erneuten Kalten Krieg mit einer ökonomischen Zweiteilung und Entkoppelung internationaler Lieferbeziehungen, die die Fortentwicklung der Umsetzung der neuen Betriebsweise hemmen, wenn nicht mittelfristig gar verhindern.

Fünftens: Kapitalistischer Relaunch vs. sozialistische Marktwirtschaft. Die Versuche, die bisherige strukturelle Überakkumulation von Kapital systemkonform zu überwinden, haben nicht nur keine erneute längerfristige beschleunigte reproduktive Kapitalakkumulation erbracht, sondern zusammen mit den jüngsten Krisen und Kriegen die gesellschaftlichen Reproduktionsprozesse tiefer in Krise und Instabilität hineingetrieben. Damit erweist sich die strukturelle Überakkumulation von Kapital – wiederum – als nach innen gerichtete Spirale, die, wenn auch nicht in jedem Moment oder kurzfristig, so doch mittel- und längerfristig die historische Begrenztheit der kapitalistischen Produktionsweise deutlich macht; seinen äußeren Ausdruck findet diese Entwicklung in der überbordenden Verschuldung von Unternehmen, Zentralbanken, öffentlichen und Privathaushalten in den meisten Ländern (kapitalistischen Metropolen, Schwellen- und Entwicklungsländern). Diese nach innen gerichtete Spiralentwicklung wird von ökologisch bewegten Wachstumsfeinden gefeiert und gefördert und die Begrenztheit des Kapitalismus mit einer pauschalen Kritik an einer industriellen Produktionsweise verwechselt. Nicht weniger borniert, aber gleichwohl illusorisch und politisch gefährlich ist die klassisch bürgerliche Auffassung, die einen »Relaunch« einer beschleunigten Kapitalakkumulation auf kapitalistischer Grundlage immer noch durch Drehen an der Verteilungsschraube zugunsten der Profite herbeiführen will, als hätten die verschiedenen wirtschaftspolitischen Versuche seit Mitte der 1970er-Jahre nicht gezeigt, dass dies nicht funktioniert. Dass ohne gravierende Veränderungen der kapitalistischen Produktionsverhältnisse und ohne eine makroökonomisch angelegte aktive staatliche Strukturpolitik eine umfassende Digitalisierung und Dekarbonisierung der gesellschaftlichen Verkehrsverhältnisse gelingen kann, muss ins Reich der Fabel verwiesen werden, wenngleich der Kapitalismus sich seit jeher als anpassungsfähig an soziale und ökologische Veränderungen erwiesen hat. Es bleiben die bestimmenden sozialökonomischen Verhältnisse als kapitalistische Produktionsverhältnisse, die die bedrohlichen Auswirkungen der Klimaveränderungen im Weltmaßstab erzeugt haben und die mittlerweile nicht nur in den Ländern des globalen Südes, sondern auch innerhalb der entwickelten Metropolen selbst Platz gegriffen haben. Ein »grüner Kapitalismus« mit weitgehender Umstellung der energetischen Basis auf erneuerbare Energien, die Dekarbonisierung der produktiven und individuellen Konsumtion durch neue Produktionsverfahren und Produkte sowie die Beherrschung der unvermeidlichen Auswirkungen des Klimawandels scheint in den Metropolen des Weltmarkts eher möglich als die Erschließung der gesamten ökonomischen Potenziale der digitalisierten Betriebsweise. Letzteres wird restringiert durch den kapitalistischen Verwertungszwang und der von ihm ausgehendenden Begrenzung der Inwertsetzung namentlich der subjektiven Produktivkräfte sowohl im gesellschaftlichen Rahmen (General Intellect) als auch im Hinblick auf die Belegschaften in den produzierenden Einheiten. Im besten Fall können die Potenziale der digitalen Betriebsweise auf kapitalistischer Grundlage nur in begrenztem Umfang, also suboptimal, ausgeschöpft werden. Rein theoretisch könnten sich innerhalb der überkommenen kapitalistischen Produktionsverhältnisse nur neue ökonomische Spielräume durch eine umfassende Entwertung und Vernichtung des vorhandenen gesamtwirtschaftlichen Kapitalstocks ergeben, um im Verein mit weiter zugunsten der Profite veränderten Verteilungsverhältnissen ein neues, höheres Niveau der Durchschnittsprofitrate herzustellen und eine beschleunigte Kapitalakkumulation wieder in Gang zu setzen – ein in seinen Auswirkungen für die Mehrheit der Gesellschaftsmitglieder barbarisches Szenario, dessen Durchsetzung unter Friedensbedingungen illusorisch ist. Nicht die Natur, wohl aber das Kapital selbst markiert die immanente und unüberwindbare Grenze für seine Reproduktion.

Die einzig erfolgversprechende und sozial akzeptable Alternative zu den ökologischen und/oder sozialen Verzichtsapologien ist eine Überwindung der Dominanz kapitalistischer Produktionsverhältnisse und eine Relativierung der Profitrate als Steuerungsinstrument der Allokationsprozesse. Dies hätte mit einer gleichzeitigen Wiederherstellung der Suprematie der reproduktiv-wertschöpfenden Basis der Ökonomie gegenüber den verselbstständigten Prozessen der Geldkapitalakkumulation auf den Finanzmärkten durch einen kontrollierten Abbau der im letzten Jahrzehnt zu neuen Höchstständen getriebenen Verschuldungen einherzugehen. Eine derartige sozialistische Marktwirtschaft wäre eine zeitgenössische Übersetzung dessen, was seinerzeit J.M. Keynes als »ziemlich umfassende Sozialisierung der Investitionen« bezeichnet hatte, die er neben veränderten Verteilungsverhältnissen als Bedingung für ein langfristig-zukünftiges Prosperieren reicher Gemeinwesen ausgemacht hatte. Marxistisch gewendet und ergänzt lässt sich diese Keynessche Perspektive für Verhältnisse einer ersten Phase einer kommunistischen Gesellschaftsformation durch einen Dreiklang von makroökonomischer Strukturpolitik, sozialistischer Corporate Governance und einem neuen Mix von Eigentumsverhältnissen an den Produktionsmitteln zusammenfassen. Es geht um die Umsetzung einer gesamtwirtschaftlich ausgerichteten aktiven und in demokratischen Willensbildungsstrukturen konkretisierten Strukturpolitik, um innerhalb der Europäischen Union bzw. der Euro-Zone als europäischem Gesamtreproduktionsprozess die supranationalen, binnenwirtschaftlichen und branchenmäßigen Entwicklungsperspektiven strategisch zu steuern, eine systematische Heranziehung und Befähigung der Belegschaften und ihrer Repräsentanten zur Mitentscheidung über einzelwirtschaftliche Kalküle hinsichtlich des Was, Wie und für Wen der Produktion (sozialistische Corporate Governance) zu etablieren sowie schließlich die Absicherung dieser für die Produktivitätsentwicklung entscheidenden Funktionen durch die Veränderung der kapitalistischen Eigentumsverhältnisse an den Produktionsmitteln zu bewerkstelligen. Solche veränderten Eigentumsverhältnisse beinhalten einen Mix aus öffentlichen (gesamtstaatlichen und kommunalen), halbstaatlichen (öffentlich-private Joint ventures), genossenschaftlichen (von Branchen-Beteiligungsfonds der Beschäftigten bis zu ihrer individuellen Beteiligung am Produktivkapital) und auch privaten Formen des Produktionsmitteleigentums; hinzu muss die fortschreitende Entkoppelung des Verfügungsrechts vom Eigentumstitel an Grund und Boden treten, um eine langfristige Sozialisierung der Nutzung des Grundeigentums mit Beseitigung der preistreibenden Baulandrente als nutzloser Superfötation (Ricardo) in Gang zu setzen. Diese Veränderungen der Eigentumsverhältnisse an Produktionsmitteln bleiben – hier ist den Keynesschen Vorstellungen zu widersprechen und entscheidend über sie hinauszugehen – Bedingung für die Nachhaltigkeit der Veränderung der Corporate Governance in den Unternehmen und der Ausgestaltung der öffentlichen Strukturpolitik. In diesem Sinne erlaubt die Wertrechnung nicht nur eine präzisere Diagnose der Gegenwart, sondern gibt zugleich eine Anleitung für transformatorische Wirtschaftspolitik mit dem Ziel einer sozialistischen Wirtschaft und Gesellschaft.

Datenanhang

In den nachstehenden Tabellen sind nur diejenigen Daten nachgewiesen, die nicht 1:1 aus offiziellen Statistiken entnommen bzw. neugruppiert worden sind:

Tabelle 1: Nachfragestrukturen 1950–2022
Tabelle 2: Gesamtreproduktionsprozess BRD (Wertrechnung) 1950–2021
Tabelle 3: Mehrwert- und Surplusrate 1950–2021

1. Nachfragestrukturen 1950–2022 jeweils in % gg. Vorjahr

Jahr	Importe	Importquote	Exporte	Exportquote	Inlandsnachfrage	Produktive Konsumtion	Vorleistungen	Bruttoinvestition	Individuelle Konsumtion
1950	--	7,1	--	7,6	--	--	--	--	--
1951	30,75	7,4	60,77	9,5	26,23	32,85	34,26	22,28	16,99
1952	13,95	7,6	19,18	10,2	11,15	11,35	9,74	18,59	10,84
1953	4,12	7,4	8,77	10,4	6,51	4,88	7,29	13,55	9,09
1954	24,51	8,5	16,99	11,2	8,52	9,61	9,48	10,34	6,86
1955	25,95	9,1	16,71	11,2	17,68	21,11	18,49	33,90	12,30
1956	15,59	9,6	15,19	11,8	9,01	7,66	9,43	2,76	11,29
1957	15,21	10,3	14,42	12,5	7,69	6,80	6,57	3,12	9,15
1958	3,74	12,2	1,46	12,1	5,30	3,00	3,28	8,57	8,99
1959	11,19	10,4	10,29	12,3	8,68	8,70	7,80	13,92	8,64
1960	20,37	11,1	14,91	10,7	12,43	13,86	12,06	13,27	10,26
1961	5,12	9,1	4,09	10,3	8,29	7,05	7,14	13,84	10,21
1962	10,84	9,3	4,71	10,0	8,49	6,85	6,97	9,12	10,94
1963	7,39	9,6	8,92	10,4	4,70	2,71	4,01	1,26	7,56
1964	11,24	9,7	11,15	10,5	9,45	10,62	9,44	11,13	7,83
1965	17,58	10,4	9,25	10,6	9,68	9,89	8,94	9,31	9,39
1966	4,55	10,5	12,86	11,4	3,96	2,36	3,89	2,15	6,20
1967	-2,66	10,3	7,99	12,3	-1,24	-3,91	-1,53	-9,76	2,42
1968	13,91	11,0	12,75	12,9	11,51	15,99	14,92	3,58	5,75
1969	19,20	11,4	13,67	12,9	14,95	18,30	16,57	23,14	10,53
1970	14,67	11,6	10,46	12,6	13,05	13,12	12,00	27,16	12,94
1971	11,63	11,8	10,48	12,8	9,20	7,42	8,48	12,56	11,71
1972	8,13	11,8	9,23	12,9	8,09	6,65	7,46	2,74	10,05
1973	12,82	12,0	17,65	13,6	11,09	11,98	12,30	3,51	9,90
1974	24,73	13,6	29,29	15,8	10,24	10,86	14,62	-3,44	9,42
1975	4,52	13,6	-2,08	15,0	4,27	0,54	1,52	2,38	9,35
1976	17,13	14,4	14,58	15,5	10,91	13,62	11,44	9,36	7,53
1977	5,36	14,4	5,88	15,6	5,26	3,99	4,27	9,29	6,95
1978	4,21	14,2	5,10	15,5	5,72	4,83	4,09	10,02	6,86
1979	18,57	15,1	9,32	15,4	11,53	14,25	12,98	12,92	8,10
1980	17,03	16,2	12,25	15,9	9,04	9,99	11,31	9,20	7,78
1981	9,29	16,9	14,74	17,3	4,64	4,33	6,62	1,13	5,15
1982	3,03	17,1	8,44	18,2	2,11	1,42	2,24	-1,51	2,94
1983	1,16	16,6	0,12	17,6	4,01	4,04	2,46	7,49	3,97
1984	10,24	17,2	11,35	18,4	6,22	7,48	7,62	3,10	4,54
1985	2,84	16,9	6,27	18,6	4,56	5,16	5,18	7,17	3,74

Anteil Inlands-nachfr.	Staat ge-samt	Anteil an Inl.-nachfr.	Öffentl. Investi-tion.	Privater Kon-sum	Lager/ Um-satz	Prod. Gewerbe		Dienstleist.-unternehmen	
						Löhne	Profite	Löhne	Profite
41,8	--	5,4	--	--	20,57	--	--	--	--
38,7	24,33	5,3	18,91	15,90	19,64	24,19	34,10	22,31	10,89
38,6	14,08	5,5	8,26	10,32	19,89	9,84	17,35	16,94	11,78
39,5	7,83	5,5	13,84	9,29	20,58	10,40	8,00	14,21	13,24
38,9	8,16	5,5	14,39	6,65	19,11	10,56	5,39	16,34	11,93
37,2	15,55	5,4	29,50	11,76	17,43	16,89	15,63	13,21	15,14
37,9	14,35	5,7	13,90	10,77	17,93	1,86	7,99	61,30	14,81
38,4	11,96	5,9	5,00	8,66	17,75	8,56	7,91	11,31	11,37
39,8	14,74	6,4	5,04	7,95	18,41	6,73	6,42	9,73	10,79
39,8	17,48	6,9	26,53	6,94	17,15	8,88	14,02	10,82	12,35
39,3	11,74	6,9	12,54	9,95	16,41	14,26	14,48	11,53	16,46
40,0	13,08	7,2	17,59	9,60	17,0	13,86	2,06	15,39	9,91
40,9	21,00	8,0	23,31	8,74	17,0	11,27	4,64	14,95	6,27
42,0	14,55	8,8	18,35	5,86	16,9	4,96	-3,57	11,83	8,80
41,4	8,28	8,7	19,41	7,71	16,1	9,75	16,27	9,65	13,91
41,3	5,85	8,4	-8,80	10,33	16,2	10,77	5,10	10,73	16,17
42,2	3,95	8,4	11,28	6,77	16,9	5,94	-2,61	9,69	13,25
43,8	1,10	8,6	-9,36	2,75	17,6	-4,05	1,04	8,39	7,40
43,1	3,05	8,2	9,81	6,41	15,3	8,62	17,24	7,19	10,01
41,5	12,56	8,0	15,23	10,06	15,3	13,38	8,67	10,94	14,14
41,4	19,17	8,5	32,16	11,44	15,4	20,64	8,11	17,33	10,62
42,4	14,94	8,9	8,98	10,88	15,9	10,31	-0,10	17,30	15,02
43,2	8,35	8,9	0,34	10,51	15,6	8,87	-0,80	13,71	17,54
42,7	10,86	8,9	4,33	9,65	14,9	12,29	7,33	15,94	10,10
42,4	16,01	9,4	13,93	7,68	14,8	7,57	-1,99	17,00	12,38
44,5	9,40	9,9	0,50	9,33	16,4	0,74	-8,03	11,14	10,87
43,1	4,84	9,3	-1,82	8,30	15,5	7,88	21,04	12,18	6,10
43,8	3,31	9,1	1,02	7,95	16,1	7,39	0,95	9,14	7,88
44,3	8,54	9,4	8,44	6,42	15,9	5,98	9,55	9,35	8,74
42,9	9,85	9,2	11,66	7,63	15,0	8,63	7,68	9,88	7,37
42,4	10,14	9,3	11,54	7,13	15,5	8,66	-14,01	10,00	10,40
42,6	3,72	9,3	-5,70	5,44	16,0	3,10	-5,08	8,77	9,77
43,0	0,23	9,1	-8,59	3,81	16,4	2,09	-2,53	6,06	9,17
42,9	1,22	8,8	-6,54	4,71	16,0	1,18	24,72	3,75	11,42
42,3	5,19	8,8	0,72	4,37	15,3	3,92	4,92	5,22	7,42
41,9	4,53	8,8	3,13	3,53	15,0	3,43	11,92	5,70	5,20

Jahr	Importe	Importquote	Exporte	Exportquote	Inlandsnachfrage	Produktive Konsumtion	Vorleistungen	Bruttoinvestition	Individuelle Konsumtion
1986	-9,12	15,4	-2,06	18,0	0,10	-2,21	-3,67	7,50	3,29
1987	-0,83	14,9	-0,68	17,5	2,28	1,16	1,01	3,59	3,76
1988	7,02	15,1	7,50	17,7	5,85	7,16	6,41	7,46	4,18
1989	13,95	16,0	13,16	18,7	7,39	9,24	8,58	11,57	4,95
1990	9,58	15,9	11,04	18,8	10,26	9,71	9,41	13,61	11,01
1991	15,65	17,1	14,11	19,9	7,78	7,78	7,12	10,19	7,72
1992	0,52	14,3	0,71	14,3	5,30	2,92	3,68	4,20	8,40
1993	-7,28	13,2	-4,74	13,5	0,02	-3,32	-2,18	-7,05	4,17
1994	8,26	13,7	8,51	14,0	4,81	5,27	5,02	1,86	4,28
1995	15,37	15,3	14,41	15,6	3,14	-2,72	5,42	0,99	9,96
1996	3,71	15,7	5,49	16,2	0,94	-0,49	0,16	1,31	2,41
1997	11,58	17,1	12,67	17,7	2,89	4,23	4,36	-1,26	1,55
1998	6,78	17,6	7,03	18,3	3,34	4,30	3,32	2,09	2,35
1999	7,02	18,2	5,02	18,6	3,78	4,25	4,40	6,38	3,28
2000	18,66	19,2	1,16	19,3	6,12	9,71	9,54	7,25	2,32
2001	1,47	19,1	6,47	20,0	1,96	1,06	2,05	-2,16	2,98
2002	-5,07	18,5	3,59	20,8	-1,97	-4,52	-3,11	-6,64	0,86
2003	3,09	18,5	0,54	20,4	0,74	0,61	0,99	-4,40	0,89
2004	7,51	19,4	11,24	22,0	2,59	4,24	4,65	3,70	0,88
2005	8,91	20,4	7,88	22,8	3,84	6,08	5,90	2,98	1,44
2006	14,24	21,9	13,52	24,3	6,46	10,06	9,87	8,13	2,43
2007	6,38	22,2	9,65	25,2	4,99	6,89	6,29	5,97	2,71
2008	5,08	22,5	3,00	25,2	3,45	3,85	4,14	3,68	2,95
2009	-15,80	19,2	-16,46	21,5	-1,25	-3,51	0,95	-19,31	1,62
2010	18,32	21,1	17,37	23,3	7,85	11,17	9,88	8,74	3,86
2011	13,05	22,2	11,19	24,3	7,18	10,28	9,83	6,85	3,18
2012	2,07	22,8	4,75	25,4	-0,53	-2,83	-0,99	-1,52	2,62
2013	1,01	22,8	0,44	25,3	0,78	0,68	-0,13	0,42	0,90
2014	2,40	22,8	4,59	25,7	2,38	2,37	0,93	5,66	2,40
2015	4,23	22,9	6,32	26,2	4,04	4,67	5,59	3,20	3,22
2016	1,93	22,6	1,72	25,8	3,02	2,55	2,37	4,60	3,64
2017	7,94	23,2	6,69	26,3	5,25	6,73	5,36	9,10	3,32
2018	5,81	23,6	3,38	26,2	4,25	5,01	4,35	7,47	3,23
2019	2,74	23,6	1,66	26,0	2,78	2,21	2,13	3,40	3,57
2020	-10,82	22,3	-9,72	24,8	-5,53	-8,64	-6,96	-9,35	-1,32
2021	18,04	24,5	15,63	26,8	7,13	11,62	9,10	15,77	1,51
2022	-0,23	21,3	-7,49	22,1	14,78	16,17	15,23	11,80	12,85

Anteil Inlands-nachfr.	Staat ge-samt	Anteil an Inl.-nachfr.	Öffentl. Investi-tion.	Privater Kon-sum	Lager/ Um-satz	Prod. Gewerbe		Dienstleist.-unternehmen	
						Löhne	Profite	Löhne	Profite
43,3	4,84	9,2	6,06	2,88	14,9	4,92	16,42	6,64	5,83
43,9	3,23	9,3	1,51	3,90	14,7	3,81	-5,63	5,31	6,10
43,2	4,39	9,1	1,02	4,12	13,8	3,55	4,70	6,76	9,04
42,2	1,66	8,6	5,35	5,83	13,4	4,72	4,94	5,53	9,45
42,5	22,69	9,6	-0,68	8,00	12,8	8,44	8,20	11,08	11,17
42,5	5,70	9,4	1,82	8,32	12,2	7,43	4,84	12,89	10,70
44,6	10,84	10,4	9,88	7,68	11,5	5,03	-8,42	12,91	14,41
46,5	4,05	10,8	-3,77	4,20	11,2	-2,07	-23,48	7,65	9,31
49,7	4,56	14,4	-2,00	4,20	10,7	1,91	11,28	6,59	8,32
49,3	2,55	14,2	1,57	2,20	10,9	2,35	-0,72	6,49	5,53
50,0	2,05	14,3	-4,19	2,55	10,8	-1,17	2,27	4,59	4,05
49,4	0,90	13,8	-8,84	2,53	10,7	-0,96	6,39	3,13	1,67
48,9	1,26	13,5	0,68	2,77	10,9	0,95	-0,65	6,83	-2,75
48,7	3,15	13,5	5,89	3,33	10,8	0,20	-3,46	7,83	3,86
47,0	0,91	12,7	-2,13	2,86	10,8	3,93	-12,36	9,68	-7,12
47,5	1,94	12,7	-0,03	3,36	11,0	0,64	1,05	4,90	4,38
48,9	2,47	13,3	-2,09	0,28	11,0	-1,55	2,33	2,35	4,42
49,0	0,64	13,0	-6,11	0,98	10,9	-1,06	7,39	1,73	3,26
48,2	-0,69	12,6	-6,44	1,45	10,3	-0,22	25,62	1,68	-0,07
47,1	0,26	12,2	-0,82	1,85	10,3	-1,96	8,88	3,36	1,38
45,3	2,16	11,7	7,35	2,52	10,2	2,44	21,14	3,39	4,18
44,3	2,77	11,4	9,94	2,69	10,6	2,40	17,32	4,68	1,06
44,1	4,47	11,5	8,54	2,42	10,8	3,42	-2,11	5,26	-1,42
45,4	5,59	12,3	10,25	0,21	11,6	-3,01	-51,17	0,37	-7,95
43,7	3,87	11,9	4,66	3,86	10,9	2,66	96,39	4,11	1,82
42,1	2,59	11,4	3,50	3,41	10,9	4,99	10,67	6,34	1,31
43,4	2,04	11,9	-5,72	2,84	9,6	3,46	-0,17	5,21	5,25
43,5	4,10	12,1	0,11	-0,28	9,6	3,14	-5,97	2,29	4,67
43,5	3,53	12,2	-0,69	1,96	9,5	3,20	12,92	4,90	-1,77
43,1	5,08	12,3	5,74	2,50	9,1	3,13	8,21	5,46	2,13
43,4	4,84	12,5	5,65	3,17	8,8	2,48	7,42	3,49	-0,44
42,6	4,25	12,4	7,08	2,95	8,5	3,77	5,98	5,88	-6,32
42,2	4,00	12,4	10,25	2,91	8,7	4,18	-2,47	4,38	-1,63
42,5	5,17	12,7	5,07	2,90	8,9	3,52	-4,35	4,22	-3,31
44,4	7,25	14,4	9,19	-4,96	9,0	-2,95	-5,33	-0,60	-1,82
42,0	-2,68	13,1	2,01	3,52	8,9	2,39		3,87	
41,4	15,73	13,2	8,82	11,56	9,9	4,18		7,64	

2. Gesamtreproduktionsprozess BRD/Deutschland 1950–2021: Wertrechnung

(bis 2000 in Mio. DM, danach in Mio. €)

Jahr	Produktenwert	c zirk	dc fix	c gesamt	Wertprodukt	gg. Vj. %	variables Kapital	Mehrwert	gg.Vj. %
1950	170.160	75.836	5.490	81.326	88.834	–	29.904	58.930	–
1951	219.500	102.198	6.610	108.808	110.692	24,61	36.366	74.326	26,13
1952	245.300	112.123	7.520	119.643	125.657	13,52	40.226	85.431	14,94
1953	262.260	120.199	7.740	127.939	134.321	6,89	44.036	90.285	5,68
1954	284.130	131.629	8.070	139.699	144.431	7,53	48.242	96.189	6,54
1955	331.650	156.046	8.910	164.956	166.694	15,41	55.364	111.330	15,74
1956	363.590	170.723	1.030	171.753	191.837	15,08	62.155	129.682	16,48
1957	391.090	181.824	11.210	193.034	198.056	3,24	68.247	129.809	0,10
1958	410.130	187.639	12.320	199.959	210.171	6,12	72.503	137.668	6,05
1959	446.010	202.311	13.370	215.681	230.329	9,59	77.673	152.656	10,89
1960	499.120	226.909	14.950	241.859	257.261	11,69	86.598	170.663	11,80
1960	525.780	237.929	15.930	253.859	271.921	–	97.379	174.542	–
1961	568.400	255.124	18.330	273.454	294.946	8,47	110.247	184.699	5,82
1962	612.960	272.920	21.110	294.030	318.930	8,13	121.739	197.191	6,76
1963	641.180	283.640	23.570	307.210	333.970	4,72	129.417	204.553	3,73
1964	703.740	310.476	26.220	336.696	367.044	9,90	140.756	226.288	10,63
1965	766.320	338.091	29.190	367.281	399.039	8,72	156.121	242.918	7,35
1966	802.710	351.029	32.240	383.269	419.441	5,11	165.675	253.766	4,47
1967	796.570	345.136	34.230	379.366	417.204	-0,53	166.267	250.937	-1,11
1968	887.700	397.147	36.060	433.207	454.493	8,94	177.208	277.285	10,50
1968	824.900	366.688	36.060	402.748	422.152	–	173.190	248.962	–
1969	939.170	427.855	38.800	466.655	472.515	11,93	197.581	274.934	10,43
1970	1.060.800	479.027	44.620	523.647	537.153	13,68	231.082	306.071	11,33
1971	1.155.900	518.950	51.200	570.150	585.750	9,05	254.227	331.523	8,32
1972	1.250.260	557.073	56.770	613.843	636.417	8,65	282.496	353.921	6,76
1973	1.395.140	625.964	62.430	688.394	706.746	11,05	318.591	388.155	9,67
1974	1.540.320	717.779	70.160	787.939	752.381	6,46	248.344	504.037	29,85
1975	1.570.750	727.079	76.920	803.999	766.751	1,91	368.140	398.611	-20,92
1976	1.739.870	811.013	81.940	892.953	846.917	10,46	390.357	456.560	14,54
1977	1.832.460	844.426	86.450	930.876	901.584	6,45	418.021	483.563	5,91
1978	1.932.090	877.542	92.220	969.762	962.328	6,74	443.190	519.138	7,36
1979	2.138.110	991.965	99.440	1.091.405	1.046.705	8,77	478.014	568.691	9,55
1980	2.314.680	1.106.332	108.800	1.215.132	1.099.548	5,05	512.027	587.521	3,31
1981	2.435.280	1.176.684	118.020	1.294.704	1.140.576	3,73	536.507	604.069	2,82
1982	2.498.420	1.202.363	125.800	1.328.163	1.170.257	2,60	551.626	618.631	2,41
1983	2.584.950	1.230.114	132.600	1.362.714	1.222.236	4,44	557.010	665.226	7,53
1984	2.751.800	1.271.085	135.585	1.406.670	1.345.130	10,05	572.171	772.959	16,19
1985	2.883.360	1.331.984	141.008	1.472.992	1.410.368	4,85	587.278	823.090	6,49

Jahr	Pro-dukten-wert	c zirk	dc fix	c gesamt	Wert-produkt	gg. Vj. %	variables Kapital	Mehr-wert	gg.Vj. %
1986	2.913.100	1.336.743	149.240	1.485.983	1.427.117	1,19	613.417	813.700	-1,14
1987	2.957.770	1.346.730	153.750	1.500.480	1.457.290	2,11	637.359	819.931	0,77
1988	3.137.490	1.430.673	159.890	1.590.563	1.546.927	6,15	666.591	880.336	7,37
1989	3.372.670	1.552.723	169.350	1.722.073	1.650.597	6,70	695.035	955.562	8,55
1990	3.698.090	1.695.502	193.060	1.888.562	1.809.528	9,63	746.148	1.063.380	11,28
1991	4.023.970	1.816.400	200.200	2.016.600	2.007.370	10,93	835.301	1.172.069	10,22
1991	4.361.510	2.012.098	220.210	2.232.308	2.129.202	–	986.691	1.142.511	–
1992	4.587.390	2.079.875	238.600	2.318.475	2.268.915	6,56	1.056.428	1.212.487	6,12
1993	4.548.410	2.023.993	252.650	2.276.643	2.271.767	0,13	1.089.757	1.182.010	-2,51
1994	4.770.110	2.129.960	258.380	2.388.340	2.381.770	4,84	1.070.115	1.311.655	10,97
1994	4.636.410	1.814.069	252.398	2.066.467	2.569.943	–	1.070.115	1.499.828	–
1995	4.837.386	1.913.458	257.669	2.171.127	2.666.259	3,75	1.103.396	1.562.863	4,20
1996	4.866.827	1.914.929	261.002	2.175.931	2.690.896	0,92	1.115.855	1.575.041	0,78
1997	5.026.301	1.995.974	265.398	2.261.372	2.764.929	2,75	1.109.373	1.655.556	5,11
1998	5.199.279	2.064.149	269.171	2.333.320	2.865.959	3,65	1.140.852	1.725.107	4,20
1999	5.372.582	2.150.272	273.140	2.423.412	2.949.170	2,90	1.169.347	1.779.823	3,17
2000	5.723.656	2.360.072	283.576	2.643.648	3.080.008	4,44	1.217.003	1.863.005	4,67
2000	2.920.370	1.206.667	144.988	1.351.655	1.568.715	–	626.442	942.273	–
2001	2.987.970	1.232.027	145.307	1.377.334	1.610.636	2,67	643.757	966.879	2,88
2002	2.962.460	1.193.735	149.764	1.343.499	1.618.961	0,52	654.618	964.343	1,62
2003	2.989.370	1.207.866	148.000	1.355.866	1.633.504	0,90	675.580	957.924	1,22
2004	3.192.610	1.334.499	148.380	1.482.879	1.709.731	0,70	668.983	1.040.748	-0,40
2005	3.278.120	1.380.305	150.724	1.531.029	1.747.091	1,78	725.737	1.021.354	-1,86
2006	3.504.120	1.520.047	152.113	1.672.160	1.831.960	4,86	733.088	1.098.872	7,59
2007	3.747.420	1.684.674	166.446	1.851.120	1.896.300	3,51	760.534	1.135.766	3,36
2008	3.955.690	1.797.130	168.401	1.965.531	1.990.159	4,95	772.506	1.217.653	7,21
2009	3.578.164	1.576.746	163.670	1.740.416	1.837.748	-7,66	799.978	1.037.770	-14,77
2010	3.861.624	1.718.773	220.423	1.939.196	1.922.428	7,29	820.108	1.102.320	9,82
2011	4.171.680	1.903.010	227.201	2.130.211	2.041.469	6,19	839.145	1.202.324	9,07
2012	4.194.455	1.888.654	233.487	2.122.141	2.072.314	1,51	860.623	1.211.691	0,78
2013	4.236.632	1.889.760	237.830	2.127.590	2.109.042	1,77	892.160	1.216.882	0,43
2014	4.376.426	1.932.411	243.222	2.175.633	2.200.793	4,35	926.852	1.273.941	4,69
2015	4.479.740	1.931.358	245.132	2.176.490	2.303.250	4,66	959.707	1.343.543	5,46
2016	4.674.920	2.039.806	258.014	2.297.820	2.377.100	3,21	991.556	1.385.544	3,13
2017	4.917.656	2.160.861	267.557	2.428.418	2.489.238	4,72	1.024.470	1.464.768	5,72
2018	5.049.955	2.253.784	279.146	2.532.930	2.517.025	1,12	1.067.635	1.449.390	-1,05
2019	5.219.830	2.304.368	291.394	2.595.762	2.624.068	4,25	1.120.781	1.503.287	3,72
2020	4.906.304	2.120.576	300.791	2.421.367	2.484.937	-5,30	1.163.967	1.320.970	-12,13
2021	5.307.039	2.321.912	342.561	2.664.473	2.642.566	6,34	1.207.645	1.434.921	8,63

Jahr	m'* %	Zirkulations-kosten	Anteil am Mehrwert* %	(Brutto-) Profit	gg.Vj. %	Gesamt-kapital CC	PK	PK:CC
1950	158	16.804	28,5	42.126	-	120.860	110.273	0,91
1951	164	21.332	28,7	52.994	25,80	140.030	125.035	0,89
1952	185	23.887	28,0	61.544	16,13	169.990	149.972	0,88
1953	175	26.261	29,1	64.024	4,03	184.100	163.120	0,89
1954	169	29.171	30,3	67.018	4,68	190.770	168.031	0,88
1955	171	33.904	30,5	77.426	15,53	206.670	180.070	0,87
1956	164	37.587	29,0	92.095	18,95	236.000	206.536	0,88
1957	160	40.866	31,5	88.943	-3,42	263.290	229.120	0,87
1958	160	43.651	31,7	94.017	5,70	294.380	254.293	0,86
1959	167	47.509	31,1	105.147	11,84	320.860	273.737	0,85
1960	167	52.931	31,0	117.732	11,97	355.770	303.771	0,85
1960	167	56.051	32,1	118.491	–	376.150	323.388	0,86
1961	156	60.996	33,0	123.703	4,40	424.700	365.568	0,86
1962	150	66.860	33,9	130.331	5,36	479.770	412.098	0,86
1963	146	72.230	35,3	132.323	1,53	532.540	453.050	0,85
1964	149	79.464	35,1	146.824	10,96	577.160	486.384	0,84
1965	144	87.629	36,1	155.289	5,77	639.990	528.125	0,83
1966	141	91.201	35,9	162.565	4,69	699.250	586.319	0,84
1967	139	96.274	38,4	154.663	-4,86	749.440	623.133	0,83
1968	144	106.323	38,3	170.962	10,54	763.120	616.185	0,81
1968	144	102.122	41,0	146.840	–	763.120	618.730	0,81
1969	139	115.395	42,0	159.539	8,65	806.640	644.688	0,80
1970	132	131.373	42,9	174.698	9,50	927.870	739.845	0,80
1971	130	148.550	44,8	182.973	4,74	1.081.033	857.433	0,79
1972	125	164.467	46,5	189.454	3,54	1.206.499	943.509	0,78
1973	122	186.526	48,1	201.629	6,43	1.319.378	1.017.318	0,77
1974	116	211.061	41,9	292.976	45,30	1.453.241	1.115.111	0,77
1975	108	223.291	56,0	175.320	-40,16	1.598.587	1.242.497	0,78
1976	117	245.957	53,9	210.603	20,12	1.685.532	1.295.742	0,77
1977	116	262.524	54,3	221.039	4,96	1.793.210	1.370.890	0,76
1978	117	280.868	54,1	238.270	7,80	1.911.813	1.441.363	0,75
1979	119	310.115	54,5	258.576	8,52	2.056.738	1.523.208	0,74
1980	115	341.018	58,0	246.503	-4,67	2.261.737	1.674.947	0,74
1981	113	365.976	60,6	238.093	-3,41	2.474.003	1.829.013	0,74
1982	112	380.767	61,5	237.864	-0,10	2.648.857	1.952.067	0,74
1983	119	394.996	59,4	270.230	13,61	2.740.453	1.995.803	0,73
1984	135	420.314	54,4	352.645	30,50	2.857.619	2.053.849	0,72
1985	140	442.563	53,8	380.527	7,91	2.962.459	2.111.209	0,71
1986	133	452.057	55,6	361.643	-4,96	3.046.709	2.165.619	0,71

* adjustierte Werte zur Glättung der Zeitreihen

Jahr	m'* %	Zirkulationskosten	Anteil am Mehrwert* %	(Brutto-) Profit	gg.Vj. %	Gesamtkapital CC	PK	PK:CC
1987	129	466.930	56,9	353.001	-2,39	3.143.607	2.219.567	0,71
1988	132	496.557	56,4	383.779	8,72	3.381.210	2.270.177	0,67
1989	137	532.487	55,7	423.075	10,24	3.602.780	2.360.432	0,66
1990	143	584.928	55,0	478.452	13,09	3.727.840	2.488.146	0,67
1991	148	637.350	54,4	534.719	11,76	4.034.810	2.687.841	0,67
1991	148	618.098	54,1	524.413	–	–	3.037.398	–
1992	142	665.655	54,9	546.832	4,28	4.549.807	3.303.753	0,73
1993	150	684.384	57,9	497.626	-9,00	4.833.302	3.469.342	0,72
1994	138	718.787	54,8	592.868	19,14	5.026.801	3.534.208	0,70
1994	138	682.829	54,8	816.999	–	4.898.489	3.459.825	0,71
1995	140	711.204	54,8	851.659	4,24	5.011.299	3.514.227	0,70
1996	139	744.880	56,6	830.161	-2,52	5.065.610	3.488.222	0,69
1997	152	795.453	57,3	860.103	3,61	5.149.478	3.494.674	0,68
1998	153	796.168	55,5	928.939	8,00	5.226.093	3.535.354	0,68
1999	153	844.425	56,7	935.398	0,70	5.309.223	3.571.932	0,67
2000	154	920.809	58,7	942.196	0,73	5.411.717	3.508.468	0,65
2000	154	470.795	59,3	471.478	–	2.766.970	1.864.986	0,67
2001	151	486.317	59,6	480.562	1,93	2.840.670	1.901.100	0,67
2002	148	490.536	60,2	473.807	-1,41	2.866.550	1.912.852	0,67
2003	149	506.235	62,1	451.689	-4,67	2.855.030	1.933.781	0,68
2004	157	513.332	58,6	527.416	-3,10	2.886.760	1.915.656	0,66
2005	142	534.861	61,7	486.493	-7,76	2.955.010	1.974.009	0,67
2006	151	527.864	57,3	571.008	17,37	2.979.230	1.922.795	0,65
2007	150	528.108	55,8	607.658	6,42	3.167.890	2.054.312	0,65
2008	159	518.054	51,8	699.599	15,13	3.619.115	2.426.686	0,67
2009	131	513.248	58,8	524.522	-25,03	3.639.143	2.497.673	0,69
2010	135	533.981	57,7	568.339	23,29	3.730.939	2.545.551	0,68
2011	144	553.924	55,4	648.400	14,09	3.799.316	2.600.838	0,68
2012	142	568.559	56,2	643.132	-0,81	3.900.534	2.680.585	0,69
2013	137	567.082	55,9	649.800	1,04	4.012.128	2.738.921	0,68
2014	138	585.701	55,3	688.240	5,92	4.064.425	2.772.337	0,68
2015	141	624.519	55,8	719.024	4,47	4.133.764	2.835.245	0,69
2016	141	648.107	56,1	737.437	2,56	4.321.854	2.924.257	0,68
2017	144	662.302	54,5	802.466	8,82	4.450.359	2.999.115	0,67
2018	137	684.673	56,5	764.717	-4,70	4.613.726	3.135.754	0,68
2019	135	718.930	57,1	784.357	2,57	4.809.028	3.290.800	0,68
2020	114	689.341	61,5	631.629	-19,47	5.192.926	3.531.142	0,68
2021	120	678.257	56,6	756.664	19,80	5.250.571	3.532.462	0,67

Jahr	Cc fix	Cc zirk	C c	C v	Cc/ Cv	ZK	dc fix/ Cc fix	c zirk/ Cc zirk	Kost-preis/ CC	Pro-fit-rate *
									%	%
1950	71.580	27.750	99.330	10.943	9,08	10.587	0,08	2,73	1,01	37,63
1951	79.140	33.850	112.990	12.045	9,38	14.995	0,08	3,02	1,13	41,75
1952	98.950	38.550	137.500	13.472	10,21	20.018	0,08	2,91	1,02	39,32
1953	105.870	41.900	147.770	15.350	9,63	20.980	0,07	2,87	1,02	37,88
1954	110.570	42.050	152.620	15.411	9,90	22.739	0,07	3,13	1,08	38,60
1955	120.120	44.250	164.370	15.700	10,47	26.600	0,07	3,53	1,17	41,66
1956	138.060	50.200	188.260	18.276	10,30	29.464	0,01	3,40	1,13	39,18
1957	156.070	53.050	209.120	20.000	10,46	34.170	0,07	3,43	1,09	37,14
1958	174.090	57.850	231.940	22.353	10,38	40.087	0,07	3,24	1,02	34,82
1959	193.400	58.050	251.450	22.287	11,28	47.123	0,07	3,49	1,01	35,57
1960	215.760	63.700	279.460	24.311	11,50	51.999	0,07	3,56	1,02	35,97
1960	229.530	66.600	296.130	27.258	10,86	52.762	0,07	3,57	1,02	34,33
1961	260.450	73.400	333.850	31.718	10,53	59.132	0,07	3,48	0,99	31,59
1962	297.570	79.200	376.770	35.328	10,66	67.672	0,07	3,45	0,95	29,26
1963	335.820	80.500	416.320	36.730	11,33	79.490	0,07	3,52	0,90	26,54
1964	365.610	83.100	448.710	37.674	11,91	90.776	0,07	3,74	0,91	27,19
1965	405.250	90.900	496.150	41.975	11,82	111.865	0,07	3,72	0,90	25,91
1966	440.300	99.200	539.500	46.819	11,52	112.931	0,07	3,54	0,87	24,17
1967	472.500	101.600	574.100	49.033	11,71	126.307	0,07	3,40	0,80	21,49
1968	475.180	97.500	572.680	43.505	13,16	146.935	0,08	4,07	0,88	23,97
1968	475.180	97.500	572.680	46.050	12,44	144.390	0,08	3,76	0,84	24,69
1969	491.200	105.000	596.200	48.488	12,30	161.952	0,08	4,07	0,91	25,79
1970	562.550	119.600	682.150	57.695	11,82	188.025	0,08	4,01	0,91	24,68
1971	653.020	137.200	790.220	67.213	11,76	223.600	0,08	3,78	0,86	22,38
1972	727.390	143.400	870.790	72.719	11,97	262.990	0,08	3,88	0,84	20,95
1973	788.710	151.500	940.210	77.108	12,19	302.060	0,08	4,13	0,86	20,67
1974	867.510	166.700	1.034.210	80.901	12,78	338.130	0,08	4,31	0,88	19,89
1975	952.830	192.300	1.145.130	97.367	11,76	356.090	0,08	3,78	0,82	16,14
1976	997.700	201.200	1.198.900	96.642	12,41	389.790	0,08	4,03	0,86	17,96
1977	1.048.710	215.500	1.264.210	106.680	11,85	422.320	0,08	3,92	0,84	18,25
1978	1.105.590	223.100	1.328.690	112.673	11,79	470.450	0,08	3,93	0,84	17,17
1979	1.186.820	227.000	1.413.820	109.388	12,92	533.530	0,08	4,37	0,86	18,07
1980	1.304.270	253.400	1.557.670	117.277	13,28	586.790	0,08	4,37	0,87	16,46
1981	1.421.930	279.600	1.701.530	127.483	13,35	644.990	0,08	4,21	0,84	15,05
1982	1.516.620	298.500	1.815.120	136.947	13,25	696.790	0,08	4,03	0,81	14,16
1983	1.557.780	301.500	1.859.280	136.523	13,62	744.650	0,09	4,08	0,80	14,99
1984	1.614.600	302.900	1.917.500	136.349	14,06	803.770	0,08	4,20	0,80	17,63
1985	1.667.410	308.000	1.975.410	135.799	14,55	851.250	0,08	4,32	0,80	18,21
1986	1.717.740	307.000	2.024.740	140.879	14,37	881.090	0,09	4,35	0,80	16,98

*adjustierte Werte zur Glättung der Zeitreihen

Jahr	Cc fix	Cc zirk	C c	C v	Cc/ Cv	ZK	dc fix/ Cc fix	c zirk/ Cc zirk	Kost-preis/ CC %	Pro-fit-rate * %
1987	1.774.199	302.300	2.076.499	143.068	14,51	924.040	0,09	4,45	0,79	16,15
1988	1.832.591	298.300	2.130.891	138.986	15,33	1.111.033	0,09	4,80	0,78	16,22
1989	1.913.551	308.700	2.222.251	138.181	16,08	1.242.348	0,09	5,03	0,78	16,71
1990	2.020.482	324.750	2.345.232	142.914	16,41	1.239.694	0,10	5,22	0,82	18,08
1991	2.185.084	335.400	2.520.484	167.357	15,06	1.346.969	0,09	5,42	0,82	16,69
1991	2.477.520	356.510	2.834.030	203.268	13,94	–	0,09	5,64	–	–
1992	2.695.530	382.180	3.077.710	226.043	13,62	1.246.053	0,09	5,44	0,83	17,22
1993	2.876.169	365.070	3.241.239	228.103	14,21	1.363.960	0,09	5,54	0,78	14,62
1994	2.968.268	355.960	3.324.228	209.980	15,83	1.492.593	0,09	5,98	0,78	16,05
1994	2.899.640	352.340	3.251.980	207.845	15,65	1.438.664	0,09	5,15	0,80	16,35
1995	2.952.940	356.000	3.308.940	205.287	16,12	1.497.072	0,09	5,37	0,80	16,64
1996	2.934.274	349.999	3.284.273	203.949	16,10	1.577.388	0,09	5,47	0,82	16,01
1997	2.953.200	348.035	3.301.235	193.639	17,05	1.654.804	0,09	5,73	0,81	17,33
1998	2.977.187	359.482	3.336.669	198.685	16,79	1.690.739	0,09	5,74	0,83	18,36
1999	3.007.681	365.492	3.373.173	198.759	16,97	1.737.291	0,09	5,88	0,84	17,92
2000	3.036.162	311.617	3.347.779	160.690	20,83	1.903.249	0,09	7,57	0,90	17,69
2000	1.469.983	260.300	1.730.283	134.703	12,85	901.984	0,10	4,64	0,90	17,69
2001	1.506.615	259.100	1.765.715	135.385	13,04	939.570	0,10	4,76	0,90	17,50
2002	1.523.125	251.700	1.774.825	138.027	12,86	953.698	0,10	4,74	0,88	17,11
2003	1.548.408	247.200	1.795.608	138.263	12,99	921.249	0,10	4,89	0,90	17,31
2004	1.541.232	249.400	1.790.632	125.024	14,32	971.104	0,10	5,35	0,93	18,27
2005	1.580.510	257.900	1.838.410	135.599	13,56	981.001	0,10	5,35	0,96	16,46
2006	1.533.993	262.300	1.796.293	126.502	14,20	1.056.435	0,10	5,80	1,00	19,17
2007	1.598.124	314.300	1.912.424	141.888	13,48	1.113.578	0,10	5,36	1,01	19,18
2008	1.945.397	336.600	2.281.997	144.689	15,77	1.192.429	0,09	5,34	0,93	19,33
2009	2.026.623	312.500	2.339.123	158.550	14,75	1.141.470	0,08	5,05	0,85	14,41
2010	2.031.356	348.100	2.379.456	166.095	14,33	1.185.388	0,11	4,94	0,90	15,23
2011	2.053.562	379.800	2.433.362	167.475	14,53	1.198.478	0,11	5,01	0,95	17,07
2012	2.112.287	390.400	2.502.687	177.898	14,07	1.219.949	0,11	4,84	0,94	16,49
2013	2.156.263	395.800	2.552.063	186.858	13,66	1.273.207	0,11	4,77	0,92	16,20
2014	2.180.931	399.900	2.580.831	191.806	13,46	1.292.088	0,11	4,83	0,93	16,93
2015	2.220.465	410.700	2.631.165	204.080	12,89	1.298.519	0,11	4,70	0,94	17,39
2016	2.293.258	424.600	2.717.858	206.400	13,17	1.397.597	0,11	4,80	0,94	17,06
2017	2.331.642	452.800	2.784.442	214.674	12,97	1.451.244	0,11	4,77	0,95	18,03
2018	2.412.606	490.700	2.903.306	232.448	12,49	1.477.972	0,12	4,59	0,96	16,57
2019	2.520.859	518.000	3.038.859	251.941	12,06	1.518.228	0,12	4,45	0,95	16,31
2020	2.629.079	582.393	3.211.472	319.671	10,05	1.661.784	0,11	3,64	0,84	12,16
2021	2.684.180	558.041	3.242.221	290.242	11,17	1.718.109	0,13	4,16	0,89	14,41

Jahr	Netto-profit	Netto-profit-rate * %	Akku-fonds [c fix]	Akku-quote %	Akku-rate %	Zins-saldo	Zins-quote %	Unter-nehmer-gewinn	UG/CC %
1950	46.660	34,27	4.910	10,52	4,06	–	–	–	–
1951	59.186	37,93	6.140	10,37	4,38	–	–	–	–
1952	67.601	35,43	7.620	11,27	4,48	–	–	–	–
1953	70.315	33,85	9.510	13,52	4,17	–	–	–	–
1954	73.719	34,30	10.990	14,91	5,76	–	–	–	–
1955	86.020	37,28	16.840	19,58	8,15	–	–	–	–
1956	91.882	35,02	16.300	17,74	6,91	–	–	–	–
1957	98.069	32,91	15.810	16,12	6,00	–	–	–	–
1958	103.258	30,74	16.950	16,42	5,76	–	–	–	–
1959	114.226	31,28	20.020	17,53	6,24	–	–	–	–
1960	128.303	31,72	22.850	17,81	6,42	–	–	–	–
1960	129.132	29,99	24.710	19,14	6,57	8.390	6,50	120.742	27,76
1961	134.379	27,30	27.910	20,77	6,57	9.550	7,11	124.829	25,05
1962	141.991	25,26	29.160	20,54	6,08	10.940	7,70	131.051	22,98
1963	144.023	22,70	26.940	18,71	5,06	12.210	8,48	131.813	20,41
1964	160.328	23,44	29.860	18,62	5,17	13.780	8,59	146.548	21,05
1965	170.788	22,35	32.040	18,76	5,01	16.610	9,73	154.178	19,75
1966	175.356	20,74	29.950	17,08	4,28	19.230	10,97	156.126	17,99
1967	169.147	18,23	21.160	12,51	2,82	19.640	11,61	149.507	15,61
1968	187.155	20,18	21.210	11,33	2,78	21.300	11,38	165.855	17,39
1968	159.582	20,91	21.210	13,29	2,78	21.300	13,35	138.282	18,12
1969	170.254	21,11	32.570	19,13	4,04	24.880	14,61	145.374	18,02
1970	195.491	21,07	46.730	23,90	5,04	28.420	14,54	167.071	18,01
1971	204.733	18,94	51.630	25,22	4,78	32.340	15,80	172.393	15,95
1972	211.151	17,50	48.320	22,88	4,01	37.160	17,60	173.991	14,42
1973	226.045	17,13	45.750	20,24	3,47	36.420	16,11	189.625	14,37
1974	223.647	15,39	32.800	14,67	2,26	52.710	23,57	170.937	11,76
1975	205.041	12,83	27.880	13,60	1,75	56.910	27,76	148.131	9,27
1976	242.640	14,40	32.850	13,54	1,95	46.570	19,19	196.070	11,63
1977	261.773	14,60	39.150	14,96	2,19	57.370	21,92	204.403	11,40
1978	259.008	13,55	46.010	17,76	2,41	56.530	21,83	202.478	10,59
1979	295.541	14,37	56.890	19,25	2,77	62.780	21,24	232.761	11,32
1980	292.201	12,92	61.450	21,03	2,72	76.100	26,04	216.101	9,55
1981	291.709	11,79	52.490	17,99	2,12	93.550	32,07	198.159	8,01
1982	292.241	11,03	40.180	13,75	1,52	108.990	37,29	183.251	6,92
1983	324.346	11,84	46.050	14,20	1,68	101.850	31,40	222.496	8,12
1984	407.379	14,26	44.300	10,87	1,55	101.320	24,87	306.059	10,71
1985	436.990	14,75	52.520	12,02	1,77	103.630	23,71	333.360	11,25
1986	411.830	13,52	63.460	15,41	2,08	95.210	23,12	316.620	10,39

*adjustierte Werte zur Glättung der Zeitreihen

Jahr	Netto-profit	Netto-profit-rate * %	Akku-fonds [c fix]	Akku-quote %	Akku-rate %	Zins-saldo	Zins-quote %	Unter-nehmer-gewinn	UG/CC %
1987	404.228	12,86	66.410	16,43	2,11	92.550	22,90	311.678	9,91
1988	436.751	12,92	77.290	17,70	2,29	90.700	20,77	346.051	10,23
1989	480.126	13,33	96.130	20,02	2,67	98.730	20,56	381.396	10,59
1990	544.783	14,61	119.620	21,96	3,21	88.800	16,30	455.983	12,23
1991	536.392	13,29	132.140	24,63	3,27	125.760	23,45	410.632	10,18
1991	614.172	–	170.440	27,75	–	145.840	23,75	468.332	–
1992	617.537	13,57	164.790	26,69	3,62	167.110	27,06	450.427	11,66
1993	559.601	11,58	114.520	20,46	2,36	185.650	33,18	373.951	9,50
1994	651.136	12,95	113.600	17,45	2,26	168.510	25,88	482.626	11,36
1994	711.453	12,95	90.420	12,71	1,84	149.730	21,05	561.723	11,47
1995	744.688	13,29	95.818	12,87	1,91	155.999	20,95	588.689	11,75
1996	716.402	12,57	84.004	11,73	1,65	165.569	23,11	550.833	10,87
1997	793.788	13,84	84.669	10,67	1,64	162.786	20,51	631.002	12,25
1998	856.759	14,82	104.306	12,17	2,00	148.176	17,29	708.583	13,56
1999	843.482	14,32	123.219	14,61	2,31	176.829	20,96	666.653	12,56
2000	849.563	14,13	143.775	16,92	2,66	158.992	18,71	690.571	12,76
2000	431.641	14,13	73.510	17,03	2,66	94.220	21,83	337.421	12,19
2001	445.848	14,23	62.280	13,97	2,19	93.170	20,90	352.678	12,42
2002	442.175	13,96	42.170	9,54	1,47	89.080	20,15	353.095	12,32
2003	469.683	14,10	32.830	6,99	1,15	80.500	17,14	389.183	12,76
2004	519.318	15,64	17.280	3,33	0,60	72.930	14,04	446.388	14,59
2005	477.594	13,81	14.770	3,09	0,50	66.800	13,99	410.794	13,03
2006	558.600	16,40	28.340	5,07	0,95	68.450	12,25	490.150	15,58
2007	586.927	16,18	43.730	7,45	1,38	62.080	10,58	524.847	15,70
2008	680.828	16,46	61.280	9,00	1,69	57.685	8,47	623.143	16,35
2009	506.448	11,57	11.940	2,36	0,33	29.723	5,87	476.725	12,23
2010	552.882	12,47	11.110	2,01	0,30	29.964	5,42	522.918	13,15
2011	630.685	14,25	21.790	3,45	0,57	34.199	5,42	596.486	14,83
2012	624.053	13,65	5.740	0,92	0,15	12.839	2,06	611.214	14,80
2013	630.030	13,35	5.452	0,87	0,14	16.372	2,60	613.658	14,43
2014	668.121	14,09	11.879	1,78	0,29	13.748	2,06	654.373	15,23
2015	697.446	14,52	43.155	6,19	1,04	4.981	0,71	692.465	15,88
2016	716.286	14,22	56.474	7,88	1,31	11.015	1,54	705.271	15,45
2017	781.486	15,21	61.517	7,87	1,38	9.863	1,26	771.623	16,47
2018	742.719	13,75	70.008	9,43	1,52	6.852	0,92	735.867	15,08
2019	760.438	13,46	80.537	10,59	1,67	7.417	0,98	753.021	14,79
2020	607.027	9,34	45.434	7,48	0,87	8.122	1,34	598.905	10,66
2021	724.036	11,44	104.805	14,48	2,00	9.728	1,34	714.308	12,73

Jahr	Kommerz. Kredit	Zahlungs-mittel-kredit	Invest.-kredit	Öffentl. Kredit	Kredit Privat-Haushalte	Summe Geldkredite
1950	–	4.200	–	1.000	–	–
1951	–	2.500	–	600	–	–
1952	–	3.100	–	1.400	–	–
1953	–	2.800	–	2.000	–	–
1954	–	3.400	–	2.700	–	–
1955	–	2.700	–	1.500	–	–
1956	–	1.400	–	800	–	–
1957	–	2.200	–	1.400	–	–
1958	–	200	–	2.400	–	–
1959	–	2.100	–	3.100	–	–
1960	–	–	–	–	–	–
1960	–	5.700	5.800	2.500	4.800	18.800
1961	–	7.800	13.400	3.100	5.300	29.600
1962	–	2.100	13.900	3.200	7.200	26.400
1963	–	2.300	16.900	5.800	6.600	31.600
1964	–	5.000	15.800	5.900	7.200	33.900
1965	–	6.800	18.800	8.200	8.500	42.300
1966	4.800	5.600	14.300	7.300	7.200	34.400
1967	-13.300	2.000	17.000	14.500	8.400	41.900
1968	23.400	5.400	15.900	12.700	8.700	42.700
1968	23.400	5.400	15.900	12.700	8.700	42.700
1969	37.200	19.100	20.500	1.900	12.400	53.900
1970	44.800	11.100	29.700	8.800	12.900	62.500
1971	31.200	13.200	41.400	13.700	17.000	85.300
1972	15.800	8.470	46.100	15.400	24.500	94.470
1973	-1.530	17.650	9.900	15.800	23.400	66.750
1974	5.420	21.850	35.200	23.600	12.400	93.050
1975	2.670	-14.670	38.900	65.400	19.400	109.030
1976	16.290	3.290	42.600	47.800	29.600	123.290
1977	10.660	10.820	35.400	38.500	35.200	119.920
1978	11.600	8.620	41.200	46.700	45.900	142.420
1979	26.290	17.610	42.500	43.700	55.600	159.410
1980	9.820	21.910	43.400	56.100	47.700	169.110
1981	11.710	16.010	45.800	75.600	39.400	176.810
1982	-2.100	-6.200	47.500	68.000	34.100	143.400
1983	19.680	-6.750	51.900	55.500	44.300	144.950
1984	13.340	8.220	42.800	47.900	39.900	138.820
1985	3.130	490	55.000	43.500	34.400	133.390
1986	-10.940	-3.920	61.400	45.200	30.000	132.680
1987	-9.450	5.760	68.300	50.500	22.500	147.060

Jahr	Kommerz. Kredit	Zahlungs-mittel-kredit	Invest.-kredit	Öffentl. Kredit	Kredit Privat-Haushalte	Summe Geldkredite
1988	25.790	15.490	62.500	54.200	24.100	156.290
1989	32.120	35.980	75.800	25.800	39.200	176.780
1990	39.870	21.750	88.900	124.600	48.300	283.550
1991	17.680	30.920	84.700	–	60.800	–
1991	–	–	98.700	109.600	80.200	–
1992	-6.190	20.800	178.710	107.192	96.800	403.502
1993	-21.680	-18.500	216.110	154.918	111.600	464.128
1994	13.500	13.000	130.870	86.162	128.500	358.532
1994	13.500	13.000	130.870	83.162	128.500	355.532
1995	8.230	70.300	80.390	333.082	114.300	598.072
1996	3.210	24.800	66.250	124.009	113.100	328.159
1997	9.000	24.800	74.340	95.726	106.600	301.466
1998	4.400	60.900	140.500	67.032	103.600	372.032
1999	12.500	22.500	197.300	88.210	141.120	449.130
2000	39.200	24.500	155.100	20.540	81.105	281.245
2000	20.040	12.530	79.300	10.500	41.380	143.710
2001	-13.240	8.140	103.020	12.000	22.240	145.400
2002	-10.530	-27.400	80.015	56.600	17.660	126.875
2003	-6.030	-9.960	30.880	89.100	15.870	125.890
2004	-32.220	-32.200	-39.675	71.900	-920	-895
2005	6.800	-15.290	13.395	70.900	15.400	84.405
2006	20.300	30.880	60.480	46.800	-5.100	133.060
2007	48.420	16.820	43.610	9.300	-18.900	50.830
2008	18.420	18.900	20.630	60.800	-7.300	93.030
2009	-30.490	-55.180	26.280	117.000	3.980	92.080
2010	65.280	-21.790	13.020	286.700	5.550	283.480
2011	45.190	12.640	28.960	25.400	16.410	83.410
2012	27.980	1.650	38.950	72.300	16.960	129.860
2013	-12.260	11.930	26.420	-14.800	15.550	39.100
2014	6.290	-5.020	4.910	-12.000	24.100	11.990
2015	3.000	42.950	19.530	-41.500	38.200	59.180
2016	13.890	870	55.680	-34.000	47.460	70.010
2017	24.285	23.720	87.740	-40.000	55.380	126.840
2018	17.180	64.320	81.860	-54.500	68.300	159.980
2019	-3.020	31.190	72.040	-19.500	82.570	166.300
2020	-19.480	-16.410	132.420	283.200	83.920	483.130
2021	–	49.850	62.580	147.000	98.640	358.070

3. Mehrwert- und Surplusrate (bis 2000 in Mio DM, danach in Mio €)

Jahr	Wert-produkt	prod. Lohn inkl AG-Beitr.	Über-schuss	SV-Bei-träge	Direkte Steuern	Indir. Steuern	»Netto-Netto-Lohn«	Anteil	empf. SV-Transfers Aktive
1950	88.834	32.150	56.684	5.015	1.496	2.893	22.746	70,7	3.647
1951	110.692	39.300	71.392	6.042	2.263	3.816	27.179	69,2	4.326
1952	126.657	43.350	83.307	6.598	2.795	4.405	29.552	68,2	4.914
1953	134.421	47.590	86.831	7.430	2.806	4.649	32.705	68,7	5.367
1954	144.431	52.000	92.431	8.012	2.985	4.854	36.149	69,5	5.824
1955	166.694	59.830	106.864	9.297	3.468	5.629	41.436	69,3	6.641
1956	182.837	67.000	115.837	10.310	4.079	5.954	46.657	69,6	7.472
1957	198.056	73.000	125.056	12.470	3.463	6.202	50.865	69,7	9.650
1958	210.171	77.860	132.311	14.161	3.865	6.388	53.446	68,6	10.855
1959	230.329	83.960	146.369	15.356	3.987	7.022	57.595	68,6	11.271
1960	257.261	94.310	162.951	17.353	5.234	7.746	63.977	67,8	12.237
1960	271.921	100.180	171.741	18.223	5.279	8.100	68.578	68,5	18.098
1961	294.946	113.510	181.436	20.128	6.776	8.979	77.627	68,4	20.016
1962	318.930	125.840	193.090	22.383	7.830	10.365	85.262	67,8	21.921
1963	333.970	133.010	200.960	23.682	8.655	10.425	90.248	67,9	23.905
1964	367.044	145.510	221.534	25.358	10.105	11.925	98.122	67,4	25.010
1965	399.039	160.780	238.259	27.482	10.189	13.019	110.090	68,5	27.465
1966	419.441	170.600	248.841	30.437	11.588	13.756	114.819	67,3	30.581
1967	417.204	165.950	251.254	30.009	11.536	13.761	110.644	66,7	35.385
1968	454.493	178.730	275.763	33.779	13.132	14.570	117.249	65,6	37.797
1968	422.152	178.730	243.422	33.779	13.132	14.570	117.249	65,6	–
1969	472.515	201.480	271.035	39.068	16.136	15.535	130.741	64,9	41.503
1970	537.153	241.440	295.713	47.081	21.584	16.199	156.576	64,9	45.761
1971	585.750	268.300	317.450	52.885	26.758	18.728	169.929	63,3	51.711
1972	636.417	293.220	343.197	59.795	27.477	19.918	186.030	63,4	59.898
1973	706.746	330.320	376.426	70.243	29.777	21.388	208.912	63,2	69.014
1974	752.381	358.890	393.491	76.320	38.397	20.508	223.665	62,3	81.688
1975	766.751	365.940	400.811	81.595	37.755	20.444	226.146	61,8	97.491
1976	846.917	395.640	451.277	92.164	42.274	21.072	240.130	60,7	103.564
1977	901.584	424.940	476.644	99.815	46.960	22.337	255.828	60,2	112.645
1978	962.328	451.750	510.578	105.958	47.306	25.049	273.437	60,5	117.162
1979	1.046.705	489.700	557.005	114.931	49.372	25.810	299.587	61,2	123.416
1980	1.099.548	531.740	567.808	124.959	56.528	28.373	321.880	60,5	131.510
1981	1.140.576	552.720	587.856	132.891	57.695	27.780	334.354	60,5	142.465
1982	1.170.257	567.200	603.057	139.287	59.128	27.629	341.156	60,1	152.918
1983	1.222.236	575.110	647.126	140.201	60.661	28.684	345.564	60,1	155.874
1984	1.345.130	597.360	747.770	147.513	64.624	29.118	356.105	59,6	160.035
1985	1.410.368	619.380	790.988	155.320	71.441	29.753	362.866	58,6	164.620
1986	1.427.117	650.750	776.367	163.934	76.029	30.333	380.454	58,5	170.118

Jahr	Wert-produkt	prod. Lohn inkl AG-Beitr.	Über-schuss	SV-Bei-träge	Direkte Steuern	Indir. Steuern	»Netto-Netto-Lohn«	Anteil	empf. SV-Transfers Aktive
1987	1.457.290	675.830	781.460	170.018	80.383	31.958	393.471	58,2	179.084
1988	1.546.927	701.670	845.257	177.922	81.117	32.336	410.295	58,5	190.725
1989	1.650.597	736.350	914.247	186.879	87.914	36.755	424.802	57,7	197.310
1990	1.809.528	787.870	1.021.658	200.119	86.066	40.121	461.564	58,6	209.315
1991	2.007.370	875.550	1.131.820	–	102.760	47.965	–	–	–
1991	2.244.893	971.910	1.272.983	290.626	106.955	52.654	521.675	53,7	269.666
1992	2.388.868	1.032.980	1.355.888	311.508	125.671	58.669	537.132	52,0	305.540
1993	2.389.101	1.032.370	1.356.731	310.598	126.828	66.343	528.601	51,2	333.718
1994	2.504.990	1.059.940	1.445.050	337.004	131.280	71.133	520.523	49,1	353.854
1994	2.538.944	1.161.233	1.377.711	369.282	126.121	75.222	590.608	50,9	353.854
1995	2.633.573	1.203.556	1.430.017	383.120	142.483	75.563	602.390	50,1	373.132
1996	2.656.399	1.202.299	1.454.100	386.175	149.861	74.925	591.338	49,2	392.093
1997	2.781.876	1.210.536	1.571.340	405.391	152.130	74.761	578.254	47,8	400.858
1998	2.880.639	1.236.069	1.644.570	405.708	155.075	79.251	596.035	48,2	409.739
1999	2.949.171	1.260.306	1.688.865	407.782	160.266	86.164	606.094	48,1	421.165
2000	3.080.008	1.323.541	1.756.467	426.981	170.401	90.460	635.699	48,0	431.908
2000	1.568.715	676.705	892.010	218.576	83.745	45.906	328.478	48,5	221.017
2001	1.610.637	689.541	921.096	221.343	82.135	48.903	337.160	48,9	228.758
2002	1.618.961	690.832	928.129	221.757	85.765	50.620	332.690	48,2	237.805
2003	1.636.181	693.200	942.981	226.676	85.946	51.663	328.915	47,4	243.703
2003	1.676.010	695.687	980.323	227.490	85.946	53.207	329.044	47,3	202.994
2004	1.709.732	698.405	1.011.327	226.982	81.050	51.495	338.878	48,5	243.888
2005	1.747.092	758.192	988.900	230.720	79.415	51.772	396.285	52,3	241.885
2006	1.831.960	771.645	1.060.315	230.888	81.955	53.846	404.956	52,5	239.179
2007	1.896.300	811.403	1.084.897	238.816	79.885	59.378	433.324	53,4	237.569
2008	1.990.159	867.370	1.122.789	277.625	84.544	60.485	444.716	51,3	239.313
2009	1.837.748	857.429	980.319	256.211	82.502	61.028	457.688	53,4	249.657
2010	1.922.428	880.082	1.042.346	266.810	78.195	60.990	474.087	53,9	251.443
2011	2.041.469	919.379	1.122.090	277.496	81.414	62.752	497.717	54,1	249.560
2012	2.072.314	959.799	1.112.515	292.319	86.700	63.865	516.915	53,9	251.761
2013	2.109.042	991.618	1.117.424	298.755	90.375	64.411	538.077	54,3	256.137
2014	2.200.793	1.033.066	1.167.727	303.342	94.851	68.417	566.456	54,8	262.760
2015	2.303.250	1.074.365	1.228.885	315.835	99.990	70.899	587.641	54,7	271.687
2016	2.377.103	1.112.335	1.264.768	332.595	100.140	70.959	608.641	54,7	280.810
2017	2.489.239	1.156.230	1.333.009	348.593	104.363	73.403	629.871	54,5	289.366
2018	2.517.025	1.212.038	1.304.987	364.330	109.563	76.018	662.127	54,6	296.751
2019	2.624.068	1.269.266	1.354.802	382.082	114.433	78.863	693.888	54,7	312.640
2020	2.484.937	1.273.152	1.211.785	386.823	112.423	73.612	700.294	55,0	335.797
2021	2.642.566	1.322.762	1.319.804	402.529	112.846	82.587	724.800	54,8	342.328

Jahr	SV-Saldo Aktive	STA-Transfers Aktive	STA-Saldo Aktive	Gesamtsaldo Aktive	variables Kapital Aktive	Mehr wert Aktive	Übersch. Rate %	Ü-Rate adj. %	m' Aktive %
1950	-1.368	–	-878	-2.246	29.904	58.930	176	158	197
1951	-1.716	–	-1.218	-2.934	36.366	74.326	182	164	204
1952	-1.684	–	-1.440	-3.124	40.226	86.431	192	174	215
1953	-2.063	–	-1.491	-3.554	44.036	90.385	182	164	205
1954	-2.188	–	-1.570	-3.758	48.242	96.189	178	160	199
1955	-2.656	–	-1.810	-4.466	55.364	111.330	179	161	201
1956	-2.838	–	-2.007	-4.845	62.155	120.682	173	155	194
1957	-2.820	–	-1.933	-4.753	68.247	129.809	171	153	190
1958	-3.306	–	-2.051	-5.357	72.503	137.668	170	152	190
1959	-4.085	–	-2.202	-6.287	77.673	152.656	174	156	197
1960	-5.116	–	-2.596	-7.712	86.598	170.663	173	155	197
1960	-125	–	-2.676	-2.801	97.379	174.542	171	153	179
1961	-112	–	-3.151	-3.263	110.247	184.699	160	142	168
1962	-462	–	-3.639	-4.101	121.739	197.191	153	135	162
1963	223	–	-3.816	-3.593	129.417	204.553	151	133	158
1964	-348	–	-4.406	-4.754	140.756	226.288	152	134	161
1965	-17	–	-4.642	-4.659	156.121	242.918	148	130	156
1966	144	–	-5.069	-4.925	165.675	253.766	146	128	153
1967	5.376	–	-5.059	317	166.267	250.937	151	133	151
1968	4.018	–	-5.540	-1.522	177.208	277.285	154	136	156
1968	–	–	-5.540	–	173.190	248.962	136	136	144
1969	2.435	–	-6.334	-3.899	197.581	274.934	135	135	139
1970	-1.320	28.745	-9.038	-10.358	231.082	306.071	122	122	132
1971	-1.174	32.587	-12.899	-14.073	254.227	331.523	118	118	130
1972	103	36.568	-10.827	-10.724	282.496	353.921	117	117	125
1973	-1.229	40.665	-10.500	-11.729	318.591	388.155	114	114	122
1974	5.368	42.991	-15.914	-10.546	348.344	404.037	110	110	116
1975	15.896	44.503	-13.696	2.200	368.140	398.611	110	110	108
1976	11.400	46.663	-16.683	-5.283	390.357	456.560	114	114	117
1977	12.830	49.548	-19.749	-6.919	418.021	483.563	112	112	116
1978	11.204	52.591	-19.764	-8.560	443.190	519.138	113	113	117
1979	8.485	55.011	-20.171	-11.686	478.014	568.691	114	114	119
1980	6.551	58.637	-26.264	-19.713	512.027	587.521	107	107	115
1981	9.574	59.688	-25.787	-16.213	536.507	604.069	106	106	113
1982	13.631	57.552	-29.205	-15.574	551.626	618.631	106	106	112
1983	15.673	55.572	-33.773	-18.100	557.010	665.226	113	113	119
1984	12.522	56.031	-37.711	-25.189	572.171	772.959	125	125	135
1985	9.300	59.792	-41.402	-32.102	587.278	823.090	128	128	140
1986	6.184	62.845	-43.517	-37.333	613.417	813.700	119	119	133
1987	9.066	64.804	-47.537	-38.471	637.359	819.931	116	116	129

Jahr	SV-Saldo Aktive	STA-Transfers Aktive	STA-Saldo Aktive	Gesamt-saldo Aktive	variables Kapital Aktive	Mehr wert Aktive	Übersch. Rate %	Ü-Rate adj. %	m' Aktive %
1988	12.803	65.571	-47.882	-35.079	666.591	880.336	120	120	132
1989	10.431	72.923	-51.746	-41.315	695.035	955.562	124	124	137
1990	9.196	75.269	-50.918	-41.722	746.148	1.063.380	130	130	143
1991	–	–	-150.725	–	–	–	129	129	–
1991	-20.960	115.001	-44.608	-65.568	906.342	1.338.551	131	131	148
1992	-5.968	119.497	-64.843	-70.811	962.169	1.426.699	131	131	148
1993	23.120	124.152	-69.019	-45.899	986.471	1.402.630	131	131	142
1994	16.850	125.752	-76.661	-59.811	1.000.129	1.504.861	136	136	150
1994	-15.428	125.653	-75.690	-91.118	1.070.115	1.468.829	119	125	137
1995	-9.988	127.874	-90.172	-100.160	1.103.396	1.530.177	119	124	139
1996	5.918	132.424	-92.362	-86.444	1.115.855	1.540.544	121	129	138
1997	-4.533	130.261	-96.630	-101.163	1.109.373	1.672.503	130	132	151
1998	4.031	135.078	-99.248	-95.217	1.140.852	1.739.787	133	135	152
1999	13.383	142.088	-104.342	-90.959	1.169.347	1.779.824	134	136	152
2000	4.927	149.396	-111.465	-106.538	1.217.003	1.863.005	133	135	153
2000	2.441	74.947	-54.704	-52.263	624.442	944.273	132	135	151
2001	7.415	77.839	-53.199	-45.784	643.757	966.880	134	136	150
2002	16.048	84.123	-52.262	-36.214	654.618	964.343	134	138	147
2003	17.027	85.905	-51.704	-34.677	658.523	977.658	136	140	148
2003	33.141	85.905	-53.248	-20.107	675.580	1.000.430	141	140	148
2004	16.906	86.217	-46.328	-29.422	668.983	1.040.749	145	159	156
2005	11.165	87.567	-43.620	-32.455	725.737	1.021.355	130	144	141
2006	8.291	88.953	-46.848	-38.557	733.088	1.098.872	137	151	150
2007	-1.247	89.641	-49.622	-50.869	760.534	1.135.766	134	148	149
2008	-38.312	88.477	-56.552	-94.864	772.506	1.217.653	129	143	158
2009	-6.554	92.633	-50.897	-57.451	799.978	1.037.770	114	128	130
2010	-15.367	94.578	-44.607	-59.974	820.108	1.102.320	118	132	134
2011	-27.936	91.868	-52.298	-80.234	839.145	1.202.324	122	136	143
2012	-40.558	91.947	-58.618	-99.176	860.623	1.211.691	116	130	141
2013	-42.618	97.946	-56.840	-99.458	892.160	1.216.882	113	127	136
2014	-40.582	97.636	-65.632	-106.214	926.852	1.273.941	113	127	137
2015	-44.148	100.379	-70.510	-114.658	959.707	1.343.543	114	128	140
2016	-51785	102105	-68.994	-120.779	991.556	1.385.547	114	128	140
2017	-59227	105233	-72.533	-131.760	1.024.470	1.464.769	115	129	143
2018	-67579	108757	-76.824	-144.403	1.067.635	1.449.390	108	122	136
2019	-69442	114253	-79.043	-148.485	1.120.781	1.503.287	107	121	134
2020	-51026	127876	-58.159	-109.185	1.163.967	1.320.970	95	109	113
2021	-60201	140517	-54.916	-115.117	1.207.645	1.434.921	100	114	119

Jahr	m' adj. %	Rente Ex-Produktive	Rente/ AN-Entgelt	SV-Beiträge	Steuern	Netto-Netto-Rente	Anteil	empf. SV-Transfers (GKV/ SPV)
1950	185	2.688	8,4	0	396	2.292	85,3	165
1951	192	3.297	8,4	0	555	2.742	83,2	196
1952	203	3.668	8,5	0	648	3.020	82,3	227
1953	193	4.046	8,5	0	688	3.358	83,0	266
1954	187	4.347	8,4	0	725	3.622	83,3	274
1955	189	5.201	8,7	0	894	4.307	82,8	322
1956	182	5.922	8,8	0	1.008	4.914	83,0	372
1957	178	7.651	10,5	298	1.182	6.171	80,7	543
1958	178	6.436	8,3	354	1.249	4.833	75,1	658
1959	185	9.016	10,7	379	1.364	7.273	80,7	689
1960	185	10.108	10,7	425	1.553	8.130	80,4	801
1960	167	13.306	13,3	558	2.035	10.713	80,5	2.517
1961	156	14.505	12,8	682	2.243	11.580	79,8	2.820
1962	150	15.639	12,4	751	2.457	12.431	79,5	3.178
1963	146	16.927	12,7	813	2.582	13.532	79,9	3.373
1964	149	18.227	12,5	884	2.940	14.403	79,0	3.594
1965	144	20.596	12,8	1.009	3.280	16.307	79,2	4.103
1966	141	22.940	13,4	1.147	3.632	18.161	79,2	4.763
1967	139	26.288	15,8	1.328	4.256	20.704	78,8	4.935
1968	144	28.252	15,8	1.441	4.573	22.238	78,7	5.528
1968	144	28.252	15,8	1.441	4.573	22.238	78,7	5.528
1969	139	31.148	15,5	1.635	5.072	24.441	78,5	6.183
1970	132	34.643	14,3	1.420	5.710	27.513	79,4	6.467
1971	130	38.227	14,2	1.567	6.396	30.264	79,2	8.010
1972	125	44.401	15,1	1.865	7.418	35.118	79,1	9.364
1973	122	50.730	15,4	2.334	8.336	40.060	79,0	11.139
1974	116	58.953	16,4	2.800	9.342	46.811	79,4	13.269
1975	108	66.796	18,3	3.507	10.044	53.245	79,7	15.448
1976	117	72.960	18,4	4.122	10.821	58.017	79,5	16.214
1977	116	82.147	19,3	4.682	12.187	65.278	79,5	17.439
1978	117	84.188	18,6	4.799	12.922	66.467	79,0	18.518
1979	119	88.093	18,0	4.933	13.603	69.557	79,0	19.904
1980	115	92.654	17,4	5.291	14.324	73.039	78,8	22.105
1981	113	97.814	17,7	5.771	14.882	77.161	78,9	23.763
1982	112	104.502	18,4	6.270	15.571	82.661	79,1	23.946
1983	119	107.159	18,6	6.322	16.464	84.373	78,7	24.735
1984	135	111.864	18,7	6.376	17.042	88.446	79,1	26.717
1985	140	115.097	18,6	6.791	17.066	91.240	79,3	28.084
1986	133	118.730	18,2	7.243	17.551	93.936	79,1	29.586
1987	129	124.241	18,4	7.827	18.620	97.794	78,7	31.010

Jahr	m' adj. %	Rente Ex-Produktive	Rente/ AN-Entgelt	SV-Beiträge	Steuern	Netto-Netto-Rente	Anteil	empf. SV-Transfers (GKV/ SPV)
1988	132	131.036	18,7	8.452	19.239	103.345	78,9	33.620
1989	137	138.912	18,9	8.960	20.793	109.159	78,6	32.571
1990	143	147.008	18,7	9.408	22.099	115.501	78,6	35.379
1991	–	–	–	–	–	–	–	–
1991	148	180.325	18,6	11.180	27.430	141.715	78,6	48.724
1992	148	198.991	19,3	12.536	31.748	154.707	77,7	56.182
1993	142	217.037	21,0	14.107	37.620	165.310	76,2	56.728
1994	150	236.883	22,3	15.990	42.804	178.089	75,2	62.459
1994	138	–	–	–	–	–	–	–
1995	140	254.977	21,2	16.701	47.089	191.187	75,0	68.095
1996	139	267.136	22,2	20.569	49.023	197.544	73,9	73.389
1997	152	276.996	22,9	21.467	50.538	204.991	74,0	74.380
1998	153	288.446	23,3	24.663	53.381	210.402	72,9	76.107
1999	153	298.629	23,7	25.533	57.606	215.490	72,2	78.357
2000	154	310.162	23,4	26.364	59.265	224.533	72,4	81.248
2000	152	159.047	23,5	13.519	30.217	115.311	72,5	41.365
2001	151	164.132	23,8	13.869	31.271	118.992	72,5	42.846
2002	148	170.016	24,6	14.791	33.121	122.104	71,8	44.047
2003	149	174.287	25,1	15.163	34.275	124.849	71,6	44.663
2003	158	–	–	–	–	–	–	–
2004	166	177.135	25,4	15.410	32.699	129.026	72,8	43.490
2005	151	177.330	23,4	15.428	35.262	126.640	71,4	44.630
2006	160	177.495	23,0	15.442	35.978	126.075	71,0	45.850
2007	159	178.943	22,1	16.015	38.464	124.464	69,6	47.657
2008	168	181.313	20,9	16.228	38.242	126.843	70,0	49.797
2009	140	184.137	21,5	17.862	39.947	126.328	68,6	52.976
2010	144	185.493	21,1	17.436	39.667	128.390	69,2	54.197
2011	153	185.583	20,2	18.002	40.534	127.047	68,5	55.100
2012	151	187.349	19,5	18.173	40.878	128.298	68,5	56.315
2013	146	188.498	19,0	18.473	41.539	128.486	68,2	59.149
2014	147	192.594	18,6	18.874	43.147	130.573	67,8	62.199
2015	150	199.585	18,6	19.659	46.244	133.682	67,0	64.855
2016	150	206.402	18,6	20.330	47.445	138.627	67,2	67.364
2017	153	213.037	18,4	20.984	49.434	142.619	66,9	71.179
2018	146	218.389	18,0	21.511	51.022	145.856	66,8	73.874
2019	144	229.599	18,1	22.616	54.102	152.881	66,6	77.793
2020	123	238.346	18,7	23.477	55.483	159.386	66,9	81.227
2021	129	243.493	18,4	23.984	59.852	159.657	65,6	86.133

Jahr	empf. STA-Transfers	Saldo Ex-Produktive	Saldo Aktive + Ex-Prod.	Surpluswert n. Umvert.	Surplusrate %	adj. %
1950	–	1.392	-854	59.784	206	192
1951	–	1.916	-1.018	75.344	213	199
1952	–	2.236	-888	87.319	222	208
1953	–	2.400	-1.154	91.539	213	199
1954	–	2.522	-1.236	97.425	207	193
1955	–	3.093	-1.373	112.703	209	195
1956	–	3.496	-1.349	122.031	201	187
1957	–	3.910	-843	130.652	194	180
1958	–	4.177	-1.180	138.848	195	181
1959	–	4.538	-1.749	154.405	203	189
1960	–	5.190	-2.522	173.185	206	192
1960	–	8.267	5.466	169.076	164	150
1961	–	9.091	5.828	178.871	154	140
1962	–	10.044	5.943	191.248	150	136
1963	–	10.565	6.972	197.581	145	131
1964	–	11.825	7.071	219.217	148	134
1965	–	13.261	8.602	234.316	142	128
1966	–	14.875	9.950	243.816	139	125
1967	–	16.801	17.118	233.819	128	114
1968	–	18.264	16.742	260.543	134	120
1968	–	18.264	18.264	230.698	120	120
1969	–	20.271	16.372	258.562	121	121
1970	23.823	23.160	12.802	293.269	120	120
1971	27.874	27.921	13.848	317.675	119	119
1972	32.385	32.466	21.742	332.179	109	109
1973	36.814	37.283	25.554	362.601	105	105
1974	41.968	43.095	32.549	371.488	98	98
1975	47.801	49.698	51.898	346.713	83	83
1976	51.572	52.843	47.560	409.000	93	93
1977	56.168	56.738	49.819	433.744	93	93
1978	60.019	60.816	52.256	466.882	94	94
1979	63.414	64.782	53.096	515.595	97	97
1980	66.756	69.246	49.533	537.988	96	96
1981	70.763	73.873	57.660	546.409	92	92
1982	73.548	75.653	60.079	558.552	91	91
1983	76.636	78.585	60.485	604.741	98	98
1984	77.343	80.642	55.453	717.506	114	114
1985	78.457	82.684	50.582	772.508	121	121
1986	80.459	85.251	47.918	765.782	116	116
1987	83.161	87.724	49.253	770.678	112	112

Jahr	empf. STA-Transfers	Saldo Ex-Produktive	Saldo Aktive + Ex-Prod.	Surpluswert n. Umvert.	Surplusrate %	adj. %
1988	86.286	92.215	57.136	823.200	114	114
1989	91.106	93.924	52.609	902.953	121	121
1990	94.491	98.363	56.641	1.006.739	125	125
1991	–	–	–	–	–	–
1991	130.123	140.237	74.669	1.263.882	129	129
1992	139.069	150.967	80.156	1.346.543	129	129
1993	154.891	159.892	113.993	1.288.637	117	117
1994	163.606	167.271	107.460	1.397.401	126	126
1994	–	–	–	–	–	–
1995	164.270	168.575	68.415	1.461.762	125	121
1996	190.524	194.321	107.877	1.432.667	117	113
1997	191.682	194.057	92.894	1.579.609	131	127
1998	197.482	195.545	100.328	1.639.459	132	128
1999	209.579	204.797	113.838	1.665.986	130	126
2000	216.390	212.009	105.471	1.757.534	133	129
2000	110.637	108.266	56.003	888.270	131	127
2001	118.182	115.888	70.104	896.776	126	122
2002	129.657	125.792	89.578	874.765	118	114
2003	135.268	130.493	95.816	881.842	117	113
2003	–	–	–	–	–	–
2004	136.244	131.625	102.203	938.546	122	122
2005	137.925	131.865	99.410	921.945	112	112
2006	137.661	132.091	93.534	1.005.338	122	122
2007	141.113	134.291	83.422	1.052.344	125	125
2008	142.428	137.755	42.891	1.174.762	144	144
2009	151.541	146.708	89.257	948.513	107	107
2010	161.117	158.211	98.237	1.004.083	109	109
2011	163.216	159.780	79.546	1.122.778	122	122
2012	165.860	163.124	63.948	1.147.743	124	124
2013	177.076	176.213	76.755	1.140.127	118	118
2014	177.262	177.440	71.226	1.202.715	121	121
2015	186.758	185.710	71.052	1.272.491	123	123
2016	204.421	204.010	83.231	1.302.316	121	121
2017	210.852	211.613	79.853	1.384.916	125	125
2018	216.526	217.867	73.464	1.375.926	121	121
2019	225.771	226.846	78.361	1.424.926	119	119
2020	307.070	309.337	200.152	1.120.818	82	82
2021	352.897	355.194	240.077	1.194.844	83	83

Literatur

Allen, R.C. (2005): Capital Accumulation, Technical Changes, and the Distribution of Income during the British Industrial Revolution; http://piketty.pse.ens.fr/files/Allen05.pdf

Bach, S. (2016):Unsere Steuern, Wer zahlt? Wie viel? Wofür? Frankfurt a.M.

Bach et al. (2015): Steuer- und Transfersystem: Hohe Umverteilung vor allem über die Sozialversicherung; in: DIW-Wochenbericht 8/2015

Bischoff, J. u.a. (1982): Jenseits der Klassen? Gesellschaft und Staat im Spätkapitalismus, Hamburg

Federico, G./ Tena-Junguito, A. (2016): World Trade 1800–2015; in: http:// voxeu.org/article/world-trade-1800-2015

Fratzscher, M. (2016): Verteilungskampf. Warum Deutschland immer ungleicher wird, München

Goldberg, J. (2021): Ein neuer Kapitalismus? Grundlagen historischer Kapitalismusanalyse, Köln

IGZA 2023: Institut für die Geschichte und Zukunft der Arbeit (IGZA) (Hg.): Matrix der Arbeit. Materialien zur Geschichte und Zukunft der Arbeit, Bonn

Krüger, S. (1998): Konjunktur und Krise. Bundesrepublik 1950–1977: Kritik der Volkswirtschaftlichen Gesamtrechnung; in: Supplement der Zeitschrift Sozialismus 7-8

Krüger, S. (2007): Konjunkturzyklus und Überakkumulation. Wert, Wertgesetz und Wertrechnung für die Bundesrepublik Deutschland, Hamburg

Krüger, S. (2010): Allgemeine Theorie der Kapitalakkumulation. Konjunkturzyklus und langfristige Entwicklungstendenzen. Kritik der politischen Ökonomie und Kapitalismusanalyse, Band 1, Hamburg

Krüger, S. (2012a): Politische Ökonomie des Geldes. Gold, Währung, Zentralbankpolitik und Preise. Kritik der politischen Ökonomie und Kapitalismusanalyse, Band 2, Hamburg

Krüger, S. (2012b): Keynes & Marx. Darstellung und Kritik der ›General Theory‹, Bewertung keynesianischer Wirtschaftspolitik, Linker Keynesianismus und Sozialismus. Kritik der politischen Ökonomie und Kapitalismusanalyse, Band 4 Hamburg

Krüger, S. (2015): Entwicklung des deutschen Kapitalismus. Beschäftigung, Zyklus, Mehrwert, Profitrate, Kredit, Weltmarkt, Hamburg

Krüger, S. (2016): Wirtschaftspolitik und Sozialismus. Vom politökonomischen Minimalkonsens zur Überwindung des Kapitalismus. Kritik der politischen Ökonomie und Kapitalismusanalyse, Band 3, Hamburg

Krüger, S. (2017): Soziale Ungleichheit. Private Vermögensbildung, sozialstaatliche Umverteilung und Klassenstruktur, Kritik der politischen Ökonomie und Kapitalismusanalyse, Band 5, Hamburg

Krüger, S. (2019): Profitraten und Kapitalakkumulation in der Weltwirtschaft. Arbeits- und Betriebsweisen seit dem 19. Jahrhundert und der bevorstehende Epochenwechsel, Hamburg

Krüger, S. (2020): Grundeigentum, Bodenrente und die Ressourcen der Erde. Die Relativierung der Knappheit und Umrisse eines linken Green New Deal, Hamburg

Krüger, S. (2021): Weltmarkt und Weltwirtschaft. Internationale Arbeitsteilung, Entwicklung und Unterentwicklung, Hegemonialverhältnisse und der zukünftige Epochenwechsel. Kritik der politischen Ökonomie und Kapitalismusanalyse, Band 6

Krüger, S. (2023): Epochen ökonomischer Gesellschaftsformationen. Eckpunkte und Entwicklungslinien der Weltgeschichte. Kritik der politischen Ökonomie und Kapitalismusanalyse, Band 7, Hamburg

MEGA II, 7: Karl Marx, Le Capital, Paris 1872–1875; in: Marx-Engels-Gesamtausgabe, II. Abteilung, Band 7, Berlin (DDR) 1989

MEGA II, 9: Karl Marx, Capital. A Critical Analysis of Capitalist Production, London 1887; in: Marx-Engels-Gesamtausgabe, II. Abteilung, Band 9, Berlin 1990

MEW 23: Karl Marx, Das Kapital, Kritik der politischen Ökonomie. Bd. I: Der Produktionsprozeß des Kapitals; in Marx-Engels-Werke, Band 23, Berlin (DDR) 1971

MEW 24: Karl Marx, Das Kapital, Kritik der politischen Ökonomie. Bd. II: Der Zirkulationsprozeß des Kapitals; in Marx-Engels-Werke, Band 24, Berlin (DDR) 1971

MEW 25: Karl Marx, Das Kapital, Kritik der politischen Ökonomie. Bd. III: Der Gesamtprozeß der kapitalistischen Produktion; in Marx-Engels-Werke, Band 25, Berlin (DDR) 1970

MEW 42: Karl Marx, Grundrisse der Kritik der politischen Ökonomie; in: Marx-Engels-Werke, Band 42, Berlin 2005

Piketty, T. 2014: Das Kapital im 21. Jahrhundert, München

Projekt Klassenanalyse 1974: Materialien zur Klassenstruktur der BRD, 2. Teil: Grundriß der Klassenverhältnisse (1950–1970), Westberlin

Projekt Klassenanalyse 1976: Gesamtreproduktionsprozeß der BRD 1950-1975, Kritik der Volkswirtschaftlichen Gesamtrechnung, Westberlin

Projekt Klassenanalyse 1977: Der Staat in der BRD, Ökonomische Basis und Entwicklungstendenzen 1950–1976, Hamburg/Westberlin

Roberts, M. (2015): UK Rate of Profit and British Economic History; https://thenextrecession.files.wordpress.com/2015/09/uk-rate-of-profit-august-2015.pdf

Sozialistische Studiengruppen (1980): Das BRD-Kapital, Von der Prosperität zu Stagnation und Krise, Hamburg

Sozialistische Studiengruppen (1983): Bundesrepublik in der Krise, Ursachen, Erklärungen, Alternativen, Hamburg

Wagenführ, R. (1933): Die Industriewirtschaft, in: Wagemann, E. (Hrsg.), Vierteljahreshefte zur Konjunkturforschung, Sonderheft Nr. 31, Berlin

WiSta 5/1978: Wirtschaft und Statistik, hrsg, vom Statistischen Bundesamt: Einkommen aus Wohnungsvermietung 1960–1977

WiSta 6/2015: Wirtschaft und Statistik, hrsg, vom Statistischen Bundesamt: Grund und Boden als Bestandteil der Volkswirtschaftlichen Vermögensbilanzen

Woytinski, W.S./Woytinski, E.S. (1955): World Commerce and Governments 20th Century Fund, New York

Statistische Materialien

boerse.de: www.boerse.de/sonstige/DAX-KGV/MM000VWL3000.

Bundesagentur für Arbeit: https://statistik.arbeitsagentur.de/DE/Navigation/Statistiken/Fachstatistiken/Beschaeftigung.

Bundesministerium für Umwelt, Naturschutz, Bau und Reaktorsicherheit (BMUB): Wohngeld- und Mietenberichte.

Bundesverband deutscher Wohnungs- und Immobilienunternehmen e.V. (2008).

Deutsche Bundesbank, Bankstatistische Gesamtrechnungen im Euro-Raum, versch. Jgg.

Deutsche Bundesbank, Die Ertragslage der deutschen Kreditinstitute, versch. Jgg.

Deutsche Bundesbank, Gesamtwirtschaftliche Finanzierungsrechnung der Deutschen Bundesbank, versch. Jgg.

Deutsche Bundesbank, Jahresabschlüsse der Unternehmen in der Bundesrepublik Deutschland, versch. Jgg.

Deutsche Bundesbank, Monatsberichte der Deutschen Bundesbank, versch. Jgg.

Deutsche Bundesbank, Zahlungsbilanzstatistik, versch. Jgg.

Economic Report of the President versch. Jgg.: www.whitehouse.gov/wp-content/uploads.

Europäische Zentralbank, Monatsberichte, versch. Jgg.

Feinstein, C. 1972: National Income Expenditure and Output of the United Kingdom 1855–1965.

finanzen.net: https://www.finanzen.net/.

Gesamtverband der deutschen Versicherungswirtschaft: www.gdv.de.

Geschäftsberichte von staatlichen Betrieben (Post, Bahn, Treuhand-Unternehmen).

Grabka, M. 2022: http://hdl.handle.net/10419/260557.

Ifo-Institut, Spiegel der Wirtschaft, Economic Indicators, versch. Jgg.

International Monetary Fund (IMF), International Financial Statistics, versch. Jgg.

Maddisson Historical Statistics: https://www.rug.nl/ggdc/historicaldevelopment/maddison/releases/maddison-project-database-2018.

Mitchell, B.R. (1978): European Historical Statistics 1750–1970, New York.

Österreichische Nationalbank: www.oenb.at/isaweb/report.do?report=10.6.

Organization for Economic Cooperation and Development (OECD), OECD Statistics: http://stats.oecd.org/.

Sozioökonomisches Panel (SOEP): https://www.diw.de/de/diw_01.c.412809.de/sozio-oekonomisches_panel__soep.html.

Statista; https://de.statista.com/.

Statistisches Bundesamt, Einkommens- und Verbrauchsstichprobe, versch. Jgg.

Statistisches Bundesamt, Finanzen und Steuern, versch. Jgg.

Statistisches Bundesamt, Gesamtwirtschaftliche Vermögensrechnung, versch. Jgg.

Statistisches Bundesamt, Industriestatistik.

Statistisches Bundesamt, Volkswirtschaftliche Gesamtrechnungen, versch. Jgg.

Statistisches Bundesamt, Strukturerhebung im Dienstleistungsbereich Grundstücks- und Wohnungswesen, versch. Jahrgänge.

United Nations Organization (UNO), International Trade Statistics.
US Census: Census Bureau; https://www.census.gov.
United States Department of Commerce, Historical Statistics of the United States, Colonial Times to 1970, Washington.
Weltbank-Daten: World Bank: https://data.worldbank.org/indicator/gnp.
World Trade Organization (WTO), http://stat.wto.org./StatisticalProgram/WSDB/View-Data.asp.
World Trade Organization (WTO), http://stat.wto.org/StatisticalProgram/WSDB ViewData.asp.
WSI-Tarifarchiv: www.boeckler.de/index_wsi_tarifarchiv.htm.